刘小川 著

品中国文人 ①

上海文艺出版社

卷首引语

思想最深刻者,热爱生机盎然。

〔德国〕荷尔德林

Wer das Tiefste gedacht, liebt das Lebendigste.
〔Germany〕Friedrich Hölderlin

目　　录

屈原(战国　约前340—278)

…………　屈原披头散发徘徊于大江之北,暴雨般的句子挥向郢都。他是具有远见的政治家,不谙权谋术。他不退缩,不迂回,不妥协,所以他是屈原。屈原把政治的理想方向,保存在文化的基因之中。他是源头性的诗人,天地人神巫,五体合一。他开端性地被流放,开端性的百折不挠……

司马迁(西汉　约前145或135—?)

…………　对今天的中国人来说,万里长城和《史记》,究竟哪个更伟大?我认为是后者。如果没有司马迁写下的《史记》,那么,遍及全球的十几亿炎黄子孙,将发生"身份"认同的危机。五千年文明从哪儿来? 从司马迁的《史记》而来。他的下体受阉割,却令人吃惊地精气神十足。他以民间的价值观挑战残忍嗜血的汉武帝。他留下的文脉也是民族的血脉。

司马相如(西汉　约前179—前118)

…………　司马相如匆匆上路了,大文人奔向小县城,哼着几首过时的宫廷歌曲。这些日子,他饱一顿饿一顿的,想肉吃想酒吃,比想女人还厉害。即将碰上一桩千古艳遇的落魄男人,首先想到的是肚子问题。司马相如在朝廷歌功颂德很得意了,精神却被阉割,回家很郁闷。他是炮制拍马文字的祖师爷么? 他对美人迟暮的卓文君如对黄脸婆么?

嵇康(魏晋　223或224—263)

…………　司马昭之心,嵇康未能看透。前后两封著名的绝交书,使嵇康靠近了断头台。他影响太大,所以他非死不可。行刑的这一天他破例穿得很漂亮,他要尽显"龙章凤质"。刑场也是大舞台,他将完成他最后的生命之舞。四十岁的美男子身首异处,鲜血从颈腔喷出。三千太学生泪飞如雨……

陶渊明（东晋 365—427）

………… 中国历代辞官者，数以千万计，唯有陶渊明，将朴素的欣悦，通过朴素的语言表达得淋漓尽致。官场内外，朝堂民间，所有尚存良知与美感者，都会感谢他，是他，确立了人性的价值，审美的价值。他是中国的头号乡村歌手：房前屋后皆风景，一草一木亦关情！

李白（盛唐 701—762）

………… 李白的野性，更多地野在漫游，寻仙，干大事。这个外形并不高大威猛的男人，却留给人活力喷射的印象。他一辈子处于高度兴奋的状态，没发疯，显示出他掌控极端情绪的非凡能力。中华文明几千年，这样的人是不多见的。李白是异类中的异类。李白的生命冲动乃是人生的极限运动。

杜甫（盛唐 712—770）

………… 杜甫是中国的苦难诗人，集个人、国家、民族的巨大苦难于一身。本文只追问一个问题：杜甫的那双眼睛，为何能细看人世间那么多的苦难？

白居易（中唐 772—846）

………… 杰出的爱情诗篇《长恨歌》，与白居易的情爱缺乏症是有联系的。白居易放大并深化了中国古典诗歌中的男女之情，对后世影响深远。他用《新乐府》恶斗形形色色的权贵，在今天看是太浪漫了。浪漫却有结果。他把唐朝的精英艺术拉向平民……

李煜（南唐 937—978）

………… 李煜生于七夕死于七夕，他和美丽的女英共同丰富了今天的情人节。他失掉南唐故国，赢得顶级艺术。他用汉语为人类的"基础情绪"永久赋形。他是活向审美和爱情的，他是中国的美神和爱神。他以自己的奇形怪状的惨死证明了：刀枪与毒药杀不死文化。

………… **附录：主要参考文献**

屈 原
（战国 约前340—278）

屈原披头散发徘徊于大江之北,暴雨般的句子挥向郢都。他是具有远见的政治家,不谙权谋术。他不退缩,不迂回,不妥协,所以他是屈原。屈原把政治的理想方向,保存在文化的基因之中。他是源头性的诗人,天地人神巫,五体合一。他开端性地被流放,开端性的百折不挠……

屈原

1

《楚辞》是《诗经》后三百多年的一部诗歌总集，屈原是其中的主要诗人。宋人黄伯思说："屈宋诸骚皆书楚语，作楚声，纪楚地，名楚物。"

屈原在今天是家喻户晓的、却也是谜一般的人物。在靠近这个谜团之前，我们先来看他的只能是粗线条的生平事迹。

屈原是战国后期楚国人。

屈原所处的年代，秦国虽然强大，但还没有强到横扫六合的地步。楚国和齐国、秦国实力相当。其他几个诸侯国，燕、赵、魏、韩，由于接连吃败仗，割地求和，只能采取巴结强国的战略。事实上，战国七雄，这时候只剩下三雄，秦、齐、楚，类似后来的三国鼎立。三雄拼上了，拼实力也拼谋略。

楚国地处长江中下游，版图涉及今之湖南、湖北、安徽、江苏、江西、浙江，一度还向西南扩张，其富庶和辽阔一望而知。自西周立国以来，近千年的经营，人口众多，大小城郭无数，生活习俗迥异中原。首都叫郢都，繁华冠绝当时。

繁华的背后却潜伏着危机。

屈原是洞察危机的先知。

楚国先后出现了两个先知式的大臣，一个是楚悼王时代的吴起，这个人既是军事家，又是改革家，他先于秦国的商鞅发起变法，其策略和改革方向跟商鞅一样,也是抑制贵族,广纳人才,鼓励士卒沙场建功业,以强兵的方式强国,收效很大。他的个人命运也和商鞅相同,被贵族杀掉了,死得很惨,乱箭穿身。令他在九泉之下不得安生的,是他的变革事业被楚国强大的贵族领主的势力全盘否定。这一点商鞅比他强:商鞅生前制定的变革路线,在秦惠王的时代得以延续。

屈原是吴起的后继者。

屈原出身王室贵族,祖上曾有莫大的荣光。《离骚》开篇就说:"帝高阳之苗裔兮,朕皇考曰伯庸。"朕是"我"的意思,到秦始皇,朕才为皇帝所专用。高阳是古帝王颛顼的别号,也是楚国远祖,颛顼的后人熊绎被周成王封于楚。

屈原生于秭归(今湖北秭归县),距郢都(今湖北荆州附近)有一段距离。家道中落,于是读书蓄志。也许父亲伯庸常常指着郢都方向教导他,鼓励他,甚至刺激他。他二十岁过后就离开秭归赴京城,重返祖宗居住过的繁华都城。

战国盛行雄辩术,口才非常重要,一般读书人,光有"肚才"不够,还得善于表达。策士通常是辩士。辩才无碍通仕途,庶人也能成为大贵族的门下士。秭归是座小城,但不算闭塞,青年才俊不少,常常聚在一块儿讨论、辩论。

屈原口才好,《史记》有记载。从他的诗句看,他长得高大俊美,佩长剑,戴高冠,身挂鲜花香草。

当时楚威王还在位,太子熊槐,即是几年后的楚怀王,这两位至高无上者充满了诗人的想象空间,伏下日后强烈的离愁别绪。

屈原二十岁赴郢都后,写下名篇《橘颂》:"后皇嘉树,橘徕服兮。受命不迁,生南国兮。深固难徙,更壹志兮……"

诗人与楚国血肉相连。诗句却轻快。年轻的屈原格外阳光。

屈原为什么能从小城秭归迁入郢都,原因不详。

屈原来到了郢都,没过多久,就做了王太子熊槐的侍读。

屈原善学多才,外表出众,国王和太子都对他印象不错。古人注重相貌,除了悦目之外,还认为相貌的背后潜伏着命运。

屈原在一个叫兰台的地方侍读,长达五年,他和后来执政长达三十年的楚怀王朝夕相处。

　　侍读不单是陪读，也含有帝王师的意思，是古代知识分子的最佳位置之一。未来的君王必须读很多书，以应对天下大事。按宫廷的规矩，侍读通常有若干人，轮流陪太子读书，可是有些人几天就走掉了。兰台这地方竞争激烈，竞争的结果是互相拆台。一群侍读中唯有屈原，把太子熊槐送上了国王的宝座。

　　熊槐的年龄和屈原相近。庄子后来描绘他："形尊而严，其于罪也，无赦如虎。"

　　未来的国王脾气也大，不知赶走了多少侍读，单留屈原侍读到底。两个年轻人互相吸引，君臣、师生、朋友，关系是多方面的，一起读书也结伴游玩。想想那位熊槐，大约也是目光炯炯的有志青年。不过，他作为雄视天下的楚威王的儿子，压力又特别大。楚国持续的富庶与军事扩张，已经引来秦国的虎视眈眈。谁都想一统天下。战国七雄，尤其是秦、齐、楚三雄，谁也不服输，打一阵又好一阵，一面是刀光剑影，一面是要不完的外交手段。和平共处并不是大势所趋，恰好相反，弱肉强食才是逼到眼前的现实。如果熊槐沉溺于声色犬马，屈原这样的人，能长期呆在他身边么？

　　不过，庄子对楚怀王的评价，"其于罪也，无赦如虎"，会令人联想到屈原未来的命运……

　　屈原初入朝廷，可谓一帆风顺。学识好，口才好，仪表堂堂，即将登上王位的熊槐视他如手足。

　　楚怀王五年（公元前328年），二十九岁的屈原当上左徒，相当于副宰相。《史记·屈平贾生列传》称他："博闻强志，明于治乱，娴于辞令。入则与王图议国事，以出号令；出则接遇宾客，应对诸侯，王甚任之。"

　　"王甚任之"的意思是：楚怀王很重用屈原。

　　令尹为相，左徒为谏官，根据也在司马迁。当时的令尹，集军、政大权于一身，强于后世的宰相。左徒仅设一人。楚怀王继位五年，年轻的屈原得此显赫之职。

　　屈原年纪轻轻得高位，也有人不高兴，对他侧目而视。应该说，这些人都不简单,有朝廷重臣如靳尚、上官大夫、令尹子椒,有怀王宠妃郑袖,后来加上她的宝贝儿子子兰。

郑袖、子兰能量大,各有好戏上演。子兰平生做的一件大事,是怂恿他父亲楚怀王到秦国去送死。而郑袖作为宠妃,美貌出众。南国美女多的是。郭沫若先生写话剧《屈原》,安排她勾引屈原,强行跟屈原亲嘴。

屈原"与王图议国事"。政治家的大事,不外乎对内和对外,屈原于二者,都有明确的主张。他是联齐抗秦派,敌友分明,目光长远,而且始终如一。在当时的楚国,这些品格远不止是道德意义上的,它关乎国家存亡。目光长远的人,才能够始终如一。而鼠目寸光之辈,注定要朝三暮四,即使他不是小人,是庸人,他也一定会瞻前顾后东张西望的。

秦国的崛起,和商鞅变法的彻底性有直接关系。屈原要在楚国加以仿效,修法度,抑"心治",削减贵族的既得利益;"举贤而授能",不拘一格用人才,以强化王室集权。国家处于战争状态,王室不集权,仗也没法打。楚威王时代,楚国军队打到西南、打到中原饮马黄河,不过,老子强悍不可一世,儿子却可能是个软蛋。

楚怀王继位不久,和秦国打了一仗,打输了,失掉大片国土,国内很恐慌。军队打不赢是有原因的,贵族不肯削减特权,国家的财力无法集中。军费不足,平时养兵难,战时又不能鼓舞士气。庶民出身的战士,即使他奋勇杀敌,屡立战功,也不能晋升为将军。庶族与贵族之间隔着一条鸿沟。楚威王后期,这些毛病都已经暴露出来了。这是危险的信号。

可惜,能嗅出危险的人,总是太少。

楚国打仗打输了,也是一件好事:变法的声音大起来了。

屈原变法度,"造为宪令",并不是孤立的,将军们支持他,比如楚军名将庄蹻、昭睢。变法涉及政治、军事、经济,是全方位的,一旦推行,就不是和风细雨。

朝野上下,拭目以待。

上官大夫是个老资格的贵族大臣,自视甚高,脾气火暴。司马迁讲他和屈原争宠,"心害其能",很不喜欢屈原有才华,有"官运",何况还是个破落贵族!贵族通常是看不起破落贵族的。上官之所以能被载入史册,只因他和屈原斗,既是贵族的一员,又是他们的代表人物。楚国的贵族势力盘根错节,上层人物的腐朽由来已久。这个有过辉煌历史的老牌的南方大国,到战国后期,贵族领主的骄奢淫逸是常态,故步自封成宿命。锐意革新的人,必成众矢之的:当初弄死了一个吴起,现在又来了一个屈原。

宪令的具体内容,司马迁没有讲。

上官大夫很有几分勇气,别人做缩头乌龟,他敢冒风险挺身而出,斗一斗怀王身边的大红人。屈原殚精竭虑完成了宪令草稿,准备呈送给楚怀王。上官大夫索要不成动手抢。

也许事件发生在朝堂外的阶梯上,两个男人言语冲突,发生肢体冲撞。劝架的王公贵族涌上来,暗助上官大夫。宪令草稿被抢走。草稿的内容迅速公之于众,引起贵族的普遍愤怒。

司马迁写《史记》惯用《春秋》笔法,寓褒贬于冷静而简洁的叙述中。这个历史细节对屈原、对楚国将产生重大影响。司马迁寥寥数语,揭示了屈原与贵族旧势力的尖锐对立。

形势对主张变法抗秦的大臣不利了。而上官说屈原居功自傲:"每一令出,平伐(自夸)其功。"屈原招架艰难。他屡屡向怀王作解释,怀王听得不耐烦,后来索性不见。"王怒而疏屈平。"

追捧过屈原的大臣们开始躲开他。

而将军们为左徒屈原讲情,又种下日后的祸根。

雄心勃勃的屈原变得忧心忡忡了。他喝酒,据说酒量不大,他经常喝闷酒。

这个戏剧性的事件闹了一年多,结果是屈原遭贬,降为三闾大夫,掌管宗社之事。楚国宗社远在汉水之北的夷陵(今湖北宜城一带),屈原到那儿喝西北风去了。

酝酿多年的变法图强,终成泡影。

楚国宗室三大姓:屈,景,昭。屈原除了掌宗社祭祀,还负责教育这些分散在各处的贵族子弟,奔波劳累不说,还被嘲笑,被捉弄。屈原不是要抑制贵族吗?这些个纨绔子弟先来整治他。

屈原受点闲气不要紧,他牵肠挂肚的,是郢都,是怀王,是楚国富饶的五千里江山。

这一年,屈原三十八岁,当左徒近十年,呆在楚怀王身边,十八年。眼看大功告成,却被小人轰出了郢都的权力中心。他的忧愤之广,牢骚之甚,有如连日大暴雨,倾入长达三百七十多句的《离骚》。楚怀王读没读过这首诗,不得而知。当时还不兴文字狱,不然的话,屈原发那么多的牢骚,言辞那么尖刻,恐怕早就砍脑袋了。

屈原可能在夷陵呆了数年。《离骚》作于此时,据司马迁的说法:"屈平见疏乃作《离骚》。"游国恩先生则认为是屈子晚年的作品。当代名家张炜的《楚辞笔记》认同前者:诗中反复隐喻的君王是楚怀王,而不是后来的楚顷襄王。

司马迁说:"屈平疾王听之不聪也,谗谄之蔽明也,邪曲之害公也,方正之不容也,故忧愁幽思而作《离骚》……推此志也,虽与日月争光可也。"

"疾王听之不聪",疾是痛心疾首。王听不聪,是说楚王听言,不能辨是非。

不过,臣僚无数的君王,能轻而易举地辨明是非么?

诗人屈原徘徊于大江之北,仰天叹息,暴雨般的句子挥向郢都。他是有远见的政治家,不谙权谋术。他不退缩,不迂回,不妥协,所以他是屈原。他把政治的理想方向,保存在文化的基因之中。

屈原名平,"原"是他的字。他这样解释自己的名和字:"名余曰正则兮,字余曰灵均。纷吾既有此内美兮,又重之以修能……"——正直而有原则,有丰富而高尚的品德,有不同凡响的才能。

名字对人有暗示和指引,古今皆然。

楚怀王在位的前半期,借他父亲楚威王的余威,尚能对抗虎狼之秦。形势急转直下,是在后来的几年间。楚怀王兼听不明,类似三国时代的袁绍。内忧外患之际,若非大智大勇者,怎么能有英明决断?

怀王听谗言,认为是高见。谗言之所以能够流行,说明它有着广泛的基础。国家处于非常时期,各利益集团跳得很厉害。楚怀王听谁的?好像人人都有道理。抗秦有理,联秦也有理……细想这位楚怀王也是可怜。战国后期的楚国更需要铁腕人物,他恰好不是。

楚怀王十五年(公元前314年),形势再度紧张,秦国对楚国抛去的媚眼不予理睬,反而搞边境摩擦,探虚实,为大举进攻楚国作准备。

怀王又怀念屈原了,急召屈原回郢都,让他出使齐国。

刘向《新序·节士》说:"屈原为楚,东使于齐,以结强党。"

齐国的强大,源自春秋时代的名相管仲和军事家孙膑。它占据着华北大平原,富庶不在楚国之下。秦、齐、楚三国,秦是易守难攻,民风凶悍,斗志最强。它的地理位置也利于打仗,居高临下,如从汉水顺流而下,很快就可以打到郢都。相反,楚国攻秦国是不利的。楚国亲秦派势力大,除了贵族要自保,也有现实的考虑。联秦派有市场。不少人抱着侥幸心理,看不透秦国的野心。秦国攻伐赵、魏等小国,楚国还有人拍手称快,认为秦军帮了楚军的忙。

秦国之外的六国,曾经有过联盟,楚国还是盟主。六国联军也曾攻秦,却因各打各的小算盘,形不成强大的战斗力,被秦军击败。

现在,楚国的战略是:不管那几个小国了,直接与齐国联合,两股力量是加法,六股力量,却可能是减法。而齐楚两国拧成了一股绳,其余诸侯国,自然会靠过来。即使不加盟,也会保持中立。

在今天看,所谓联齐抗秦,确实具有远见。

作为联齐派的中坚人物,屈原此番东山再起,车驾向东千里,又是春风扑面踌躇满志了。

屈原在齐国和齐宣王谈得很融洽。他思路清晰,言辞铿锵,而且他的举止多么有风度啊,齐宣王被他给迷住了,叹齐国之大,未必有这样的人才。两国订交,联手对付秦国。

屈原在齐国受到的礼遇几乎和君主一般,驷马高车,锦衣玉食。他登泰山临渤海,拜谒礼教之乡,伟岸的身影豪放而又潇洒。

楚怀王十六年(前311年),楚军为收复商于之地(今陕西商县至河南内乡一带),主动出击,先后将秦军围困于今河南郑州、山西曲沃。齐宣王说话算数,派精锐之师袭击,秦军大败。商于之地眼看要收复,楚国将大面积恢复楚惠王时代的版图。怀王乐得手舞足蹈,逢人就说:"三闾大夫真是了不起啊,胜过大将军……"

秦楚争雄,楚国因处江汉下游,地势不利,总是处于被动。大军远征不易,既然打起来了,就应该打到底,打掉秦军主力。

屈原和齐宣王,已经喝起了庆功酒。

这个紧要关头,秦国继商鞅之后的第二个重要人物出现了,这个人叫张仪。

2

苏秦、张仪,中国历史上大大有名,又让人感到不可思议。苏秦曾身佩齐、楚、燕、赵、韩、魏六国相印,张仪则力挺强秦。这两个人,竟然玩战国七雄于股掌之中。他们都是鬼谷子的学生。据传鬼谷子也是楚人,埋名隐姓,呆在一个名叫鬼谷的地方,专门研究纵横捭阖,堪称当时首屈一指的战略理论家。鬼谷出了个大鬼才。

鬼谷先生的门下弟子无数,他却不像孔夫子,对学生管束甚多。战国后期,策士们朝秦暮楚是常态。鬼谷子培养的策士,马不停蹄地穿梭于七国之间。其中,苏秦、张仪最为出色。

这师徒三人的可怕处在于:他们的目光穿透力太强,真能看清天下大势,并不拘于某一国的利益。谁能结束战乱统一中国,谁就是大英雄。所以,不管张仪有多少阴谋诡计,他干的一切事,包括许多缺德事,倒是顺应了历史潮流。

苏秦致力于对六国联盟的推动,而六国地连南北,称为合纵;张仪要化解联盟,令六国向秦国称臣,因秦地偏西,这一战略就称为连横。简单地说,南北为纵,东西为横,一个要联合,一个要拆解。鬼谷子的纵横捭阖术由此而来,像一只巨人的手,指挥他的两个得意弟子,在华夏大地上做着空前的大动作。

苏秦和张仪,是同窗也是对头:合纵与连横不两立。但我阅读史料有个奇怪的印象,他们两人的宏伟事业似乎是可以对换的。

也许由于长期战乱,策士们不停地穿梭,靠脑袋和嘴巴吃饭,渐渐催生了苏秦、张仪这样的绝顶高手。

这时候的周朝已经延续了七八百年,一直打来打去,从七十一国打到七国,数字是朝着减少,最后将归于一统。

一统天下,好像是上天的旨意,五千年华夏历史,是朝着这个方向的。

张仪初出道时,丧家狗似的到处跑。他穷,首先要解决温饱问题。

他也曾到楚国当策士,摇唇鼓舌,被怀疑偷了令尹家的璧玉,被打变形,回家还受老婆讥笑。

老婆说:"你读了半屋子的书,有啥用啊?打得身上没块好肉。"

张仪笑道:"我的舌头还在吧?只要它还能转动,我就能保你一辈子荣华富贵!"

后世所谓三寸不烂之舌,就来自张仪。这人挺好笑的,他等不及养好伤,就带着他的舌头跑到赵国去了,转投苏秦门下。苏秦知他胸中韬略,闭门不见,抛给他的食物只比狗食略强,意在驱使他去秦国。

这个苏秦,也是叫人弄不懂,他此时身佩六国相印,合纵事业已见成效,为何逼老师的另一个得意弟子张仪去秦国呢?同门师兄弟,是想下一盘大棋吗?

当时有个说法,已经在七国传开:横则秦帝,纵则楚王。

张仪到了秦国,和秦惠王一拍即合,做上了客卿,主持外交。几年来,他一直紧紧盯着楚国。这个其貌不扬的男人洞若观火,屈原出使齐国,引起他的高度警觉。他动开脑筋了。在他看来,军事上一时的得失是小事儿,外交才是事关长远的大事儿。

现在,齐楚联手击败秦军,他却大摇大摆到了郢都。

楚怀王以礼相待,亲自接见他,要在秦国的"外交部长"面前摆摆谱。他一向怵秦王,怕秦军,终于打了一次胜仗,不摆谱说得过去吗?泱泱楚国,怎能怕你又小又穷又偏僻的秦国呢?

楚怀王的傲慢劲儿,真是溢于言表。机会难得,他要找感觉。张仪恭维他,他更高兴了。唤来跳舞的美女、唱歌的巫师助酒兴。

酒过三巡,张仪才打着酒嗝提醒他,齐国的军事援助是有限的,打一仗可以,但要帮楚国收复失地,那不太可能。怀王一愣。张仪又说,他在齐国有内线,消息绝对可靠。楚怀王正有这个心病,不觉停下酒杯。齐楚两国,其实也是各怀鬼胎……

怀王坐立不安了,张仪才说,这一次到楚国,是带来了秦惠王的一番美意的:六百里商于之地,全部归还楚国,条件是楚与齐断绝邦交。怀王一听,兴奋得从座位上蹦起来了。

这事今天看来很可笑,楚怀王和张仪,好像也没有签协议。当时的人,尽管因战争、因外交而智力发达,却还能讲信用,口头承诺也算数的。翌日,楚怀王竟然宣布:商于之地已重新纳入楚国版图,那块土地上的百姓,重新回到了楚国的怀抱!

郑袖、靳尚、子兰、子椒、上官大夫一帮人欢呼雀跃,纷纷向怀王贺喜。满朝大臣,唯独陈轸不贺,还在怀王面前做出吊丧的样子。

更为莫名其妙的,是楚怀王为了向秦国表决心,专门派一个勇士兼辩士、名叫宋遗的人,飞马驰往齐国,骂了齐宣王一通。齐宣王蒙了:这刚刚联手打了胜仗……于是怀疑屈原是带着阴谋诡计来的,下令将其拘禁。

屈原傻了。他此间写的诗取名《抽思》,把内心的愤怒与愁思,一点点的抽出来。

那张仪离开郢都,亲自驾车回秦国,一路上唱着楚国小调。

不久,楚使到秦国,要那六百里商于之地,张仪称:驾车跌成了重伤。他三个月不见客。楚使终于见到他,他一跛一跛地来了,用拐杖指着地图说:我们秦国言出必行,从这儿到那儿,六里地。楚使大惊:不是说好了六百里吗?张仪眼皮子一翻:你们怀王听错了吧?我何曾说过六百里?

张仪的骗局,得自他的超前意识:一般人讲诚信,口头承诺不亚于白纸黑字的协定。可是张仪这种人,好像生下来就不讲什么规矩。他当年在楚国偷玉器,还算小偷,这回却是大偷:偷梁换柱,令齐楚反目,为秦军赢得了喘息之机。

楚怀王勃然大怒,下令攻秦。齐国作壁上观。两次大战役,均以楚军大败而告终,将士阵亡十几万。商于之地未能收,还失去汉中。韩、魏趁机袭击楚国南部。联盟内部打起来了。

楚国想跟秦国好,一脚踢开齐国,落得如此下场。

屈原回国,楚怀王愧对他,不好意思见他。但为了国家利益,希望屈原再去齐国。

屈原二话不说又上路了。

从楚国到齐国路途遥远,官车摇摇晃晃……

屈原的第二次外交努力再获成功,齐宣王着眼于大局,不计前嫌,把宋遗骂他的事儿抛到脑后。齐楚两国再度结盟。

可是张仪也没闲着。

他又对秦惠王进言：为阻止楚怀王因愤怒而再度联齐，退还汉中的一半。秦惠王依计行事。

不久，却传来楚怀王的答复：宁可不要汉中，也要张仪的人头！

此事分别见于《史记》和《战国策》，可信度很高。怀王这个人，往往在紧要关头展示他的愚蠢。他向来是软蛋，却又突然发脾气，咬牙切齿要杀人。

可是令他万万想不到的，是张仪居然主动跑来了，带着他那颗朝不保夕的人头，这颗头还冲着怒气冲冲的楚怀王微笑。怀王盯他多时，横竖想不通：这头砍不砍呢？这砍下之后……将有什么样的严重后果？

怀王犹豫了，将张仪暂且监禁，观察一阵再说。

善于犹豫的人，总是要观察，看来看去看半天……

张仪有备而来，带了两样东西：一是出其不意的胆略，二是大量财宝。一切都布置在先了：他命令随从悄悄贿赂靳尚，出手便有效果。靳尚是怀王近臣，是贪官，是老贵族兼投降派。张仪上次到郢都，一眼看中他，联络上感情，发展成内线。这靳尚得了巨款，欢天喜地，当天就跑去对楚怀王说：张仪杀不得呀，杀了张仪秦王必怒，发倾国之兵攻楚！

楚怀王很自信地笑着说：寡人没杀他，已经想到这一层了。

张仪一招得手，紧接着使出第二招：通过靳尚，复见郑袖，用上另一套言辞。他和颜悦色地对郑袖说：我这人死不足惜，因为我长得太难看了。我这脑袋奇形怪状，比你们屈原大夫差远了，可是秦惠王看重它呀，愿拿上庸（今湖北竹山县一带）这块地方换它，保它平安无事。夫人您知道上庸六县吗？美女遍街都是，又年轻，一个个水蛇腰丹凤眼……

郑袖俏脸嗔怒细眉紧皱。她固然很漂亮，南国女子风情万种，可毕竟三十多岁了，她比得过上庸的那些小妖精么？

这位郑袖，几年前就干过一件事，表明她在王宫中不同凡响的生存智慧：有个大美人儿与她争风吃醋，她急中生智，让大美人儿失掉俏鼻子。事情是这样：郑袖对这美人说：你呀，生得样样出色，就是鼻子稍逊一点，你以后见君王，不妨捂着它。这美人想：不会吧？我的鼻子人人夸呢……不过她初受宠，还是谨慎为妙。郑袖所讲的，万一真是楚怀王的意思呢？她果然在怀王跟前捂鼻子，只尽量捂得好看一些。

怀王很不理解,问郑袖,郑袖笑道:她是嫌你身上有股臭味儿呢。怀王大怒,立即传令,割了那女人的俏鼻子……

张仪一席话,说得郑袖如坐针毡。她一阵风似的跑到章华台,恳求楚怀王,撒娇,哭诉。怀王原本犹豫,一拍大腿下定决心:放走张仪,讨好秦惠王。

张仪刚走,屈原从齐国回来了。一番进谏,三言两语讲清大势,怀王一顿足,明白了:原来张仪如此阴毒,真为豺狼之患!

他大手一挥:派兵追杀!

张仪快马加鞭已越过边境。

屈原回官邸,长叹,泪如雨下。

事情到了这一步,他还不相信大势已去,楚国虽走下坡路,但毕竟是个大国,还有足够的军力财力抗衡秦国。

3

屈原一筹莫展。张仪连出奇招。

时隔不久,秦惠王退还汉中的一半土地,向天下昭示,他是讲信用的。楚怀王乐了,亲秦派奔走相告,抗秦派个个垂头丧气。秦惠王趁热打铁,又提出与楚王室联姻,怀王受宠若惊,凭屈原说破嘴皮子,他也听不进去了。这里有个缘故:春秋战国相当长的一段时间内,秦国是主动和楚王室联姻的,怀王即位,秦国中断联姻二十多年。眼下强秦献媚要恢复姻亲,楚怀王怎能不心花怒放?

然而其中有诈。张仪的厉害是两方面的:既能拨大算盘,又能拨小算盘;骗了你一回,再骗你第二回。这样的奇人,古今罕见。

秦与楚修好了,不是一般的好,两三年内好得像情侣,要粘到一块儿去。齐宣王再一次冷眼旁观。

形势非常微妙。暴风雨前一派祥和。

魏、赵、韩等小国暗中摩拳擦掌,忽一日,发动闪电攻击,联手攻伐已呈颓势的楚国,吃掉好些城池。而张仪派出的策士到处煽动:秦国绝不发兵救楚。几个小国都吃过大国的亏,趁机攻楚得手。

楚怀王惶惶然,不知如何是好。"亲家"看他挨打,不发一兵一卒……

楚国的小人趁机作乱。小人的眼睛,瞅时机是第一流的。

靳尚、郑袖、子兰,三个小人还领导着大批小人。他们分头行动:郑袖负责在床上施展魅力,吹枕头风,暗示屈原曾引诱她、垂涎她的美色;她的儿子子兰,其时已为楚国令尹,一心要挤掉太子横,痛恨屈原从中作梗,千方百计阻拦屈原入宫面君;靳尚则于大臣和贵族间散布流言,说屈原和将军们过从甚密,欲图谋不轨。

楚怀王听信了谗言。

做君王也难。一个九品官也会抱怨众口难调。君王所面对的,乃是人山人海。高高在上的楚怀王,其实淹没在深水中。

然而他要决断,流放他的老师、朋友和忠臣。他在位的第二十一年(前308年),将屈原逐于汉北荒蛮地,掌管云梦猎区的林木鸟兽。

楚怀王的用意是:屈原这种人不配呆在朝廷,只配到荒野与鸟兽为伍。

开端性的诗人,开端性地被流放。

这一年,屈原大约四十五岁。

他在汉北呆了九年。祖国危机四伏……

"余固知謇謇之为患兮,忍而不能舍也!指九天以为正兮,夫唯灵修之故也!初既与余成言兮,后悔遁而有他。余既不难夫离别兮,伤灵修之数化!"

謇謇:口吃貌,言屈原因强谏怀王而语无伦次。成言:既成的约定。灵修之数化:怀王屡次变化。

"民生各有所乐兮,余独好修以为常。虽体解吾犹未变兮,岂余心之可惩?"

体解:肢解。惩:后悔。

"朝发轫于苍梧兮,夕余至乎县圃,欲少留此灵琐兮,日忽忽其将暮。吾令羲和弭节兮,望崦嵫而勿迫。路漫漫其修远兮,吾将上下而求索!"

《离骚》通篇激烈,一唱三叹跌宕起伏,天上地下、人神共吟楚国的挽歌。诗人叩天门访神灵求占卜,忧心忡忡却又通体华美,"老冉冉其

将至兮,恐修名之不立。朝饮木兰之坠露兮,夕餐秋菊之落英。"

诗中反复提到香草,党人。香草是屈原自喻,党人指小人。孔子说:君子群而不党。

"唯夫党人之偷乐兮,路幽昧以险隘……"

"民好恶其不同兮,惟此党人其独异。户服艾以盈要(腰)兮,谓幽兰其不可佩!"

党人崇尚恶草,指责香草。党人的势力很大,家家户户炫耀萧艾,反指幽兰是恶草。

"屈心而抑志兮,忍尤而攘诟。伏清白以死直兮,固前圣之所厚。"

殉国之志昭然。一说《离骚》作于屈原第二次流放时。

五十岁知天命,屈子酝酿着问天。若干年后诗稿成形,这就是著名的《天问》。天为尊,天是不能问的,所以形成文字倒过来了。

九年间,楚国厄运不断。

楚怀王骑墙,自以为高明,却落得腹背受敌,两方、三方不讨好。有人说屈原不算杰出的政治家,此言谬矣。政治讲究"势",屈原不屑为,是他的远见所至。当时的楚国贵在四个字:目标明确。屈原智力超群且忠心耿耿,楚怀王放逐他,意在不受干扰地骑墙,继续他的杂耍"伟业"。

怀王二十六年(前303年),骑墙又惹祸端,齐、韩、魏以楚国破坏"合纵"为由,联军攻楚。太子横到齐国当了人质,联军方退。

怀王吃了大亏,又想起屈原了。却不能力排众议,让屈原当左徒,官复原职。

流放诗人回郢都,仍为失意的三闾大夫。亲秦派又成了朝廷的主流,每当屈原议论朝政、痛骂秦国狼子野心的时候,一度拥戴他、追捧他的大臣都远远地躲开了。他举止怪异,口中念念有词:

"兰芷变而不芳兮,荃蕙化而为茅。何昔日之芳草兮,今直为此萧艾也!"

香草,杂草,毒草,长期共存,并且,不以人的意志为转移。人类自有政治的那一天起,从未出现过屈原的理想局面:铺天盖地全是香草。所谓政通人和,所谓国泰民安,无非是香草活得并不郁闷,正气能压倒邪气罢了。

楚怀王擅长骑墙术，他的臣子就学会了见风使舵。执拗的屈原能不孤单么？他可不懂得什么"大隐隐于朝"……

又过两年，秦国和楚国拉开架式大打了，亲家转眼成冤家，要拼死一搏。垂沙（今河南泌阳县北）血战，楚大败，名将唐昧丧命沙场。这场战争是秦国蓄意挑起来的，借口楚王子斗杀了秦大夫，于是，秦昭王发兵攻楚。

盟国兵戎相见，类似现代战争。

这一仗打下来，楚国上下谈秦色变。秦强楚弱成定局。

楚怀王现在墙也不骑了，一门心思讨好秦国，但求苟安。秦昭王收起大棒，抛出胡萝卜，邀请怀王在秦地武关面谈，并表示，部分归还夺来的城池。这伎俩，纯粹是张仪的风格。其时张仪已去了魏国。他汲取商鞅的教训，秦惠王一死，他立刻走人，让怀恨他的政坛对头无从下手……

楚怀王已经吃过秦国的几次苦头了，这一次，他去还是不去？

《史记》说："楚怀王见秦王书，患之。欲往，恐见欺；无往，恐秦怒。"

三十年骑墙，已成"骑势"，楚怀王下不来了。屈原劝他别去，晓之以理动之以情。臣子遭贬黜受冷落无所谓的，对君王，仍是一片忠心。

怀王说：好吧，我听你的，不去！

然而令尹子兰跳出来，竭力怂恿他父王去武关。他的原话是："奈何绝秦欢！"——怎么能失掉秦国的欢心呢？这五个字，摆明了当时的舆论环境。靳尚、子椒等人也帮腔，陈说种种利害。怀王改主意了，心想：我儿子也劝我到武关，想必不会害我的吧。

这个男人的勇气常常显得莫名其妙，所谓软蛋发狠，要硬给天下人看。他昂然而去，却被秦卒五花大绑，押送秦都咸阳。楚国震惊，愤怒，可是……打又打不赢。子兰大喊大叫：国不可一日无君！父王被人家抓起来了，兄长在齐国做人质，这国王宝座，除了他还有谁能坐？郑袖也跳出来，母子合力，加上一群小人推波助澜，令尹子兰终于实现了多年的梦想，当了几天国王。

不久，太子横回楚国了，子兰"势"未成，乖乖放弃"代理国王"，退回他的令尹位置。太子横继承王位，他就是后来经历了郢都被秦军摧毁的楚顷襄王。

齐国放太子横归楚,外交家屈原自有一份功:他本人和齐国一向关系不错。

楚怀王却惨了。

秦国仗着军事实力,骄横不可一世。怀王不堪侮辱逃到魏国,魏王不敢接纳,复被秦军抓回去,蓬头垢面狼狈极了。三年后,怀王死于秦,双方交涉,他的遗体得以归还楚国。囚秦时他变得坚强,拒绝割让楚国的城池以换取平安。

楚地皆哭声。屈原哭得不成人样。

他和这位君王,打了几十年的交道,恩怨纠缠,欲说还休。中国古代文人和君王的一言难尽的关系,这是一个先例。

屈原第三次遭放逐,原因是他讥讽朝政,一而再再而三,楚顷襄王看他很不顺眼。令尹子兰又是他的死对头。郑袖怨恨他。上官、靳尚,一有机会就诋毁他……

墙倒众人推,政坛尤甚。何况这堵老墙,早已失掉根基,轻轻一推它就倒了,倒向民间,倒向荒野,倒向草根阶层。

顷襄王十二年秋(前287年),六十多岁的屈原打点行囊再离郢都,流放于南楚洞庭。

4

屈子徘徊洞庭湖长达十年。

据考证他到过包括江南在内的很多地方,最后抵达长沙汨罗。他在洞庭湖边年复一年徘徊。当时的洞庭湖,湖面比现在大得多,四周山林,常有野兽出没。屈子形单影只,步履沉重。刚开始还有人照管他,苦于随他驾车疯走,后来跑掉了。他回过家乡秭归,父老杀鸡宰羊,他醉了两三次。有一天,趁着天光未明,他又悄悄上路。有迹象表明,他活着的每一天都亲近着死亡,不然他就衣锦还乡了。胸中时有风暴,怎能安度晚年?身心趋于一致,似乎惟有踉踉跄跄。思绪心绪乱如麻,由其内在的动力,渐渐化为诗歌的节奏。楚声、楚语、楚地、楚物、楚俗……他是地道的地域性诗人,天地人神鬼浑然一体。

屈子中年作《离骚》，死亡意念已趋于明朗。他几番提到彭咸，连死亡方式都考虑进去了。彭咸为楚国先贤，同样不得志，投水而亡。"虽九死其犹未悔"，为谁死而无怨呢？既为君王，亦为天下苍生："怨灵修之浩荡兮，终不察乎民心。"

屈子的《天问》成于洞庭湖畔，一百七十多个发问，连珠炮似的射向天空。思之深问之广，后人不复望其项背。

他的追问，他的因追问而展开的广阔视野，和老子、庄子异曲同工。可惜这条路，渐渐的荆棘丛生，难以辨认。高度无人企及，人们就说它虚无缥缈。

文人与政治的错综复杂的关系，倒是得以保存。

他不停地走，无论走到哪儿，脚下都是楚国的土地。有一天，他坐到一块石头上，望着烟波浩淼的洞庭湖。

郢都方向不断传来坏消息，我们的诗人波澜不惊。他此间写的诗，弥漫着植物和湿地的气息。国之灭与人之死，已经是同一件事。他耐心等，跟认出他的渔翁说说话。——那番著名的长篇对答，可能是《史记》所虚构，提炼了民间传说。其中说："屈原至于江滨，被发行吟泽畔，颜色憔悴，形容枯槁。渔父见而问之曰：'子非三闾大夫欤？何故而至此？'屈原曰：'举世混浊而我独清，众人皆醉而我独醒，是以见放。'"

美貌而忠诚的女嬃也曾经劝他、斥责他，要他回头，莫与群小恶斗，自取祸端。女嬃可能是屈原的女友。屈原举史为例，向这位心疼他的女子讲了一番道理，讲完长叹说："曾歔欷余郁邑兮，哀朕时之不当。揽茹蕙以掩涕兮，沾余襟之浪浪。"

该说的都说了。语言的尽头即是生命的尽头……

诗人此时心境，淡如秋天之云，滔滔辩才，已随滔滔江水而去。

他吃得不错，睡得亦香。忧心如焚已成往事。——是啊，他从来没有如此的平静过。夜来观星斗，白日看大江。他选择日期。

湘君，湘夫人……他笑了。要说那个郑袖啊，确实长得好看。她比孔夫子曾为之诅咒发誓的卫灵公夫人南子如何？她比周幽王肯用国家安危买一笑的褒姒如何？美女祸国殃民，其实是被夸大了，她们哪有那么大的能耐？郑袖唱《橘颂》，十分动听呢。当时她才十六七岁……

帝子降兮北渚,目眇眇兮愁予。
袅袅兮秋风,洞庭波兮木叶下。

这是《九歌·湘夫人》中的几句。"帝子"指尧帝的两个女儿、也即舜帝的两个妃子:娥皇和女英。舜帝死于南巡途中,姐妹俩相拥而泣,泪水洒遍湘江边上的竹林,留下几千年斑斑泪痕,今天南方随处可见的斑竹,就是这么来的。娥皇、女英泪尽时,抱在一块儿投江而亡。后人纪念她们,奉为女神。

这又是一个死亡意象。屈原的诗篇中,死神与美神拆解不开。

坐在石头上的屈原想:怀王死去多年了,听说那郑袖倒活得挺好……

他始终望着郢都方向。

楚顷襄王二十二年(前278年),秦军大将白起攻入郢都,又杀又烧,掀翻了楚怀王及历代楚王的坟墓。楚国所有的豪华宫殿,包括冠绝天下、耗时二百年才建成的章华台,皆成焦土。

郢都毁了。他写《哀郢》。"皇天之不纯命兮,何百姓之震愆?民离散而相失兮,方仲春而东迁……"

死神凌波而来。

他选择了五月五日,地点是汨罗江。

他写下最后一首诗《怀沙》。"知死不可让,愿勿爱兮;明告君子,吾将以为类兮!"——古代的贤人君子,我明确地告诉你,将以你为同类。

七十多岁的白发老人,抱着一块石头,投入万顷波涛。

5

屈原殉国无争议。

他对美政的执拗追求,使他早有赴死之心。他是唯美的,生活、艺术、政治,容不得半点瑕疵。他一生激烈。却能在激烈中逗留,以激烈为常态,并展开他那令人眼花缭乱的丰富性。进入他的生命体验几乎是不可能的:谁能拥有一双屈原式的眼睛呢?他是巫,是鬼,是神,是草木鱼虫雨雪雷电,是天庭的漫步者,是江湖的巡视者,是宇宙的追问者……原始宗教的天地浑成之态,显现于屈原的作品中。《楚辞》大致是个整体,进入这个"整体"殊难想象。这倒不是说,字句理解艰难。从东汉王逸、南宋朱熹到现当代的集注集评,使《楚辞》在字面上的把握变得相对容易。《楚辞》中含有宋玉、景差等人的追随屈原之作。

汉初贾谊吊屈原,是由于政治上的不得意。司马迁为屈原作传赞,其内心冲动和贾谊相似。屈原作为失意臣子的形象在司马迁的描述中得以凸显。凸显意味着:屈原的"这个"形象易于把握。而易于把握是说:文人与君王的爱恨交织的关系,由屈原作了开端,后继者绵绵不绝。是后继者的无穷眺望使屈原成为屈原。

"唯美"这一层,则由于楚地之原始宗教体验的缺失,使屈原在文字中间的身影显得游移和缥缈。游移缥缈本身也是美。

楚辞和楚声、楚乐、楚舞、楚俗密切相关,而能以楚声诵楚辞者,据说唐代就绝迹了。

两千三百多年来,屈原的身影既清晰又模糊,既固定又缥缈。屈原千姿百态。他活在汉语的弹性空间之中。他的作品是多维度的,具有多重指向。

屈原不能被穷尽。读屈原意味着无限的生发。

《离骚》、《天问》、《九歌》、《九章》、《招魂》……这些篇章所唤起的阅读体验是很不同的。《九歌》原是楚国南部祭神的民歌,经屈原提炼成抒情诗,人神相恋曲。《湘君》、《湘夫人》、《山鬼》、《东君》、《云中君》、《少司命》……全是极优美的篇章。

"暾将出兮东方,照吾槛兮扶桑。抚余马兮安驱,夜皎皎兮既明……"这是日神东君的形象。

"秋兰兮青青,绿叶兮紫茎。满堂兮美人,忽独与余兮目成。入不言兮出不辞,乘回风兮载云旗。悲莫悲兮生别离,乐莫乐兮新相知……"这是司恋爱的处女神少司命的形象。目成:少司命与神堂中的以巫者出现的屈原眉目传情。

《楚辞》的源头性美感俯拾即是。

本文挂一漏万。

《楚辞》是南方文化的结晶。《诗经》则是北方文化的硕果:十五国风,不见"楚风"。换言之,《楚辞》是长江流域的产物,《诗经》是黄河流域的产物。二者到了汉代并称"风骚",宛如长江与黄河共同滋养了华夏儿女,催生绵延百代的华夏文明。

《诗经》是四言体,《楚辞》主要是五言、六言、七言体,形式自由奔放,音韵别致优美,开汉唐诗歌之先河。

《诗经》是民歌民谣,清新而单纯。《楚辞》是个人的艺术创造,意象繁复,意境雄浑,诗人内心的巨大冲突横陈纸上。

何其芳说:"《诗经》中也有许多优秀动人的作品,然而,像屈原这样用他的理想、遭遇、痛苦、热情以至整个生命在他的作品里打上了异常鲜明的个性烙印的,却还没有。"

开端性的诗人,开端性地以生命写诗。诗句喷发着生命冲动。

从屈原的作品看,他虽然生死系于南方,却对中原的历史文化高度认同,没有一点"小国寡民"的心态。而当时的楚国则被北方人称为"南蛮"、"荆蛮"。南方文化传播到北方,沅湘的屈子、淮水的庄子居功甚伟。老子的思想也是从南传到北的。

楚国灭亡了,楚声却响彻了华夏大地。

这个历史现象颇具隐喻性。刀枪能攻占国土,却对文化无可奈何;强国的战车驰骋千里,弱国的文化悄然反攻长驱直入;帝国倾覆朝代更迭,文化源远流长。

春秋战国,北方多攻伐,而南方是相对平静的。南方生活的悠闲和文化的丰富是同构的,柔性之力大而无形。

北方主阳刚,南方主阴柔。

这中间可能隐藏着华夏特殊的人文地理的奥秘。

屈原流露到作品中的形象,环绕着鲜花香草。他的缠绵倾诉也透出某种柔媚。荆楚男子也许多如此。楚人亦强悍,而在楚国灭亡之后越发强悍不屈。项羽这样的"力拔山兮气盖世"的人物,产生于楚国的耻辱记忆:"楚虽三户,亡秦必楚。"

项羽是力量型的,屈原是文化型的。项羽一把火烧了阿房宫,屈原却让南方的生活意蕴审美气象牢牢扎根于北方。

从历史发展的长远轨迹看,刀枪劣势,文化优势。刀枪要生锈,文化要发光。也许正是文化的发光才使刀枪入库生锈。文化的柔性之力是朝着生活的多元,审美的多元。或者说,文化的本质性力量是由生活的多元来维系的,它近乎本能地拒绝刀枪。南唐之灭,北宋之亡都是典型的例子。

汉代"一统天下",过上了安定日子的汉民族却受到匈奴的威胁。汉族与少数民族的争斗与融合延续千百年。从某种意义上说,这也是生活与刀枪的严重对立。而现代政治智慧,则以刀枪护卫着生活。古代政治,这个智慧尚在成形的过程中。皇权既是推动力,又阻碍了它的成形。

这是中国历史的大课题,本文仅限于几缕猜想。

古代中国的"生活局面",与农耕文明息息相关……

屈原的丰富性是由南方的生活所决定的。天地人神巫集于屈原一身,这在战国时代的中原是不可想象的。中原战乱频仍,使"治乱"的思想成主流思想,孔子不语"乱力怪神",有其深意在焉:他是致力于价值天空的收缩,为君权的畅行天下腾出空间。屈原则拓展"人神共存"的空间。春秋时代中原的神话也是非常发达的,屈原笔下多有涉及。屈原的视野是南北交汇人神共存。泛神,泛巫,使他笔之所触,尽染神奇。

人神浑然一体,是朝着人的神性、诗意,朝着生活的丰富、人性的丰富。神性并不压抑人性,神权与君权的结合才压抑人性。神性是模糊的,神权是确定的。

由此可见,屈原与孔子有明显的互补空间。

秦汉以降,中国历代文人仰望着屈原。这几千年不衰的仰望是有原因的,符合"充足理由律"。屈原是人的丰富性的开端阐释者。王逸说:"屈原之词,诚博远矣! 自终没以来,名儒博达之士,著造词赋,莫不拟则其仪表,祖式其规范。"

《文心雕龙·辨骚》则具体阐释说:"故其叙情怨,则郁伊而易感;述离居,则怆怏而难怀;论山水,则循声而得貌;言节候,则披文而见时。是以枚贾追风以入丽,马扬沿坡而得奇。其衣被词人,非一代矣。"

文人易感,文人发牢骚,源头在屈原。易感是说:提升感受性,感受天地人神,由感受而生发感知。感与知,是连在一块儿的,知性(理性)

并未扼杀感性。由于屈原目极天地间,立境奇高,他所划定的感知区域笼罩着后世文人,由文人而波及读书人,进而影响全民族。发牢骚则意味着:有深怨并栖身于这种深怨。深怨从何而来?从理想、操守、才华而来。此三者,使牢牢栖身于怨恨成为可能。人是迎着痛苦上才会有"栖身",不然,痛苦就跑掉了,牢骚就消失了,原则就变成妥协了。这个心理模式直通儒家,在中国代代相袭影响深远。优秀文人几乎都是硬汉子,不向命运低头,不拿原则做交易。他痛苦,怨恨,却能扎根于痛苦怨恨,并在书写中使之持存。屈原是最早、最经典的个例。深深的怨恨开出了五彩缤纷的词语之花,而词语之花就是生命之花。

顺便提一句:屈原的作品并不是"浪漫主义和现实主义的结合"。没有这样的结合,因为屈原未曾分割。分割是现代人的发明。

历史长河泥沙俱下,易感和发牢骚都有变式,例如朱熹批评扬雄模仿楚辞的作品是"无所疾病,强为呻吟"。无病呻吟,有意拍马,是汉赋的两大通病。屈原的光辉在汉代减弱了。他在汉赋作者们的扭曲的眺望中躺进了汉隶书籍,到唐宋又一跃而起……

古代南方人杰的国家情结、民族情结胜于北方。项羽的衣锦还乡、宁死不肯过江东,是屈原之后的另一大个案。屈原为何投江?因为他是楚人。楚国近千年的历史培育了他的国家情结。这情结包含了意识、潜意识、集体潜意识。中原诸国长期战乱,分分合合,国家意识淡薄,策士们朝秦暮楚是家常便饭。孔子、孟子、韩非子,都是以诸国为国的。《楚辞》学者马茂元先生对此有专论。

孔子的大视野,使他必须淡化他的鲁国情结。而国家趋于一统,国家意识的淡薄对儒学之意识形态究竟是行不通的,谁来填补这个空缺呢?是屈原。这倒不是说,屈原主动填这个缺。是汉唐宋的文人儒者把屈原"镶嵌"到历史的空缺中的。这里,又有孔子和屈原的互补空间。楚国放大为"中国"。

屈原的爱祖国,同样是"历史性"的,感动中国两千多年,并且在他个人,毫不勉强。《橘颂》云:"后皇嘉树,橘徕服兮。受命不迁,生南国兮。深固难徙,更壹志兮。绿叶素荣,纷其可喜兮……嗟尔幼志,有以异兮……秉德无私,参天地兮……"

爱国的欣悦之情溢于言表。屈原年轻时的这首佳作,是爱祖国的诗篇中最朴素最动人的:因朴素而动人。他闪耀着爱国情愫的源头性的光辉。爱得如此之深,夺走他的爱,等于夺走他的生命。没有这样的爱国之情则没有《离骚》。祖国,楚王,荆楚大地的人神共存的生活世界,紧紧的交织着。屈原爱国在先爱君在后,爱国是前提、前因。这个"因果关系"是比较明确的。楚怀王死了,屈原并未去投江。郢都被毁的那一年他才自沉于汨罗。

理解屈原的自杀,这是一条有迹可寻的线索。

屈原的语言艺术、行为艺术,缠绕着后世中国文人。

美政理想主义者和君王、权贵的"结构性矛盾",发端于屈原。整个封建时代,屈原的这个发端意义重大。

也许他走了生命的极端,才使后来的继承者坚定地站立在生命的苦难中。司马迁、嵇康、杜甫、李煜、苏轼、李清照、曹雪芹……都是大苦大难而笑傲人生。

1953年,屈原被联合国定为世界四大文化名人之一。

中国三大传统节日之一的端午节,由屈原而起。这么大的国家,两千多年来,单为屈子留下一个全民参与的节日,这不是偶然的。他投江后不久,往江中抛粽子的习俗就在荆楚大地上渐渐形成,老百姓的动机,单纯而又感人:别让鱼群碰他的躯体。粽子抛给鱼吃,他就安全了,一直沉睡在江底,或与汨罗江的波涛共存,汇入长江,滋润两岸辽阔的土地。每年的五月五日,粽子如雨点般落入江水中。后来,全中国相染成习,人们吃粽子怀念他,划龙船怀念他……

端午节是民间自然形成的,不是哪个帝王钦定的。这也表明,千百年来,"小民"的心愿和力量,能汇集成无人能够阻挡的滚滚洪流。

他忠君,却不是愚忠,他责备君王的句子比比皆是。

> 惟夫党人之偷乐兮,路幽昧以险隘。
> 岂余之身惮殃兮,恐皇舆之败绩!

——小人结党营私,那是非常危险的。我是害怕殃及我自身吗?

不，我是担心国将不国，君王的车驾，因党人引入歧途而倾覆！

屈原在《离骚》中还写道：

> 初既与余成言兮，后悔遁而有他。
> 余既不难夫离别兮，伤灵修之数化。

——当初说得好好的，后来却又反悔。离乡背井，对我来说不是一件艰难的事，我感到伤心的，是君王您反复无常！

屈原的诗中，"灵修"、"美人"，常常指楚怀王。"数化"是屡次变化。

小人才反复无常呢，"伤灵修之数化"，岂不是把楚怀王和小人等量齐观？所以后来有人站在君王的立场批评他，比如班固说他"露才扬己"、"责数怀王"。颜之推更指责屈原"显暴君过"。他们的言下之意是说，最高统治者即使有过错，也不应受责备，更不能暴露给天下人看。

《离骚》最后两句："既莫足与为美政兮，吾将从彭咸之所居！"——既然美好的政治不能与君王共谋，那好吧，我将跟随彭咸而去，到江水中寻觅我的归宿……

值得注意的，是屈原写下这些句子的时候，正当壮年。换句话说，他早就准备赴死了，包括死亡的方式。荆楚多河流湿地，他和水是亲近的，亲昵的。纪念他的百姓深深懂得他，让水中的鱼虾远离他。

读屈原的诗，不难发现，当时的文化已十分发达。南北文化呈交融趋势，而诗人、哲人、策士，从不同的方向强化这种趋势。七国争雄，一会儿打起来了，一会儿又好起来了。从时间上看，和好总比打仗多。从战国之初到秦灭六国，近两百年。国与国之间，接触是多方位的，这就包括从官方到民间的文化交流。即使为了研究敌人，也要弄清对方的文化，不然的话，那些成千上万的策士、辩士们，长年累月奔波穿梭，他们广博的学问、他们知己知彼纵横天下的能力从哪儿来呢？

争霸倒促进文化交流，这个现象蛮有趣。

屈原的诗，得益于《诗经》不少，还有楚国代代相传的民歌。孔子说:"诗三百,一言以蔽之,思无邪。"思无邪的意思,就是男女互相思念,却能纯洁无邪。

即使是屈原的牢骚之作,也不乏美女的身影、香草的气味,更不用说《山鬼》、《湘君》、《湘夫人》这些作品了。语调轻快,画面优美,情与貌跃然纸上。句式不拘一格,有长有短,那个著名的"兮"字或于句中,或于句尾,像个小精灵,像一条小蝌蚪,游来游去的,趣味横生。举《九歌·山鬼》开头几句为例:

若有人兮山之阿,披薜荔兮带女罗。
既含睇兮又宜笑,子慕余兮善窈窕。

山鬼为女性神灵,这是以她的口吻,描绘她美好的、对她也是一往情深的意中人。《离骚》中的"兮"字是在句尾,这首诗就放到中间了,形式由内容生出,读起来很舒服。仅四句,男人女人,包括他俩的服饰、表情、身段、环境、情愫,全都出来了。他不用概括,而用渲染和烘托,对应《诗经》的比兴手段。

《九歌》里的九首诗,都是要由男巫或女巫来唱的。楚国的巫文化尤其发达。

诗人常以女子的面貌出现,可能是因为当时楚地的男子,其性别意识,和今天的男人有区别。诗人的性别转移很容易。女巫、女神故事多。

《离骚》的句式是参差不齐的,情绪起伏大,抒情与叙事交汇。《天问》则一变而为四言诗,因他连珠炮似的发问,急促而又连贯。《九歌》对人神相恋的礼赞以七言为主,活泼灵动。《招魂》、《怀沙》、《哀郢》等篇什不拘一格……游国恩先生指出:这是诗歌形体的大解放。

大解放就是大开拓。屈原的精神喷射力使有碍于这种喷射的诗歌形式自动解体。他一生三次流放,加起来可能有二十多年,跟跄足迹踏遍荆楚,与神巫、与草木鱼虫鸟兽对话,诗境、句法都是"走"出来的。流放出诗人。颠沛写华章。开拓者是这么开拓的:精神的自由喷射谋求着自由的表达。形式就是内容。韩愈《送盘谷序》说:"楚,大国也。其亡也,以屈原鸣。"千年大国之亡,"亡于"屈原之鸣:是屈原以他的大悲之鸣见证了楚国之亡。他以楚声表达了楚国,楚国在他的笔下获得了重生。"悲剧是把有价值的东西毁灭给人看",这毁灭也是重建,向后人端出毁灭之物的价值。屈原表达了南方,却覆盖了北方,以嘹亮的楚声唱响中原,融会中原。这在文化上是开天辟地的。开拓者吸附后来者,但开拓者又是很难模仿的。宋玉对屈原亦步亦趋,已类似东施效颦。汉赋如东方朔的《七谏》、王褒的《九杯》、刘向的《九叹》、王逸《九思》,模仿的痕迹很明显。众多的模仿,反而证明了天才诗人的不可模仿。屈原像一台矗立天地间的巨型搅拌机,雷鸣电闪皆为能源。汉赋之于楚辞,有如蛙声之于雷鸣,有如萤火虫的光亮之于电闪。辞赋并称,是汉代文人的说法。而汉赋作家的功劳倒是对楚辞的广泛传播:屈原被汉隶无数次地书写。

唐朝又迎来诗歌形体的大解放:李白的古体诗,杜甫的格律诗、五言长诗,异军突起,双峰对峙。这表明:顶级艺术充满了意外,异军方能突起。李白杜甫眺望屈原,得其神韵,却在自己的生命体验与审美观照中卓然而成大宗师。所谓创造性的继承,这继承的轨迹却是扑朔迷离,至今向我们保持着它的神秘性。李杜之后,追随者模仿者,试图超越者,又排起了长队……文学艺术的"累积效应"显而易见。

屈原的一些不经意的抒情句法,流布到今天的书面语和口语中,比如"目眇眇"、"愁悄悄"、"翩冥冥",令人联想现在的"静悄悄"、"雨绵绵"、"凉丝丝"。

屈原的作品影响了汉赋,更影响了唐诗宋词,其自由奔放又如出色的现代诗。我想,这和民歌是大有关系的,《诗经》的精髓也在民歌。民歌、民谣、民俗,都是几百年上千年缓慢生长出来的好东西,历代文人加以提炼,于是佳作纷呈。而皇帝一旦出面干预,官方受命指手画脚,生机勃勃的艺术就注定要颓败,艺术家沦为封建统治者的工具。

屈原生活中的男欢女爱,史籍里不见踪影。

郭沫若写屈原,把两个女人放到他身旁,塑造婵娟的美丽,刻画郑袖的妖媚,虽出于虚构,却让我们能一窥屈原本相,并由此生发出若干富于浪漫色彩的联想。

汉武帝时代的淮南王刘安,在《离骚传叙》中说:"《国风》好色而不淫,《小雅》怨诽而不乱。若《离骚》者,兼而有之也。"

这种解释,惜墨如金的司马迁曾引用。源头性的东西,竟然也在好色与牢骚之间。

屈原那个年代,思想是活跃的,情感是奔放的,艺术是自由的,世界是敞开的,神灵是亲切的,自然是浑成的。

没有记载说,楚怀王、楚顷襄王,在屈原的诗中寻找过"犯上作乱"的罪证。

屈原之后百余年有贾谊;

再百余年,有伟大的司马迁……

2008年3月3日

司马迁

(西汉 约前145或135—?)

对今天的中国人来说,万里长城和《史记》,究竟哪个更伟大?我认为是后者。如果没有司马迁写下的《史记》,那么,遍及全球的十几亿炎黄子孙,将发生"身份"认同的危机。五千年文明从哪儿来?从司马迁的《史记》而来。他的下体受阉割,却令人吃惊地精气神十足。他以民间的价值观挑战残忍嗜血的汉武帝。他留下的文脉也是民族的血脉。

1

对今天的中国人来说,万里长城和《史记》,究竟哪个更伟大?我认为是后者。如果没有司马迁写下的《史记》,那么,遍及全球的十几亿炎黄子孙,将发生"身份"认同的危机。五千年文明从哪儿来的?从司马迁的《史记》而来。是他远在公元前,就挥舞书写历史的巨笔,将华夏文明上溯三千年。在他之前,也有史家的各类记载和民间传说,但不成系统,形不成源流,是他首创了纪传体的通史。他笔下的诸多帝王,从远古到战国,无一例外地追溯到黄帝。轩辕黄帝成为中华民族的共同始祖,没有司马迁是不可想象的。

司马迁的功绩,怎么说也不过分。一大群帝王将相加起来,分量也不如他。今天的科学家们,一次又一次探寻长江、黄河的源头,而两千多年前的司马迁,仅凭他一人之力,以非凡的洞察力和常人难以想象的意志力,探寻中华文明的源头。

众所周知,他是身体不完整的伟大的男人,汉武帝因李陵冤案而废掉了他的生殖器。悲剧发生在他四十七岁的那一年,从那以后,他称自己是"刑余之人"。他是在屈辱和愤怒中完成自己的伟业的。今人可能单从性能力丧失的角度来看他的悲剧,而在司马迁,屈辱是第一位的。他把人分为十等,最后一等,就是他这种受宫刑的人。受刑之后,他再也不去父母的坟前祭扫,无颜面对父母的在天之灵。读他的《报任安书》，字字都是血。读这样的文章，我们才会懂得，为什么说一本书比性命还要紧。李陵遭诬陷他挺身而出，而数年后的任安事件，他深知内情却缄口不言了。为《史记》，生命退居次要了。他本来是可以免受宫刑的，可他穷，拿不出朝廷规定的赎金，只好任凭行刑者亮出尖刀。出狱后他还到武帝身边做事，形同太监。他把各种各样的人都写进《史记》了，包括以色事君的佞幸男人，惟独不写太监列传，可见他内心的伤口碰不得，一碰就血流如注。

所有这些事，后面再细说。

史称汉武帝雄才大略，打仗，扩大版图。但是这个人多欲而少慈，皇帝能干的坏事，他几乎都干过。本文不想评价他的是非功过，只因司马迁，不得不涉及他，包括他手下的大将，比如置飞将军李广于死地的大将军卫青。

汉武帝废掉了司马迁的生殖器，不喜欢《史记》，但是这个自以为雄视百代的皇帝，对他眼皮子底下的文弱书生却无能为力。他死后二十年，《史记》从民间冒出来，横空出世。阴间的汉武帝会发现，轮到他来受刑了。

司马迁并未侮辱他，只不过摆史实讲道理，单凭这一点，这位"刑余之人"就比那位万乘之君更为高贵。

司马迁和汉武帝刘彻几乎是同时消失的，他消失在民间，带着他的巨著。皇帝的"龙体"腐朽时，史学兼文学巨著的《史记》散发出夺目的、永恒的光辉。

司马迁的死是个谜。可能是为了保全《史记》，他远离宫廷潜入了民间。今天，我们希望他是含笑瞑目的，他活过了七十岁，寿终正寝。有人认为他死于刘彻之手。皇帝取他的性命易如反掌，废他的下体如阉猪狗，可他手头的书早已藏之名山了。

"人固有一死，或重于泰山，或轻于鸿毛。"

司马迁的死，就比泰山还重。

司马迁的家乡在现在的陕西韩城县西南，家贫，小时候做过放牛娃。父亲司马谈在京都长安当太史令，俸禄少，被官员们普遍看不起。史官名为天官，记录并评论天子的言行，但实际上没人当回事。皇帝以

"倡优蓄之",养起来好玩的,心血来潮的时候,听他们讲讲故事,说说趣事。大西北的黄土地,秦人因之成霸业,秦灭汉兴,不过六十余年。汉廷对秦人是抱着防范心理的。最典型的例子是陇西人李广,沙场建功无数,始终未能封侯,并于激愤中挥剑自杀。他的儿子李敢则被暗杀,汉武帝还封锁消息。李广的孙子李陵更惨,替皇上卖命,却被灭三族,几百口人哭天号地被腰斩于市,而司马迁讲了几句公道话,就失掉了生殖器。

黄土地出硬汉子。自然条件的恶劣,磨砺出粗犷的天性。地域文化对人的影响是显而易见的,从外貌到性格,而性格又决定行为方式。如果比较一下江南人和西北人,不难发现,他们的皮肤、发音、生活习惯和心理特征,差异都很大。

司马迁放牛也读书,牛背上读,躺下来读,天高云淡,易生遐想。他是独子,也许曾经有过兄弟姐妹,未能存活下来。他是父母的掌上明珠,但还得放牛羊。父亲钱少而书多,类似历代的读书人。一群不识字的放牛娃围绕着识字的放牛娃,听他讲书本,讲他听来的长安。而牛在吃草,风在吹,对面山腰上,有汉子扯着嗓子高唱山歌。

他们也去看黄河,惊叹它的雄浑,一泻千里。

大概到了十来岁,司马迁随父母迁往长安茂陵。这是司马谈的一个重大举措:将儿子带到政治文化的中心。年轻的皇帝在茂陵为自己建坟墓,将天下富豪往那儿赶。这个陵墓规模巨大,财政预算,将花掉全国总财政的三分之一。司马谈是主动去的,但很多有钱人都是被迫去的,比如一个叫郭解的人,江湖上名气大,号称郭大侠。郭解托大将军卫青在汉武帝跟前为他讲情,说是家里穷,本不该在迁徙之列,是有人跟他过不去,把他的名字写在迁徙名册上。武帝想了想,对卫青说:这姓郭的什么大侠,他能托你讲情,就表明他不穷。

于是,郭解也到了茂陵。不久,他老家那个跟他过不去的人就被人杀了。司马迁听父亲讲这件事,心里很震动。父亲身为史官,不仅在官办的图书馆读了大量书,而且注重民间的各种传闻,这也影响了他的儿子。司马迁经常听故事,童年生活弥漫着神秘感。

司马谈性情豪爽,在京城交了一些朋友,主要是读书人。读书人交读书人,还是比较容易的。一个叫孔安国的人,做了司马迁的老师,此人据说是孔子后裔。司马迁还听过大儒董仲舒的课。汉武帝为了统一思想而独尊儒术,这姓孔的和姓董的双双走红。司马谈为什么替儿子选择这样的老师?他本人是推崇道家的。他写过《六经要旨》,对道家差不多全是赞美之辞。武帝之前的文帝、景帝,取道家学说治国,无为而治,尽量不扰民,让老百姓休养生息。"文景之治",繁荣了半个多世纪。汉武帝登台,来了个大转折,对外杀敌,对内杀人,制造了无数冤案、血案,他又兴土木,迷神仙,追随秦始皇。史称他雄才大略,又说他好大喜功,我不知道哪个词对他更贴切。我所能分辨的是:这两个词没有理由放在同一个人身上。

同时,我也实在搞不懂,为什么要独尊儒术呢?儒术不等于儒家学说,它已经迅速变成了统治术。百家争鸣不好,各种思想自由竞争的局面应当被打破,就连已被证明对管理国家非常有效的黄老学说也靠边站了,儒术一统天下,霸道得很。

汉武帝独尊儒术,对中国社会的影响极其深远。

司马谈让儿子拜儒者为师,也是当时的风气使然,适当为儿子考虑一下仕途。打个不一定恰当的比方,眼下都说应试教育不好,但是做父母的,却又希望儿女考高分。形势比人强,古今都是这个道理。不过,司马谈并未对儿子说:现在道家不吃香了,赶快扔掉它,改学儒术!

司马谈不是赶时髦的投机分子,司马迁更不是。父子二人秉性相似,都是西北汉子,有骨气的知识分子。他们对儒家学说也并不反感。到后来,经过孔安国、董仲舒的调教,司马迁对孔夫子毕恭毕敬。

2

茂陵这地方,距长安不过几十里,等于在天子脚下。汉武帝将富豪往这儿赶,一个明显的意图是强化皇权,免得这些人在各地生事。因为有钱人多,一座繁华的小城很快就建起来了。而司马迁当初在穷人堆中混,并不觉得自己穷,但现在不同了,满街的华屋美宅,高车大马,贵妇人贵公子成群结队。司马迁完全不受刺激是不可能的,邻居小孩儿吃什么玩什么,他不会没印象。他怀念家乡放牛牧羊的小伙伴,并由此建立他强烈的草根意识。他是要子承父业的,他崇拜自己的父亲。他脑子里装满了故事,近代的,远古的,种类繁多,这显然是一笔非同寻常的财富,邻居小孩儿只能眼巴巴望着他,希望每天都能听他讲。如果他父亲开个茶馆说书,一定生意兴隆,长安人也会坐车来听。当时还没有这个行当。即使有,司马谈也不会干。祠堂里的祖先们没一个会同意,耕读传家也是好的。战国时有个司马错,曾在秦国做高级幕僚,左右秦王的能力胜过著名的纵横家张仪,他是司马家族的荣耀。汉武帝基于大一统的战略招贤纳士,司马谈希望儿子成器,将来比他强。

司马迁自己讲,他"十岁则诵古文"。这个天才少年的目光所及,几乎包括当时所有能用文字记载的东西,《周易》、《尚书》、《春秋》、《左传》《国语》《诗经》《战国策》、诸子著述,这些都不用说了,他还学习天文、地理、兵法、商业、域外风物……想想他的书房,竹简堆得有多高。一般的人,早就被茫茫书海淹没了,司马迁却能戏水,甚至能够踏浪,说他是天才好像还不够,他简直是神仙。有一个词:学究天人。司马迁就是这种人。今天的学者,也许单攻一本书,就够他一辈子呕心沥血了。

从春秋战国到前汉,大约六百年,中国不缺学贯古今视野广阔的人物,司马迁只是其中之一。秦始皇搞了一次焚书运动,汉武帝又来独尊儒术,思想的大道逐渐就变成小道了,催生思想的沃土日趋贫瘠。具有原创性的天才几近绝迹,倒是引来历代注家蜂起。而在西方国家,显然不是这样。西方人的特点是:当一种东西壮大起来时,反制它的力量会同时生长。换句话说,他们反思的能力很强,懂得任何事物都具有两面性。

秦皇汉武治天下,从辽阔的版图到丰富的思想,一律要纳入皇权的掌控范围。我想,这远不止是历史学家们的重大课题。

司马迁在茂陵生活了七八年,直到他二十岁开始行万里路。天才少年很用功,但不会很辛苦。如果他学得身心疲惫,像现在的中学生,那么,他学的知识多半是假知识,是学的时候就打算将来要忘掉的敲门砖。只有学通了,能举一反三了,从中获得智性的乐趣了,那才叫学习。司马迁闲时也到各处逛逛,小茂陵,大长安,满眼都是惊奇。外部世界对他的吸引力,不下于书本,二者又形成互补。有人说生活是一部大书,这话只说对了一半。如果你不通过书本打开视野,生活就是一本小书,很多东西你都看不见。单凭经验生活,心智扩张的范围太有限。动物的那点经验不过是本能的延续而已,动物只能存活,没有生活。无论如何,人是不应该向动物看齐的。

对生活的全方位的领悟,古人好像比我们要智慧一些。如果你不相信,那你不妨花几年功夫,仔细看看从春秋到前汉的几百年间,咱们中国人究竟想了些什么,干了些什么。

追溯历史,是为了赢得今天。

而背负历史的沉重,我们要有一种能力来赢得轻松。不是故作轻松,更不是嬉皮笑脸的、无厘头式的轻松。

司马迁长成小伙子了,体形瘦长,穿汉服很受看的。父亲并没有为他张罗婚事,不知道这是怎么回事儿。是因为穷还是先考虑事业?他母亲已经去世了,哪一年走的,他也没说。父亲大多数时间呆在长安,他在茂陵跟老师学习,回家吃得简单。邻居大鱼大肉的,他闻闻香气罢了。由于文景之治,武帝时代的前半期是比较富裕的,全国两千多万人,一般人家,吃肉不成问题。跟匈奴打仗,才把国库打空了,皇帝的手伸向民间,初生小儿也要纳税。司马迁也不是特别穷,父亲给他的钱他都攒起来了,他有一个宏伟的计划,不是讨老婆,而是要踏遍祖国山河。老师发现他面带菜色,留他吃饭,他就趁机解解馋。孔安国是得意的学者,家境比他好得多。他学成出游的那一天,老师除了给他资助,还写信让外地的朋友和学生帮助他。总之,为了出游,司马迁做了充足的准备。

二十岁学业有成,他已经有了一双能打量历史和现实的眼睛。他从那些言简意赅的竹简上学到的东西,大大强于今天的若干个博士后。

当然,中国历史几千年,像司马迁这样的饱学之士,也找不到几个。他是终其一生,和书本厮守在一起,行万里路,也是边走边读。一些同样饱学的文人,却有很多时间在忙着干别的,比如伟大的苏东坡。

万事俱备,行期在即。司马迁的兴奋劲儿,并不下于即将讨老婆。"我见青山多妩媚,料青山,见我应如是。"(辛弃疾词)青山绿水,就是他如花似玉的好老婆。他买了一把剑,夜里挑灯细看。书生带剑上街,神气得很呢。他登上一家酒楼,大声唤店家:"来一条羊腿打五斤酒!"

他吃得满嘴流油,惹得邻桌食客啧啧称奇。他哪里还像书生,分明是个游侠。

司马迁自幼羡慕游侠,听故事很神往。从老家迁到茂陵不久,他还亲眼见过大侠郭解,非常吃惊地发现,那郭解生得短小精悍。他原以为堂堂郭大侠,生得像力能扛鼎的项羽呢。殊不知,短小的郭解自有大名堂,他以一介庶民的身份,到茂陵却立刻引起轰动,富豪权贵争相巴结,要想请他吃顿饭,得提前半个月送上请柬。他上街前呼后拥的,高大威猛的汉子分列左右,他本人倒显得平和,一副真人不露相的样子。关于这个人,我们后面再讲。司马迁写游侠,尤其写郭解,有着强烈的主观色彩,和他儿时的想象有关,我个人并不是完全赞同。侠这种东西,依我看,是做秀的成分大,表面通向"义",暗里勾结豪强,杀人如麻。这种靠经验和直觉行事的人往往很聪明,他壮大势力,一定要扯起义字大旗。而势力越大,他本人越谦虚,不张扬处处指向张扬,叫人不由自主地钦佩他。依此例推广开来,我们会发现,现在流行的武侠类的东西,是基于杀性,是和平环境下的心理代偿。而一层又一层花里胡哨的表面文章,扯起文化这面旗帜,将杀性加以伪装。其实,何必伪装呢? 武侠有市场,未必是坏事。

司马迁开始他的长征之前,还见过刚从西域归来的张骞,这位名副其实的探险家、智勇双全的大汉使者,向司马迁详细讲述了西域诸国的人口、体貌、风俗、物产、地理位置和军力。司马迁如获至宝,后来他根据张骞提供的资料写成《大宛列传》。有专家讲,此后两千年,没有任何学者对西域的研究超出了《大宛列传》的范围。

这一年,也是汉武帝武功卓著的一年,卫青率领的大军重创匈奴,将匈奴人赶到了蒙古草原深处。几十年受威胁的长安城大大松了一口气。

司马迁在一连串的兴奋中踏上征程。他乘坐官府送公文的驿车,每三十里为一站。由于父亲和老师都是朝廷官员,他受到优待,减少了很多麻烦。他带的东西不少,除了简单的生活用品,更多的,是用作记录的竹简、绢帛和毛笔。当时汉隶已流行,取代了复杂的篆书。司马迁想必写得一手漂亮的隶书吧? 可惜现在已失传,一块竹片都没有。《史记》书成,共五十二万六千字,而他的草稿和笔记,恐怕十倍于这个数吧？

时隔两千多年,我看见神清气爽的司马迁,坐官车迎着朝阳上路。他也走水路,同样很方便。由于统治及军事上的需要,汉武帝时代的水陆交通异常发达。

司马迁这一走就是七年。

3

司马迁自己说:"二十而南游江淮,上会稽,探禹穴,窥九疑,浮于沅湘。北涉汶泗,讲业齐鲁之都,观孔子之遗风……过梁楚以归。"

他离开长安后,朝着东南方向,经武关抵达南阳(今属河南),弃车乘船,顺长江而下。他坐的船是不是官船就不得而知了。他此行范围广,包括江淮、齐鲁和中原。一个人徒步考察,大致有个目的地,但更多的目的地是在考察途中发现的。风餐露宿是家常便饭。饥肠辘辘时,他像野人一样爬树摘果。饱一顿饿一顿,他根本不在乎,他心里激荡着大东西。世界向他扑来,夹带强烈的原始气息。他的这种行万里路的方式,和后世一般文人不同。他不只是观风景,发点思古之幽情,他要考察,要询问老者,要辨别真伪,要顺藤摸瓜,要展开合理的想象。为了一个细节,他会多方求证,不惜跑远路,往返折腾。这种介于科学和文学之间的工作,充满了艰辛,也充满了几乎所有人都无从享有的乐趣。他正处于朝气蓬勃的年龄,体力好,血气旺,精神抖擞。华夏大地,三千年文明史,也许他每天都有新发现。他是远离家乡的学子,叩问山川历史,做笔记,画草图,最大限度地发挥大脑的功能。高兴了他还唱歌,亮开嗓子吼几句,抽出佩剑舞几招,化身为战国时代强悍而飘逸的游侠。这个司马迁,活得叫人羡慕。欧洲人也有徒步漫游的传统,比如《忏悔录》的作者卢梭,《第二性》的作者波伏瓦,以及二十世纪遍布全世界的人类学家。但在我的印象中,古代的中国文人游得更厉害。文人不游,好像他就不配文人的称号。孟子说:吾善养吾浩然之气。而读书与行路,是养气的两大前提。现代人交通方便,游的内涵反而减少。不过,求舒适和快捷也是人类的本能之一,李白写《蜀道难》,就包括了这层向往。现代大诗人当中,也许唯有毛泽东是个例外。他那些气势恢宏的诗词,离不开漫漫长征路。

司马迁独行多年,把孤独的兴奋尝了个够。短暂的停留,然后又上路,他总是在出发。路上的感觉真好。没人知道他究竟有多快乐。郦道元知道,李白知道,苏东坡知道,陆游知道,但我们不会知道了。我们只能凭借想象概括:那些个理性、感性加野性的融合状态,那春夏秋冬风霜雨雪,那奇妙的精神触角,那从天而降的喜悦,那郁闷之后的豁然开朗……行文至此,我真想跑到司马迁的快乐里边去,摸摸,看看。

此行的丰富与广阔,在很大程度上影响了《史记》的写作。同时磨炼了他坚韧不拔的意志,西北汉子更上一层楼。

他在楚国故地盘桓多日,船行潇水抵达泉陵,登岸朝营道(今湖南宁远一带)进发,直至九嶷山。九座黛色山峰矗立于烟波之上。中国远古时期最贤明的舜帝就葬在这儿。尧帝传位给他,考验他二十年,其中一个项目,是把自己的两个漂亮女儿嫁给他,看他是否因沉溺于美色而把政务抛到一边。舜帝经受住了考验。他接受了尧帝的禅让,破了世袭制,几乎孕育着民主制:为了他卑贱的出身,尧帝的大臣们曾吵得不可开交。他的家人都是坏人,瞎子父亲拿弓箭射他,弟弟踊跃做帮凶,继母亲多次拿刀砍他。可他不声不响地以德报怨,孝敬父母,爱弟弟。他的高尚品德像风一样传播。他具有耶稣般的胸怀,却比耶稣早了三千年。他在位期间,人民过着和尧帝时代一样的幸福日子,没有盗贼也没有贪官。他老了,又将帝位禅让给治水有功的大禹。他死于南巡途中,两个妻子,娥皇与女英泪洒潇湘竹,相拥投入湘江。

司马迁在汨罗江畔凭吊屈原,长时间徘徊不去;他溯流而上,登会稽山(今属浙江绍兴)探禹穴,爬进幽深的山洞;他北上太湖东岸访姑苏台,想象吴越交战的壮观场景;他沿吴淞江而下,到申这个地方(今属上海),寻访战国四大公子之一的楚国春申君的遗宫。

司马迁北上渡过长江,经高邮湖到了淮阴。

淮阴曾有个奇人叫韩信,受市井泼皮的胯下之辱却一声不吭。堂堂七尺男儿,双膝跪地爬过去,拍拍尘土走掉了,身后的哄笑声他好像听不见。他穷得讨饭,他衣不遮体,他投奔项羽却整天站岗,持戟肃立,像一根木头。他逃跑了,走剑门栈道投奔汉中的刘邦,刘邦照样瞧不起他,让他看守军粮。他又逃,萧何月夜去追他,追回了一员战无不胜的盖世名将，轻取霸王性命，横扫千军如卷席。萧何这一追，也追回了汉朝四百年江山。可是这位淮阴侯，玩政治不如刘邦，论智慧稍逊张良。精通道家学说的张子房神仙般飘然而去，得享天年，韩信竟死于妇人（吕后）之手……司马迁叩访韩信故地，真是一步三叹。

而在沛郡丰县（今江苏丰县东），他听曹翁讲汉高祖刘邦的故事，吃惊不小。刘邦可是开国皇帝呀，早年却像二流子，呼朋引类斗鸡走狗，三十岁还讨不到老婆，专寻村里的寡妇厮混。顺便提一句，秦始皇修万里长城，民工大批死掉，天下寡妇多多。刘邦混够了，居然还能讨富家女吕雉为妻。暴秦无道，陈胜、吴广揭竿起义，刘邦也拉起队伍干上了。天下大乱，义军之间照样厮杀。刘邦打不赢项羽，几乎每战皆输，逃命时几次把亲生儿女推下车去……然而当上皇帝的，不是项羽而是刘邦。为什么会这样？司马迁陷于沉思。他发现刘邦最大的优点是善于用人，一个好汉三个帮，刘邦手下恰好有三大能人：张良、韩信、萧何。

还有一个重大问题：开国皇帝和开国元勋的这些事儿，能不能写到史书上去呢？韩信钻裤裆，刘邦要无赖……汉武帝看到这些记载会怎么想？

司马迁解决这个事关重大的问题，不会在一时一地。统治者有足够的理由要撒谎，史官讲真话，要掉脑袋的。

他告别曹翁离开沛郡，风尘仆仆又上路了……

此行收获大。

回到长安，他抑制归家的兴奋，埋头整理记录。一个伟大的历史学家遥遥在望了。当然他也补充营养，尝尝久违的京都美食。但还是不谈婚事。司马迁笔下洋洋五十几万言，既有太史公自序，又有自况身世的《报任安书》，可对这件终身大事，他不给我们留下只言片语。也许受宫刑后再提笔，他把这段经历删除了。他没有兄弟，不可能是独身主义者，再穷也要结婚，生儿育女。我猜测，除了贫穷，另一个原因是：他父亲太忙，作为太史令，必须跟随武帝左右，而武帝为了当神仙又到处跑；他把这件事往后推，反正还年轻嘛。

经孔安国推荐，他参加了博士弟子会考，考中了。他本来没有考试资格，是当官的老师替他张罗。博士通今博古，为皇帝当顾问，有年薪四百石,而一般高官在两千石左右。封侯就不用说了,有封地,食邑几百户到上万户不等。封建统治,等级是头等大事。博士穷,博士弟子等而下之,有点生活费,像现在的研究生。博士弟子应召入宫,大约也要通过关系。司马迁读万卷书行万里路了,但属于个人行为,如果没有父亲和老师,政府不会理他。历朝历代,人才总会出人头地、是金子总会发光这类话,是充满善意的谎言。破铜烂铁发光的机会比金子多得多。

司马迁运气不错,会考下来不久,到宫中做了郎中。不是看病的郎中,而是皇帝的侍从。

他接近"雄主"汉武帝了,却很快变得心情复杂,崇高的使命感和宫廷中的怪事、黑幕纠缠到一起。

4

飞将军李广是三朝老将了,匈奴人听到他的名字就想撤退。可他是关西人,封不了侯,将士为他抱不平,又不敢声张。汉文帝曾抚他的背,安慰说:你呀,生在高皇帝时代就好啦。汉武帝打匈奴,李广碰上机会了,沙场拼老命,胡人闻风丧胆,但拼了几十仗,武帝仍然不提封侯的事儿。大将军卫青还处处防他,给他兵力少,又让他对付匈奴主力。有一年卫青大举进攻,却打得不顺手,匈奴单于跑掉了。他立即嫁祸李广,把贻误战机的罪名扣到李广头上。这六十多岁的关西老将气得挥剑自杀,一腔热血喷向汉军帐篷。将士们全都哭了,消息传到长安,百姓的哭声数日不绝。

而卫青回朝,武帝设宴款待这位小舅子。李广的死,哭声在民间。百官却在喝酒,趋附大将军。卫青有个姐姐叫卫子夫,后来当上皇后,司马迁听到这些事,心里很不是滋味。年轻人血气方刚,不知道朝廷这潭水有多深,有多浑。父亲司马谈则提醒他,凡事要往大处看,要有全局意识。汉武帝倚重卫青,也是形势的需要。卫青能打仗,卫青的外甥霍去病同样是有勇有谋的名将。

司马迁夜里睡不着,翻来覆去地想……

作为父亲事业的继承者,光读书行路还不够,他还得学会思考,包括很多痛苦的思考。独立思考,意味着质疑占绝对优势的官方意志,将自己划入异类。这样的思考,不能不痛苦。换成现代口语:他的思想开始抛锚了。

长夜漫漫,年轻的思想者守着孤灯和书卷,徘徊的影子投到墙上。

无论如何,他崇拜李广。后来在《史记·李将军列传》中他这样写道:

> 广廉,得赏赐辄分其麾下,饮食与士共之。终广之身,为二千石四十余年,家无余财,终不言家产事。……广之将兵,乏绝之处,见水,士卒不尽饮,广不近水;士卒不尽食,广不尝食。

李广终身不言家产事,爱士卒胜过爱自己,如此高风亮节,任何时代都是英雄。而司马迁这样的人,怎能不崇拜他?

思想和感情都有了倾向性,他逐渐在心理上跟统治者拉开距离。

作为众多侍从当中的一员,司马迁跟随着汉武帝的行踪。侍从又分为几种人,太监,武士,伶人,学者。司马迁排在末位,很难和皇帝说上一句话。武帝爱干的一件事是到皇家猎场上林苑打猎,同时干些风流韵事,和民间女子睡上一觉,而她不一定是美女,刺激就行。他在这方面是很出名的,汉代的《汉武故事》记载说:他宁可三日无肉,不可一日无妇女。他的后宫佳丽多达八千人,比唐玄宗还多出五千。宫中不够刺激了,他跑到民间猎艳。另外,他还搞同性恋,有名有姓的两个男人,一个叫韩嫣,一个叫李延年。司马迁写入《史记》用了四个字:"与上起卧。"上就是皇上。他冷静而又客观地描写,不作评价,但在字里行间透露出对佞幸之臣的不屑。他熟读孔子修订的《春秋》,用的是春秋笔法。

李广的故事没完,他的小儿子李敢也是一员猛将,几次跟霍去病远征匈奴,立下战功。李敢的脾气比死去的父亲还火爆,他当然知道内情:父亲是被卫青害死的。他可不管什么大将军,什么皇亲国戚,有一天碰上卫青,拳头立刻就出去了,一顿暴打,把卫青打得鼻青脸肿。卫大将军掩面而逃,也不去找武帝告状,大臣们就在背后议论说:看来大将军的确心中有愧,才不敢去告状。

司马迁想了很久,对父亲议论说:卫青心中有愧,表明他还不是坏人。如果他去告状,皇上会听他的,降罪于李敢。可他没去,挨了打一声不响,这恐怕也是一种风度吧?

司马谈捋着胡须对儿子说:你有长进了……

可是没过多久,就发生了骇人听闻的惨剧:霍去病、李敢陪武帝打猎,霍去病张弓射鹿,箭头一转射向李敢,当场射死这位将门虎子。而武帝随即下令:谁也不许声张,对外要统一口径,只说李敢被鹿触死。司马迁是亲眼看见这桩惨剧的,惊悸没完,武帝的命令更是叫他目瞪口呆。

回家他又辗转反侧了。

他有两个好朋友,壶遂和任安,有时在一块儿喝酒,谈学问论国事。涉及朝廷内幕,很多事都不好说的。司马迁心情沉重。他意识到,将来从父亲手中接过的那支笔,分量有多重。血淋淋的史实他能如实写下吗?

史官却有史官的传统。春秋时,齐国有个叫崔杼的人,谋杀了国君齐庄公,史官写道:崔杼,谋夺王位而弑庄公。崔杼把他处死,让他弟弟继任史官。弟弟又写道:崔杼,谋夺王位而弑庄公。崔杼大怒,把弟弟也杀了。齐国的史官是三兄弟,老大老二惨死,老三又接任了,写下的还是那句话。崔杼终于害怕了,没有再杀史官。

司马迁对李广父子的死愤愤不平,但只能压在心头,写进笔记。他也试着从武帝的角度想问题:统治天下用人第一,武帝重用卫青、霍去病,有些真相就不能公开,必要的时候,白的还要说成黑的。

司马迁从正反两方面想问题了,而他读过并尊崇的老子、庄子,都是能看透事物的大智者。他逐渐懂得了,什么叫学问?学而问,问老师,更要问严酷的现实。

李广、李敢死了,引发司马迁痛苦的思考,但和他本人的命运还没有直接的牵连。后来又来了一个李陵,李广的孙子。闹得满城风雨的李陵事件就牵连到司马迁了,这个故事的来龙去脉,放到后面再讲。

5

汉武帝除了打匈奴,另一件大事就是忙着做神仙。人间至尊不过瘾了,衰老和死亡横竖叫他寝食难安。升天该有多好,升天不成,长生不老也不错。他养了大量方士,也就是道士,有人说亲眼见过神仙,有人通过各种方式证明自己活了几百岁。最厉害的是一个叫李少君的人,证明他自己活了八百多岁。武帝听他讲话,眼睛就会发亮,对他言听计从,李少君死了,武帝相信他不是去见鬼,而是去见神仙安期生。又修了一个大七围、高三十丈的青铜柱子,上有仙人雕像,手托承露盘。武帝每天吃露水,和着玉屑吞下,吃得拉肚子。道士多得很,这时又冒出一个人,在他的怂恿之下,武帝制定了庞大的计划,要去封禅泰山。这原是帝王的一桩古礼,登泰山祭祀天地,为民祈福祉。但汉武帝另有想法,要当神仙。皇帝号称天子,天子不升天是说不过去的。或者退一步:李少君能活八百岁,汉武帝至少该活一千岁吧?他下令文人写诗作赋,司马相如这类文人是很积极的,这个人写过《长林赋》,挖空心思赞美劳民伤财的皇家猎场。司马迁同样接到了歌功颂德的旨令,却收集了一些无关紧要的资料呈上去,聊以塞责,武帝不高兴,但很快把这个小郎官儿忘了。

汉武帝封禅泰山之前,先去崆峒山(今甘肃平凉县西),巡游黄帝曾经巡游过的地方。这也是道士的主意,学黄帝不学别的,专学黄帝成仙。司马迁也去了,趁机走访老年人,打听黄帝的传说,和他研究过的《尚书》相印证。作为远古历史文献的《尚书》是残缺不全的,需要补充很多资料,包括民间传说。司马迁的工作,是大胆设想,小心求证。

这一转眼,司马迁三十四岁了(公元前112年),跟随武帝各处巡游,长了不少见识。可能真是上天的安排,不是让武帝成神仙,而是让司马迁成为历史学家,记录华夏文明的进程。

次年,他奉命出使西南夷,安抚不大听话的西南诸国,沿途做笔记,收集官府保存的各种资料,在李冰治水的都江堰停留了好几天。行期近一年,为他写《西南夷列传》打下了基础。这一年里,汉武帝的封禅大典正式举行,十八万人,浩浩荡荡的队伍向泰山进发,道士靠前,儒生退后,比如公孙卿就比公孙弘气派多了。司马迁没能去,感到遗憾,职业的冲动使他对这件事十分看重。不过他父亲在队伍中,能目睹这一盛典。

可是封禅大队在陕西中部却发现了黄帝陵,武帝紧张了:不是说黄帝升天了吗？怎么会有坟墓呢？公孙卿解释说：黄帝当然是羽化登仙了，这儿只是衣冠冢。武帝转忧为喜，大手一挥，继续前进。

到洛阳，发生了一件事：太史令司马谈病倒了。儒生和道士共同开会，讨论封禅的细节，一辈子谨慎的司马谈，终于忍不住，谈了几句不同的意见，说这样搞封禅，并不符合古礼。他很快被告发，兴头上的武帝十分恼火，喝令他离开队伍。这对于一个史官来说，无异于五雷轰顶，司马谈病倒洛阳。

司马迁赶来了，赶在父亲的弥留之际。

司马谈撒手西去，但他是闭上眼睛去的，他唯一的儿子司马迁，跪在床前哭着发誓，一定要继承他的遗志。古代的史官，子承父业是常事。司马迁小时候就确立了这一志向，二十岁出游，行程数万里，强化了这个意志。司马谈留下遗著《六经要旨》，和一大堆未经整理的史学笔记。

司马迁匆匆料理了父亲的丧事，快马加鞭追赶武帝。父亲的眼睛什么都看不见了，而他必须看清封禅大典的所有细节。他赶到泰山，却被挡在山脚下，不许到泰山顶上去。所谓封禅，山顶祭天叫封，山脚祀地为禅。满山遍野十几万人，车驾旌旗无数，的确壮观。司马迁千方百计打听山顶上的情形，听说那情形并不妙，刚刚举行祭天大典，霍去病的儿子霍嬗就得了怪病，没过几天死掉了。汉武帝非常扫兴，也感到害怕，不敢按预定计划去东海看神仙，而是绕道向北，绕了一个大圈子。整个行程一万八千里，皇帝威风十足，就是没见到神仙。司马迁倒是获益匪浅，沿途考察了很多他所需要的东西。

此行的一大收获，是后来写成的《封禅书》，一万三千多字，在《史记》中几乎是篇幅最长的，而今人夏松凉先生的注释多达数万字。这篇文章记录了从虞舜到汉武帝，三千多年的时间里帝王们的祭祀活动，为后人研究古代史提供了极为重要的资料。他的史笔，一向是言之有据，翔实而又生动，视野辽阔，语言极具个性色彩。

《封禅书》那么长，而讲述汉武帝的《孝武本纪》却那样短，涉及武帝平生功业，仅六十来个字，其他几页都选自《封禅书》。不知道司马迁是不是别有深意。《史记》一百三十篇，这一篇是最奇怪的。也许针对当朝皇帝，很多事都不好讲，包括皇帝的伟业在内。司马迁的风格，是方方面面都要讲,比如讲汉高祖刘邦。对汉武帝,既然不能按他一贯的风格讲,他就干脆不讲。其实,不讲也是一种讲,如同沉默常常是一种表达。司马迁写《史记》,五十二万字,如果把它比喻为一幅国画,那么它留白的地方是非常多的。所有的省略都是意味深长。这和他长期学习《春秋》有密切关系。所谓春秋笔法,一般人都懂。后代的学者们,对《孝武本纪》是否出自太史公之手争论不休。

两三年后,也就是封禅大游行结束后不久,三十八岁的司马迁继任太史令,可以整天呆在皇家图书馆,读各类书籍,接触尘封的档案。武帝不重视史官的工作,反而给他留下了空间。不然的话,那些档案就加密存封了,向不同级别的官员有限开放,还要分出时间段。他伸手拂去那些尘埃,让历史得以清晰呈现,包括不少宫廷秘密,比如汉景帝的登基是靠运气,有些羞于见人的。写史不是揭秘,但也会披露一些不为人知的东西,这些东西当中,有时会藏着被掩盖起来的历史真相。

一般历史学家,能够写下真相就难能可贵了,而司马迁道出真相之后还要评价,每篇文章的末尾都有"太史公曰",立场很鲜明。认真读《史记》,会明白什么人才是大历史学家,知识的后面是勇气。所谓读史明智,只说出了一半,大历史学家是大智大勇。

当上太史令的几年间,他仍未娶亲,肉身都交给迷宫重重的精神探险了。人类的杰出人物,像他这样的也不少,康德、尼采都是独身一辈子,虽然后者闹过轰动一时的恋爱风波。精神过于集中,身体可能被遗忘。司马迁一头扎进图书馆,有时把熹微晨光当成黄昏了。他又时常一副呆相,衣衫陈旧灰头土脸,相亲相不中也是可能的。总之,精神的触角愈是延伸,肉体的锋芒越发迟钝,不像有些人,比如中国的辜鸿铭、法国的萨特,两种东西齐头并进。司马迁攒钱也很困难,买书和考察都是自己掏钱。武帝给他一点俸禄,并未拨给他研究经费,为他组建写作班子。浩如烟海的史料,他一个人去对付,要钻进去更要打出来。他治史的方式是史无前例的,既是原创,又是开创。历史在他手上,是活生生的历史,千年宛如昨天的历史。他密密麻麻地记录着,谨慎而又大刀阔斧地筛选着,日日夜夜地思考着,他自知责任重大,一管毛笔千钧重。一个长期处于这种紧张状态的男人,忽视身体再正常不过了。只有到了身体遭切割、不复完整的那一天,他才转过身来对身体高度关注,可惜为时已晚。

年近不惑的司马迁和女人睡过觉吗?

这问题好像不够严肃,但是,很多人都想到了这个问题,因为《报任安书》的激烈程度,以及他提到自己的几句话,会令人作这样的猜测。人们想到了却又不能说,为什么?

司马迁的笔下,可没有这类禁忌。当时独尊儒术,还没有尊到他的头上,他本人无疑是春秋以来百家争鸣的产物,不是统治术下的乖孩子。

这些学术问题,不应该是板块状的,它们迫切需要"思想的细心"。——这话是德国哲学大师海德格尔讲的,我读他已有若干年,几乎一直在想:海氏为何把历史性和历史学分开来谈?历史性是一切历史学的前提,文献史要变成问题史,而离开了这个前提的历史学形同故纸堆。海氏的学问纵贯古今,他给学生上课,旨在启发思索,他那无限丰富的知识,无不指向比知识更高的东西。孔子教弟子也是如此,重在传道。孔子甚至说:"朝闻道,夕死可矣!"

司马迁为太史令刚好十年,真够辛苦的。他大约娶亲晚,四十几岁才有了一个女儿,后来嫁给杨姓男人。他本该和夫人再生几个孩子,让其中的某个男孩儿继承他的事业。他没做到,为此痛心疾首,深感侮辱先人。早知汉武帝要剥夺他的生育权,他无论如何要提前结婚,生下一堆男孩儿女孩儿。

这期间他已经开始写作,伟大的工程在狭小的寓所内有序展开,并且有点做地下工作的味道。有人曾经偷走了他的一些草稿,呈给汉武帝。武帝看了摇头,很不以为然。不过,皇帝对史官的轻视再度起了作用,他没有追问下去,没有派人去烧那些竹简,在他看来,《玉女经》和长生不老术要重要得多。

司马迁汲取教训,比以前更像一位地下工作者了。夜深人静孤灯之下,他瘦削的身形不时传来几声咳嗽,波澜壮阔的历史,以一手漂亮的汉隶从容书写。

6

　　李陵事件的始末是这样：

　　李陵打仗勇敢被提升为骑都尉，他身先士卒并且待人谦和，在军中声望很高。这两点，李陵酷似爷爷李广。司马迁和他交情一般，虽然怀念他爷爷，欣赏他的为人，但并未与他深交。司马迁交朋友很少，一是他忙，二是他穷。朝廷很多事，他默默看在眼里，回家写到书上。有个人叫李广利，和卫青一样与汉武帝有裙带关系，他妹妹生得天姿国色，这样的女人汉武帝是不会放过的，让她做妃子，称作李夫人。"南国有佳人，遗世而独立。一顾倾人城，再顾倾人国。"这首诗就是专门讲李夫人的，后世所谓倾城倾国貌，因她而起，可见她美到何等程度。她还有一个哥哥李延年，在宫中谱曲，弄乐器，称为伶人。李延年谱曲，司马相如这种文人填词，皇帝听了很喜欢。李延年也生得有模样，做伶人很有一套，时常向武帝抛去媚眼。以前和皇上"同起卧"的韩嫣，现在年纪大了，李延年正好补缺，经过一番努力，终于和皇上睡到一张床上。这样，兄妹二人轮番侍寝，双双受宠。不久，李广利也开始飞黄腾达了。兄妹三人权倾朝野，司马迁不禁联想到卫青、卫子夫和霍去病。史书有个常用词：外戚专权。封建王朝，这种现象不新鲜。卫青、霍去病能打匈奴，可是李广利呢？武帝绕着弯儿要让他立功，只因碍于刘邦定下的铁律：无大功者不得封侯。不会打仗的李广利带着几万军队到大宛国抢良马，被几千大宛人打得丢盔卸甲逃到敦煌，派人回长安报信。武帝再给他六万人，其中三万是精锐骑兵，外加辎重无数，还是去抢马。武帝下令从各地调集十八万军队，到酒泉作李广利的后卫，为舅子立功封侯，这皇帝花血本轻描淡写。他先封李广利为"贰师将军"，因大宛国的良马集中在贰师城。这次李广利抢到马了，好马六十多匹，损兵折将五万人。武帝为他庆功，下令官员和伶人称颂他的丰功伟绩，封为"海西侯"，食邑八千户。

　　注视着这一切的司马迁仰天长叹。

　　而李陵感到羞辱：他爷爷李广身经七十余战也未能封侯。他拒绝做李广利的部下，得罪了这位贰师将军。天汉二年（公元前99年），武帝派李广利带三万人出酒泉攻打匈奴右贤王,派李陵带五千人攻击匈奴大单于,牵制匈奴主力,确保贰师将军打胜。李陵行军三十天到达预定位置,画好地形图派部属陈步乐向武帝报告,武帝一看高兴了,封陈步乐为郎官。可是没过多久,前方传来坏消息:李陵的五千人被匈奴大军击败,李陵投降,剩下四百人逃回边境。武帝大怒,李陵的三族(父族、母族、妻族)被投入大牢,刚刚当上郎官的陈步乐畏罪自杀。

  这次战役,李广利以强击弱,杀敌一万,自损两万。而李陵的五千人在草原深处和匈奴主力厮杀,迟迟不见援兵。匈奴单于以八万之众围攻五千人,十余天血战三次,抛下两万具尸体才击溃李陵。前方的战况陆续传回长安,百官交头接耳,同声谴责李陵。司马迁听了很不舒服,但他没说什么。武帝召集大臣议论这件事,板着面孔,"龙颜不悦",大臣们争先恐后斥责李陵变节投降。汉代的文职官员分很多等,司马迁秩千石,品级不高。对一个历史学家来说,这也挺好,能在朝议中听到很多他想听的东西。他一般不发言,因为轮不到他说话。他要说就回家说去,拿着毛笔,对着汗青。他叩问历史,把声音传给后世,实在没有必要跟眼前的这些官员面红耳赤争个高低。不过,他又是西北汉子,是性情中人,是飞将军的崇拜者,是李敢被暗杀的目击者,这就麻烦了,矛盾了。而矛盾一旦激化,就要惹出祸端。祸从口出,古今同理,1957年划右派,多少知识分子恨不得撕烂自己的嘴巴。司马迁持笏站在属于他的位置,双唇紧闭。耳边响起的,全是污言秽语,泼向李陵不说,还溅到飞将军李广的身上。司马迁的两只手抖上了,血在烧心在跳。意念集中到双唇:千万不能开口呀。可他忘了双腿——它们自作主张跨前一步走出去了,后来有个专用名词叫"出班",表示"微臣"有话要讲。

  太史令开口讲话,汉武帝冷眼瞅着他。这个司马迁,偷偷写历史,平时对歌功颂德也不感兴趣,他这张嘴要说些啥呢?

  武帝皱眉头了,果然没出他所料,司马迁虽然由于亢奋而讲得结结巴巴,他还是听清楚了,司马迁大意是说:李陵以一支偏师血战强敌,连最后一支箭都射完了,在没有任何援军的情况下杀敌近两万,他投降有罪,但皇上能不能考虑将功折罪呢?

  武帝眼中射出寒光了,而司马迁还在发感慨:当初李陵立下战功人人奉承,现在兵败了,奉承过他的人又惟恐唾之不及,这毁誉是不是来得太快了?

司马迁这么讲话,就不仅犯了龙颜,而且犯了众怒。马上有人反驳他,说他暗示海西侯李广利没去救援李陵,才导致战事失利。李广利、李延年、李夫人,不是武帝的大红人,就是武帝的心上人,三个人红透半边天了,百官趋之若鹜,这小小太史令司马迁,是吃了豹子胆还是犯了神经病?

汉武帝手一挥,将司马迁下狱。罪名是"沮贰师",沮通诅,是攻击贰师将军李广利的意思。罪名不小,攻击武帝的爱将,不等于攻击武帝本人吗?按汉律当斩首。狱中他尝到了酷吏的厉害,以前只是听说,现在有了"亲身体验",——"见狱吏则头抢地",身心备受折磨。汉武帝手下的酷吏是出了名的,变尽花样罗织罪名,杀人如草芥。酷吏杀人成瘾,判案之迅速令人瞠目结舌,判一个杀一个。有个叫义纵的酷吏,竟在一天之内砍下四百多颗头。另一个酷吏抓紧时间在冬天杀犯人,因为按刘邦定下的规矩,入春停止行刑,这酷吏喟叹说:再给我一个月该有多好,我把那些家伙全杀光! 司马迁写《酷吏列传》,写到后来用了四个字:"上以为能"——皇上认为这些酷吏很能干。

司马迁落到酷吏手中,被提审,拷打,惊吓。脑袋能否保住,是个大问题。变数也是有的,得看事态如何发展,而武帝本人向来喜怒无常。有一天,他忽然觉得李陵可能的确是奋勇杀敌,弹尽粮绝才做了俘虏,于是派公孙敖带一支人马到匈奴境内了解情况,有机会就抢回李陵。公孙敖却很快回长安,向武帝报告:李陵正忙着给匈奴人训练军队,训练的项目全是针对汉军战法。

"龙颜大怒",灭李陵的父族、母族、妻族,数百口人被诛杀于市,其中大半是妇女儿童。著名酷吏张汤,精心安排步骤,先用小刀在死刑犯脸上刺字,然后逐一割掉鼻子,然后齐崭崭切下脚指头,然后行刑队高举棍子将鲜血淋漓的犯人活活打死,然后砍头挂在旗杆上,然后将尸身剁成肉酱。

可是事情搞错了,替匈奴人训练军队的人叫李绪,不是李陵。公孙敖是邀功心切,听了半截掉头就走。灭三族的消息传到塞外,李陵哭天抢地,将李绪一刀砍死,从此死心塌地投靠匈奴,娶单于的女儿重新繁育后代。

真相大白了,武帝心里也后悔,但嘴上不置一词。

封建统治者犯罪"有理"。该做的事还得做下去——

为李陵讲情的司马迁继续蹲大牢。

7

司马迁有了一个新罪名叫"诬罔罪":无中生有地欺君罔上。判死刑,等着砍脑袋。那日子不好过,钢铁男儿以泪洗面。书没写完,有女儿缺男丁,这香火如何传下去?两桩心事未了,死不瞑目。然而绝处逢生,武帝不知为什么事情又高兴了,大赦天下。死刑犯个个狂喜,包括司马迁。可是,宣旨的人紧接着宣布附加条件:花钱才能买得完躯出狱,数目是五十万钱。凑不足这个数的,割"势"保性命。这就是所谓宫刑,也叫腐刑,女人闭阴,男人割势。古汉语中,人和动物的睾丸叫势。

五十万钱对司马迁等于天文数字。家人为他奔走,到处敲门借钱,碰钉子看冷脸。他本来朋友就少,有些亲朋还躲开了。这倒不全怪人情如纸,亲朋怕株连,李陵遭灭族的惨剧还历历在目。司马迁因李陵下狱,万一武帝翻脸,他们为司马迁凑钱要受追究的。

司马迁受宫刑,七尺男儿失掉睾丸。为《史记》,他选择了活下去。他把人生分为十个等级,第一有不辱祖先的光荣,第十接受宫刑辱尽列祖列宗,第九才是砍断四肢后死去。行刑的地方叫"蚕室",取养蚕的暖室之意,因受宫刑者畏风寒。刽子手亮出尖刀和猥亵的笑容了,司马迁那一声撕心裂肺的惨叫,喊出百代伟人的奇耻大辱。

司马迁出狱倒升官了,武帝把这个有才华的人安排在身边,封他为中书令,相当于贴身秘书。羡慕他的人不少,包括他的朋友任安。他有资格出入宫禁,靠近天子,在姹紫嫣红的女人们中间走动。武帝用他的笔墨功夫,毫不担心他作为男人的功夫,因为那已经不存在,去掉了,手术干净利落。历代太监都有手术不够彻底的,他们在宫中和女人厮混,像赵高,还在民间留下了私生子:宫女怀孕跑出去了。武帝对司马迁很放心,呼来唤去的,包括在龙床上唤他,阳具还在妃子体内。司马迁从来就鄙视太监,但他现在连太监都不如。他有男人的自尊,自尊生耻辱,而太监没有耻辱。《报任安书》用了一个词:狂惑。——内心的痛苦与矛盾足以令人疯狂。

我以前读鲁迅有个印象:文字的巨大张力源于高强度的挤压,犹如地下的化石能源。情绪、处境、思想,使杰出的语言在挤压中成形。司马迁的文字滚烫,冷却后再入火,再受压。长时间的狂惑,五内俱焚,使他的文字像钻石般坚硬而漂亮。

《报任安书》中,他描绘受刑后的处境与心境:"是以肠一日而九回,居则忽忽若有所亡,出则不知所如往。每念斯耻,汗未尝不发背沾衣也。"

他上班尽量显得恭敬,对皇帝和他的女人们赔笑脸。"大势已去"的人通常都是这样的,一切都很正常。下班他闭门写书。拒绝所有的交游和应酬。

司马迁大约四十二岁开始写《史记》。现在他年近半百,写了七八年了。也许他以前的文章比较平和,自从受了宫刑,文风为之一变,充满了战斗性。

战斗性来自屈辱感,来自郁积在心中的许多事。

然而《史记》绝不是个人化的写作,司马迁长期的学养和历练使他能够站得更高,既有战斗性,又有公正性;既有鲜明的立场,又有冷静而客观的描述。他的一些篇章,不乏所谓"零度写作"的要素。但冰点本身就是沸点,像鲁迅所谓"火的冰",表面不动声色,底下岩浆奔腾。

读《史记》,这是一个要领。

修养不高的作家,会囿于他的个人生活体验。等而下之的人,讲隐私还嫌不够,还要讲他的绝对隐私,还要把裸照发到互联网,还要出版动态的人体光碟……接下来就是交配图?

修养不是别的,修养就是把握分寸。而所谓分寸,是在不断超越的过程中得以显现的。不是说追名逐利一概不好,而是说:趁社会转型期的某些混乱,摩拳擦掌一味乱来,势必丧失祖先留给我们的生存的高度与广度,打着进步的旗号向动物看齐。

《史记》所承载的中国传统文化的内涵,是方方面面的。它是史学和文学巨著,又是古典意义上的百科全书。它书写西汉以前的时光,却远远越过了今天,直指我们可能拥有的未来。

萨弗兰斯基曾形容海德格尔说:海氏回到古希腊思想,是为了赢得一段助跑,以跃入当下。

这话讲得多好。

我们有能力回到司马迁吗?

读《史记》并不难,今人有详细的注释。我当年初读《史记》时,就诧异两千多年前的《史记》,其文笔竟如此简练生动。尤其是七十篇"列传"和部分"本纪",各种各样的传主,也即传记所瞄准的主人公,无不鲜活,读来真是酣畅淋漓。甚至可以这样说:有一定文化修养的中国人,如果不读司马迁,不读其人其书,那真的是令人遗憾。

在欧洲,普通人都熟悉他们的历史文化。

我们接着拜读司马迁的身世。

大约又是一个十年,他过着太监般平静的日子,胸中波涛汹涌,下笔惊天地泣鬼神。为了说出历史真相,他把自己伪装起来了。武帝不再过问他在家里干些什么。这皇帝晚年遭遇内乱,一向温和的戾太子兴兵造反,父子交兵,在长安城内血战五天五夜。事情也牵涉到司马迁的好友任安。

戾太子是皇后卫子夫生的,一直受到武帝器重。可是武帝有了新宠钩弋夫人,不仅皇后失宠,戾太子也风雨飘摇。钩弋夫人怀胎长达十四个月,生子取名弗陵,她居住的宫殿被武帝封为"尧母门",这就有些意味深长:武帝是将弗陵比作尧帝吗?百官开始动脑筋,一些人疏远戾太子,一些人诽谤戾太子,纷纷转向,称颂尧母门。武帝也不作解释,晚年越发莫测高深。封建社会极权顶端的人物常常是这样的,他也必须这样。

有个小人叫江充,让历史稍稍偏离了方向。他和戾太子向来不和,现在,机会来了。

武帝信方士,宫中女巫多。众多妃子以皇帝为榜样,动不动就找女巫,保佑自己得宠,诅咒对手倒霉。女人和女人之间的战争,武器是埋在地下的木偶。木偶上写着某人的名字,女巫施法诅咒,那人就要生怪病。失宠的女人竟然诅咒皇上了,事发后,武帝一怒之下杀了内宫几百人,但从此疑神疑鬼,觉得天空中布满要追杀他的木头人。他移驾甘泉宫,命令他的心腹江充在京城内外展开调查,一帮酷吏协助。谁家挖出了木头人,满门抄斩,数月之内砍头好几万。可见巫蛊之风从宫中吹到了民间。汉武帝泡温泉养龙体,闻不到血腥味儿的。江充向戾太子下手了,东宫悄悄埋下大批木偶,又挖出来报告皇上。同时,动用一切手段阻止戾太子前往甘泉宫。

戾太子这时犯了一个错误:假传圣旨,发兵捕杀江充。武帝认为他谋反,下令丞相派兵攻击。戾太子失去退路,不反也要反了,双方在长安城杀得昏天黑地,大街小巷全是血。

司马迁房门紧闭。外面杀了五天五夜,他渐渐在喊杀声中沉静下来,写他的书。而第二次世界大战,有个波兰科学家也是如此,德国人打到家门口了,他照样做他的研究。

任安手上有一支军队,他老练,按兵不动。戾太子的命令他拒绝服从。他为了保全自己而坚守中立,但世间事往往有变数,有个词叫料事如神,它的基础却是世事难料。血战的结果是太子兵败,和他母后卫子夫一同自杀。而武帝事后得知真相,把捕杀太子的人全都杀了,包括丞相在内,估计那数字也不小。任安不救戾太子,被投入死牢。

狱中他写信,向"身居要职"的中书令司马迁求救。

司马迁过了很长时间才回信。

这不像他做人的一贯风格。当初他为素无交往的李陵挺身而出,现在为好朋友却缄口不言。惹祸惹怕了?有可能。但他考虑更多的是手头的这本书,他半辈子的心血都在里面,而且,他十分清楚它的价值。《太史公自序》中,他把自己同修订《春秋》的孔子相提并论。和它系于大中华的分量相比,个体生命微不足道。何况他是"刑余之人",不男不女的,还要侍奉下令阉割他的汉武帝。他提笔写下《报任安书》,吐露衷肠。这篇长达三千多字的文章,字里行间全是耻辱和愤怒。身体被阉割的男人,精神异乎寻常地不屈不挠。《史记》的战斗性从何而来?从司马迁的残躯而来。"刑余之人"把一切都置之度外了,朋友的性命,皇权的高压,都不能令他停笔,或写下受权力阉割的文字。按正统标准衡量,《史记》是不合格的,因为他居然把各色人等都写进历史了,公然以民间的价值观挑战皇权。明君与昏君,贤臣与乱臣,循吏与酷吏,君子与小人……他建立了一整套价值体系和是非标准,并且注入了后代史家避之惟恐不及的情绪色彩。他也不为尊者讳,帝王将相,好的坏的全写。皇帝不高兴,让他不高兴好了,不管是活着的皇帝还是死去的皇帝。

在那个年代,从修养和历练各方面看,除了司马迁,没人能够担当书写历史的重任。天降大任于斯人,苦其志,割其势,肉体的残缺赢得精神的健全。

幸亏有了司马迁。他传给我们的文脉,流淌着鲜血。文脉就是血脉。

由此观之,他拒绝任安的请求,不为好朋友两肋插刀,非不义也。

任安在狱中呆了几个月,侥幸逃脱死罪。几年后,还是因为不救戾太子的旧罪,被武帝杀掉了。

第二年,写完《史记》的司马迁,自己却在历史中消失了。这一年他五十六岁,是公元前90年。五十六岁以后,史籍上不再有他的任何记载。他的死成了一个谜,各种猜测都有。有人说他写的书被人呈送汉武帝,丢了性命。有人说他连人带书消失在名山大川。

为我们拨开历史迷雾的人,他自己却隐入迷雾深处。

8

《史记》是一部纪传体通史,涉及汉以前三千年的政治、经济、军事和文化。全书包括十二本纪,十表,八书,三十世家和七十列传。"本纪"记帝王事。"表"记载历代世系、列国关系与官职更迭。"书"记载典章制度;也讲天文水利、经济文化等,类似后来的科学专史。"世家"写各时期的王子诸侯。"列传"最丰富,写谋士、将相、侠客、刺客、巫师、商贾、文人、佞幸等,所占篇幅为全书之首。

《史记》的体例,为历代正史所沿用。

这五个部分当中,列传,世家,本纪,基本上都是优秀的传记文学。当时史学和文学尚未划出明确的界线,二者融合的典范,就是司马迁这部《史记》。把历史写成传记文学,后来的史家大都不敢这么做,不敢带入个人情感,一味的冷静描述,貌似客观,实则替封建统治者说话。班固继承他的父亲班彪,写断代史《汉书》,其正统面目就露出来了,他还讥讽司马迁不善于明哲保身。而《汉书》中的好东西,包括体例在内,几乎全是学《史记》。战斗性、民间性和个人性,《史记》开了先河,后来却变成小溪细流,渐渐干涸。二十四史,《史记》所显示的姿态是孤傲的,它所达到的高度和广度,后人难以企及。鲁迅对它的评价最为精辟:"史家之绝唱,无韵之《离骚》。"

《离骚》是屈原的代表作。楚怀王放逐屈原,屈原写下这首长诗;汉武帝阉割司马迁,司马迁写成五十二万言的《史记》。

身体被阉割,精神反而变得强壮,透出强烈而又罕见的自由气息。自由这种东西,自西汉以后,虽时有反弹,但总的趋势是变弱,变得面目模糊——封建统治者把它抢走了,偷走了。在中国,没有一个皇帝不是取走自由的强盗和小偷。抢和偷,双管齐下。

而具有讽刺意义的是:自由精神是否被统治者所阉割,是我们今天衡量古代文人的第一标准。正是在这个意义上,我们把司马迁视为历代杰出文人的先驱。

司马迁那个年代,有些文人过得很舒服,典型的例子是司马相如,勾引女人本事大,歌功颂德的本事更大,写了不少辞赋,华丽而空洞。后来的枚皋、扬雄等辈,和司马相如差不多。当然,他们在生活中有好的一面,比如相如出使西南很成功,比如扬雄为人为官不错。但是作为文人,他们是精神的残缺者,是另一种意义上的被阉割者,没有立场,不为老百姓讲话,一门心思往上爬,唯恐主子不高兴。这类文人的作品也往往缺乏美感。原因很简单:美感永远源自真情实感。"汉赋"标志着汉代文学,真是汉代的不幸,依我看,汉赋无疑是历代文学中最糟糕的。幸亏有个司马迁写下《史记》,单手托起史学与文学两座高峰。

读《史记》,印象最深的,是它的简练与生动。司马迁用字就像拍电报,字字精当。字写在竹简上,啰嗦可不行,那要多砍多少竹子?早期汉语的书写方式决定了它的风格。汉赋堆砌辞藻,毕竟字数有限。《史记》五十二万字,如果用现代汉语来写,恐怕有五百万字。司马迁在单字上下工夫,往往一字多义。名词、形容词作动词使用的例子比比皆是。司马迁的能耐在于:他还写得明白晓畅。他在书中经常采用"互见法",比如讲项羽,有些事要放到刘邦或韩信的传记里去,而且不是随随便便,是含有深意的。再如讲秦始皇迷神仙,则暗示汉武帝想登天。他对汉武帝的批评,表现在人物的选择上,好官都在其他朝代,而鱼肉百姓的酷吏则集中于当朝。——单凭这一项,武帝要弄死他就不愁罪名了。他把没做过皇帝的项羽列入"本纪",把农民起义领袖陈胜列入"世家",并且加以赞赏,这需要很大的勇气。也难怪受正统思想毒害的学者,称《史记》为"谤书"、"秽史"。——司马迁居然把同性恋都写进去了。

司马迁对口语的运用也是非常出色的,他人在宫廷,笔下并无一点宫廷气,洋洋几十万言,没有一句像皇帝秘书的口吻。中国人似乎张力有限,容易被他的社会角色所霸占。司马迁显然是个例外,他能把上班与下班截然分开,他有两张脸,表面的模糊,里边的清晰。作为旷世大学者,他一直心向民间,他的民间立场一点都不勉强,不像眼下的某些经济学家跟风神速。他曾是黄土高坡的放牛娃,漫山遍野奔跑。所谓文章力透纸背,一定是源自真切感受。司马迁不缺这个,他反而是真情太多,必须加以压缩,有时还要伪装,以春秋笔法,以微言大义的方式讲出来。他一生都在读书,行路,行了十万里路。他对后世文人的修炼树立了楷模。前面提过,中国文人的一大特色是漫游。李白漫游天下,学的就是司马迁。游历、学历、经历,三者合一。也有不游或游得少的,比如伟大的曹雪芹,曹雪芹走的是漫长而又曲折的精神之旅。西方大作家,像卡夫卡、福克纳,他们盯着小块地方写出了大作品。

司马迁是写人的高手,寥寥数语,人物就活灵活现。大处把握和细节铺陈,他都做得很到位。后世文人,不单写散文的推崇他,连明清小说都在他身上汲取营养。《古文观止》选他的文章,数量超过苏东坡和欧阳修。他是模糊文本的先驱,用小说和戏剧手法写项羽,写刘邦,真是如见其人如闻其声。写"鸿门宴"的紧张气氛,本身就像戏剧,不同的人物扮演着属于自己的角色:项庄、项伯、范增、张良……司马迁还专程做过实地考察,将每个人的座位都弄得清清楚楚。针对这种严谨,清初著名学者顾炎武赞叹说:"秦楚之际,兵所出入之途,曲折变化,唯有太史公序之如指掌……盖自古史书兵事之详,未有过此者。太史公胸中自有一天下大势,非后代书生所能几也。"

中国历代大文豪,几乎无不推崇司马迁,所谓道德文章,人品与文品,司马迁都足以垂范后世。他笔下那些分布在各种行业里的人物,由于其鲜活,所以可亲近,可景仰,可叹息,可鄙视,可憎恨。这些历史人物,也影响了中国人的人格及性格走向。比如春秋战国的层出不穷的豪杰们,被历代所演绎,化为戏剧和小说,在民间广为流传。最近,诺贝尔文学奖评委马悦然教授撰文说:"我的心在先秦。"这话饶有意味。对先秦的记录与阐述,没人超过司马迁。先秦是个大时代,已成学者共识。

罗贯中的《三国演义》演绎了一部断代史,而《史记》真实描述了三千年的通史,二者都是中华文明的宝贵的资源库,但后者显然更珍贵。司马迁笔下的历史,是波澜壮阔的生活画卷。他对生活世界的全方位考察,将历史学提升到历史性的高度。可以说,他以一人之伟力,为中华文明提供了极为丰富的精神资源。

汉武帝阉割他的身体,反而催生了这种伟力,这是上天的安排吗?

历代封建统治者,养肥了多少御用文人,却阉割了他们的灵魂,把他们变成锦衣玉食的行尸走肉。本文瞄准司马迁,事实上也同时瞄准了相反类型的文人。如同司马迁写伟人,小人已经活跃于其间了。小人乃是伟人的残缺样式,反之亦然。

关于《史记》,历代集注、阐释和评论如汗牛充栋。我手头的这本,是南京大学出版社的《史记今注》,它借鉴了前人的成果,释文也很清晰。顺便提一句,我个人并不是搞《史记》研究的,读的东西有限,但我景仰司马迁却是由来已久。

《史记》具有强烈的个人色彩,所以它才真,不是板着面孔、仅仅代表某些阶层讲历史。文学艺术家,天生与它亲近。人类文化的巨著,无论哲学、史学还是文学,无一例外地是个体劳动的硕果。《史记》是伟大的,却不是封闭的,司马迁自己讲:他"究天人之际,通古今之变,成一家之言"。犹如伟大的哲学思想,它一定是开放的,可以讨论的。我个人并不完全赞同司马迁的某些倾向性,比如他对项羽的态度。我倒是觉得,项羽就是匹夫之勇,短见、狭隘、吝啬、残忍,动不动就屠城,泄私愤火烧阿房三百里,不耐烦坑杀降卒二十万。幸亏刘邦打赢了他,逼他自刎乌江,不然的话,他多半是他曾经发誓要取而代之的暴君秦始皇。

而与项羽相比,刘邦的毛病几乎全是小毛病。多谢司马子长(司马迁字子长）记录详细，让我们得以从不同的角度掂量历史。

另外，司马迁对游侠有偏爱。荆轲刺秦王是大义凛然，而郭解这种大侠，义字却是表面文章，骨子里推敲不得。他善于做秀，借一件事情在江湖上扬名立万：他姐姐受人欺负，希望他出面为她撑腰、摆平，他却当众批评她，不理她，给人留下公正的印象。然而得罪他的人，大多数要死掉；结交他的人又多是豪强……

还有其他例子，不用讲了。

每个人读《史记》，都会有一些不同的感受，这恰好证明司马迁的博大雄浑。伟人从来就不是完人。

品读司马迁，意味着无穷无尽的生发。

意大利哲学家克罗齐说：所有的历史都是当代史。

二十世纪七十年代中后期，担任联邦德国驻华大使的魏克德先生，曾写下广播剧《汉武帝与太史公》。魏克德是名作家，活跃于欧洲外交界和文学界。他写司马迁，立意奇特，让史官和皇帝当面争论历史的真相问题，各执一端，互不相让。汉武帝刘彻，不能让他手下的史官按他的意图写历史，恼羞成怒。刘彻不杀司马迁，却变尽法子折磨这倔犟汉子，霸占他美貌的妻子，阉割他传宗接代的下体。但是这个司马迁，头可断血可流，写《史记》的原则决不丢。不可一世的汉武帝，终于拿一个文弱书生没办法……魏克德先生以戏剧冲突的方式，将皇帝与史官的矛盾推向极致。而他从中得出的精辟结论，却是中国人的老生常谈：

讲真话要付出血的代价。

2006 年 10 月 30 日

司马相如

（西汉 约前179—前118）

司马相如匆匆上路了。大文人奔向小县城，哼着几首过时的宫廷歌曲。这些日子，他饱一顿饿一顿的，想肉吃想酒吃，比想女人还厉害。即将碰上一桩千古艳遇的落魄男人，首先想到的是肚子问题。司马相如在朝廷歌功颂德很得意了，精神却被阉割，回家很郁闷。他是炮制拍马文字的祖师爷么？他对美人迟暮的卓文君如对黄脸婆么？

司马相如

司马相如是成都人,成都人有两个特点:一是聪明,鬼点子多;二是嘴皮子厉害。两千多年前的司马相如是个典型的成都人,二者都具备。他本来穷得叮当响,却以一曲《凤求凰》,让年轻的富家寡妇卓文君心旌摇荡。中国文学史上,他是汉赋的代表人物,其代表作为《子虚赋》、《长林赋》《长门赋》,受到皇帝和皇后的高度称赞。而在民间广为流传的,是他和卓文君的风流韵事。取材于这段韵事的小说、戏曲、评书、话剧、电影、广播剧、电视剧绵绵不绝。专家学者熟悉汉赋,普通百姓爱听故事。也有大作家来凑热闹的,比如郭沫若。郭老写过话剧《卓文君》,对这位有才华的美少妇称颂有加。而我记得,2005年有个电视剧,请漂亮而清纯的韩国演员演卓文君。总之,卓文君的美貌、多情是举世公认的。司马相如大名鼎鼎,其实也多少沾了女人的光,沾了卓文君的光。古往今来多少事,除了饮食就是男女,老一套的爱情故事永远新鲜。曲折的、充满悬念的、带了一些情色意味的故事永远打动人。而司马相如和卓文君,完全符合这些要素。

鲁迅讲过:文人传播名声有两种情况,一是人以文传,二是文以人传。眼下有些作家爱生事儿,奇招频出,吸引大众的眼球,走的就是文以人传的路子。作家先闹事儿,其次才去写东西。司马相如的情形还不同,他写诗作赋在先,谈恋爱在后。三十岁以前他一直落魄,碰上卓文君,命运才出现转机。这桩使他名传千古的风流韵事,还带给他财运、官运。财、色、权、名他样样占齐了,一辈子过得舒坦。换成今天的思维,人们会一拍大腿说:这美女值,太值啦!

既然司马相如属于"文以人传"这种类型,那我们就有理由把重点放在他这个人身上。我们仔细来瞧瞧,这究竟是一个什么样的人。从他身上,我们能品出一些什么东西来。

司马相如生于成都的哪条街,今天已不可考。他父亲作何营生,司马迁在《史记》中也没说。两个复姓司马的男人,年龄相差三十多岁,并不沾亲带故。他们同在汉武帝手下做过官,先后都出使过西南夷。武帝时代,西南这一大块尚被称为"夷",含有化外之地的意思。其实说白了,就是皇权染指还有限的地方,老百姓还不大服管教。管是管束,教为教化。成都当时为一郡,郡守叫文翁,显著的政绩是兴办学堂。相如的父亲可能跟他熟,送儿子到官学读书,也学击剑。换句话说,司马相如是文武双修。家里有财产,这是不言而喻的,穷人家的孩子哪能上官学?小时候他叫司马犬子,不是小名儿,是正式的名字,可见他父亲对文字这东西还比较隔膜。四川的农村,至今仍有把儿子取名狗儿的,名字愈贱,愈能成活。司马犬子读了一点书,知道一点天下事了,发现这名字老土,擅自改为相如:他崇拜战国时期赵国的外交家蔺相如。"完璧归赵"的故事,就源自这位蔺相如。父亲也不懂,由他改。司马迁记载说,他成人后到长安"入赀为郎",赀通资,就是花钱买官做,在汉景帝身边做郎官,换个称谓叫侍从,为武骑常侍。皇帝身边这种人一大群,有人会拳脚,有人会唱歌,有人善于扮小丑,有人写辞赋下笔千言……个个亮出看家本事争宠。相如为当这郎官,估计是把家底掏空了。汉代仕途窄,远未形成庞大的官僚集团,有专家统计过,当时四千多个平头百姓养一个吃公饭的。司马相如花大价钱买小郎官,风险很高的。总之,全家人把宝押在他身上了,年复一年,盼长安传来好消息,真是望眼欲穿。

汉景帝却不好辞赋,善于舞文弄墨的相如找不到进身的机会,于是跳槽了,跳到梁王刘武门下。刘武好辞赋,身边已罗列了一些写手,比如写《七发》的枚乘。汉赋在形式上继承以屈原的作品为主的《楚辞》,但内容以歌功颂德为主,内容又反制形式,汉赋在形式上也不能同屈原的诗篇相提并论。汉初的辞赋家贾谊是个例外,贾谊郁郁不得志,不能报效国家,命运和屈原相似。当诗人远离君王走向民间时,往往能写出好东西,而在权贵门下讨饭吃,帮闲就在所难免。所谓帮闲文人,比媚俗的文人格调更低。

包括屈原在内的中国历代文人,都有俗的成分。通俗和媚俗是两回事儿。

司马相如跳槽跳到刘武门下,很努力,因为他必须和枚乘等人比个高低。他终于写出了《子虚赋》,大大露了一回脸。大伙儿常常跟随梁王左右,哪儿有排场就往哪儿赶,宫殿竣工啦,主子出猎啦,贵客盈门啦,庙堂祭祀啦,都是他们搜索枯肠的好时机。他们穿得好,吃得好,出门有车坐,举止有气派。一旦来了灵感,下人急忙笔砚伺候。辞赋讲究铺排,一连串的优美词句,整齐,押韵,吟诵又别有一番功夫。洋洋洒洒的《子虚赋》,来了一堆"于是乎……"怎么样怎么样,的确有气势,听上去回肠荡气。应该承认,司马相如在语言及学问上很下了一番工夫,从《诗经》到《楚辞》,到诸子著述,都要纳入学习的范围。汉赋在文学史上占有一席,有它一定的道理。相如那个时代,国力空前强盛,辞赋家们歌功颂德,有些肉麻,但还不算十分昧良心。我个人以为,特定时期的颂歌也有不少好东西,艺术感染力强,唱出了老百姓的真感情,几十年老歌唱不够。一般说来,辞赋写到结尾时,也要来几句规劝,劝主子享乐之余要节俭,适当关注一下民生。朝廷有个叫东方朔的,也擅长辞赋,平时以滑稽本领逗汉武帝开心,却能找时机进谏,委婉批评皇帝,做了一些好事儿。这方面,司马相如不如他。

相如既为门客,要靠辞赋吃饭,而吃饭为天下第一桩要紧事。动物为了食物,要使尽浑身解数。人从动物来,为吃饱饭吃好饭花样更多。即使相如不为自己,也要为父母着想,老人盼他飞黄腾达光宗耀祖呢。他离开成都,恐怕已有十来年。眼下食有鱼出有车,可是没啥积蓄,梁王随手赏赐的金银,他随手花掉了。门客之间有竞争,要比拼,而成都人好面子,相如不甘落人后的。所谓千金散尽还复来,文人挣大钱,有时也容易。以他出众的才华,能写赋会弹琴,不愁挣不来华屋美女。可是梁王生病了,不久又死了,也未曾立遗嘱,令王太子善待这些文人。一帮门客作鸟兽散,一个个愁眉苦脸。辞赋这东西,寻常百姓是看不懂的,除了一些王公贵族,市井很少人能够欣赏。街上没市场,只好卷铺盖。不像今天,某酒楼某公司开张,出高价请人作赋,有几百个字卖上几万元的。

梁王死了,门客各奔前程,也许喝了一回伤心酒,挥泪而别。司马相如西风瘦马回成都,家里一片破败,父母是否还活着,司马迁没记载。相如闭门不出整天睡大觉,身体也有毛病,消瘦,口渴,喝不完的水。他也无钱瞧医生,捱着吧。睡够了出门转悠,当时成都小,一个时辰转完了。他穿戴华贵,有一件裘皮的衣物,系梁王所赐,但老穿它也不行。他开始动脑筋想点子。有个故交名叫王吉,在临邛(今成都郊县邛崃)当县令,相如捎信给他,他很快回信,盛情邀请相如到临邛作客。

司马相如毕竟见过大世面,朝廷干过,王府干过,成都有他这等经历的找不出第二个。他几乎穷得揭不开锅了,可经历是一笔潜在的财富,他动手搞开发。他的"开发公司",专门开发自己。他不会去结交穷朋友,除非他犯神经。他都穷成这样了,再去结交穷人,两穷相遇只能更穷。

当时的文人,还没有形成为底层呐喊的传统。司马相如更不可能,他手中的生花妙笔,主要为帝王服务,要用它奔个前程。我个人从来不认为,关注底层是文学的唯一要务。生活世界是广阔的,审美情趣是多元的,眼中只有穷人或富人,同样是一种遮蔽。海明威很少写穷人,获诺贝尔奖的《老人与海》不是声讨富人的檄文,而是人类命运的缩影。英国大哲学家罗素认为,人类文明的重大成果,几乎都是出自有闲阶层,为此他写了《闲散颂》。品读中国文人,这是一个重大课题。涉及司马相如,先顺便提几句,也算个伏笔,往后再来阐述。

当然,古今中外的文学大师,也没有任何人是鄙视穷人的。杜甫、雨果、托尔斯泰,他们都是心向底层的伟人。

相如匆匆上路了,带着他象征着身份的裘皮服装,时为初春,川西坝子正碰上倒春寒。他并不知道,此行将带给他命运的转机。当初奔梁王,眼下趋县令,他已经很掉价了,一路上不会很兴奋。大文人朝着小县城,哼着几首宫廷歌曲。到县府打打秋风,混个幕僚之类,日后再作计较。他在成都这些日子,饱一顿饿一顿的,想肉吃想酒喝,比想女人还厉害。到王吉的地盘上,酒肉是不成问题的吧?即将碰上一次千古艳遇的男人,首先想到的是肚子问题。

王吉在县衙为相如接风,安排他住在都亭。都亭类似县政府招待所,但规模小,一个普通院落,两棵老槐树。王吉这个人,也是鬼精鬼精的,打量相如,虽然落魄,但举止依然潇洒,谈的全是他这县令闻所未闻的大见识,开口皇帝闭口君王。王吉佩服得五体投地,暗忖此人暂时潦倒,将来的发展却说不准。两人谈得投机,喝空了一坛好酒。临邛这地方工商业发达,铸铁的、酿酒的,大富豪好几个,县财政自然充足。县令与富豪是哥儿们,常来常往。司马相如喝得半醉,王吉问他婚配,他随口说:不好意思,三十出头的男人,身边没个女人伺候。王吉低头寻思,一拍脑袋说:有了!

二人叽叽咕咕到后半夜。

司马相如住在都亭,王吉每天去拜会他,恭恭敬敬的样子。有时相如还不耐烦,不见。《史记·司马相如列传》说:"临邛令缪为恭敬,日往朝相如。相如初尚见之,后称病。"缪是假装的意思,而相如称病,等于说装病。这个看上去大有来头的神秘男子,偶尔出现在临邛街头,竟然坐着县官的车骑,小城轰动了,纷纷猜他的身份。就像今天,某人如果把县长的小牌号轿车据为己用,他同样会引来多方猜测。眨眼已是仲春季节,春暖花开了,川西坝子的油菜花一人多高漫山遍野。相如出门溜达,无数目光投向他。不用说,他是市民眼中不知姓名的大名人。两个大富豪慌了,一个叫卓王孙,一个叫程郑,他们开铸铁加工场,延续十几代,家资巨万,仆从无数。县令的贵客,他们居然不认识,怎么得了?城里发生什么事都行,但这种让富豪有失颜面的事儿决不行。他们找王吉问个究竟。王吉说:你二位想结识他不是不可以,但要按规矩办嘛。不搞个像样的饭局怎么行?卓王孙忙点头道:我来办,我来办,县尊请客我花钱……

于是卓王孙大摆家宴,专等神秘贵客。等了很久,日头都有点偏西了,贵客迟迟不现身,好比时下某些领导。几十桌有头有脸的客人饿得、谗得,那模样笔墨也难形容,但贵客未至,县领导不动筷子,谁敢下箸呀?王吉亲自去请,司马相如才来,一身漂亮的深衣,形体修长,脸色不大情愿。入座,渐渐谈笑风生,"一座尽倾",所有的人都为他的谈吐所倾倒。这很正常,小小临邛县,谁听过景帝、武帝还有梁王的那些事儿啊?酒酣,客退,相如在卓王孙、程郑、王吉等人的陪同下,表演古琴。

屏风后隐约有佩环之声,相如心中有数的,谁在偷听?卓王孙的女儿卓文君在偷听。

司马迁写道:"卓王孙有女文君新寡,好音,故相如缪与令相重,而以琴心挑之。"

这话道破机关了。但我想,司马迁把包括心理活动在内的细节都写出来了,其中的想象成分不言而喻。

这儿有两个关键词:新寡,好音。字面上是说,守寡不久的卓文君是个音乐爱好者。字面下则有潜台词:卓文君懂古琴,不仅能欣赏,她自己也会弹奏。小县城她美貌出众,对琴的理解也不是小城的水平,琴者情也,是传达心声的东西。她守寡的时间不长,可能一年可能半载。一般认为,她此时的年龄在十八岁左右,郭沫若的《卓文君》说她二十四岁,恐不可信。郭老笔下的文君,更像一位斗志昂扬的"五四"女青年。她是美貌的,懂琴的,情感丰富又有过夫妻生活体验的,而这些日子,小城盛传风度翩翩、来头甚大的神秘男子,她早已听说过,暗地里想象过。父亲宴请司马相如,她遵循妇道不能出席,但她躲在角落里雕窗下,窥探过多少回了。众宾客为相如所倾倒,她更是耳热心跳。在这样的时刻,相如"缪与令相重,而以琴心挑之"。——他假装看在县令的面子上弹几曲,实则以琴中音挑逗卓文君。司马迁惯用《春秋》笔法,寥寥数语,王吉和相如在都亭内的那些勾当,读者就心领神会了。关于文君的情况,相如已了如指掌,而男女风流这一套,他也堪称老手,指尖抚弄琴弦,以琴心挑之,一挑就成功了。他边弹古琴,边唱今天仍在流行的《凤求凰》:

> 凤兮凤兮归故乡,游遨四海求其凰。
> 有一艳女在此堂,室迩人遐毒我肠。
> 何由交接为鸳鸯!

这歌曲的色情意味一目了然:佳人就在此堂中,却"室迩人遐",不能够交颈为鸳鸯。司马相如出手可谓稳准狠,卓文君被击中,一时呆住,对她来说,相如的琴声和情歌何尝不是"毒我肠"?

文君身边的丫环目睹了这一奇观。丫环为主子着想,如同文人为帝王服务,她动开脑筋了。

当天晚上,相如命县衙拨给他的随从,潜入卓府,花钱买通文君的丫环,双方一拍即合。闪电式的爱情落到实处,司马迁说:"文君夜亡奔相如。"亡是奔跑、投奔的意思,夜色中的佳人,气喘吁吁两眼放光。三十出头的老光棍与十七八岁的小寡妇,一见之下就交上颈了。——这并非杜撰,有《史记》为证。但卓王孙鉴于社会舆论,不会同意这桩婚事,如何是好? 连夜私奔。——估计是卓文君的主张,女人于情事,特别有智慧,哪怕她在亢奋的状态下,也能考虑到下一步该怎么走。车骑悄悄离开临邛县城,两三个钟头到成都,文君踏入相如家的门槛,大吃一惊:这男人原来是个穷光蛋!

爱情令人激动,吃饭却成问题。没日没夜地交颈,身子还得分开,考虑肚子和嘴巴的要求。文君的父亲卓王孙大发脾气,一文钱不给。靠爱情撑不下去了,两口子卖掉车马裘服作小买卖的资本,回临邛,挑个热闹地段开起酒家来。卓文君穿平民的衣裳,捋衣挽袖,亲自当垆卖酒。司马相如系围裙,灰头土脸,跟几个打杂跑堂的一般无二。两口子这么做,显然具有广告效应,县城几条街,一传十十传百,卓王孙没脸见人了,闭门不出。包括王吉在内的一帮兄弟上门劝他,索性认了这门亲事,免得他女儿与那浪荡青年当街卖酒丢人现眼。卓王孙无奈,自认倒霉,堂堂大富豪,陪嫁还不能少,拨一百个家僮给女儿,钱百万。这卓王孙有家僮八百个,其规模,超过了《红楼梦》中的荣、宁二府。

司马相如春风得意,带巨款携娇妻,浩浩荡荡回成都,置田产换房子,过上了大地主的日子,有爱情更有美食。不能说他骗色又骗财,像时下都市里的高级流氓。他要了一些把戏却是有据可查,小他三十多岁的司马迁不会冤枉他。

财色到手了,过几年官运又来。汉武帝好辞赋,下令收集这方面的作品。朝廷有个职位叫狗监,不管人专管狗,只因皇帝出猎,除了带侍从,还要带猎犬。狗监名叫杨得意,四川人。有一天汉武帝读《子虚赋》,读得摇头晃脑,狗监灵机一动,向人主献媚说:这辞赋的作者司马相如跟我是同乡呢,陛下想不想召见他? 武帝说:快,快叫他来,朕还当他是个古人……

于是,相如到了长安,对武帝说:《子虚赋》是旧作,不算什么,臣子要为陛下写一篇《上林赋》,赞美气势宏伟的皇家猎苑!武帝高兴了,说:好呀,你写出来让朕瞧瞧。并赐以毛笔和角牍。司马相如叩谢圣恩,开始构思打腹稿。

　　御用文人要大干一场。但是且慢,我们先说这上林苑,它耗资巨大占地无数,单是苑内供皇帝休息的离宫,就有七十座之多。汉初,丞相萧何主持建未央宫,因其奢侈,被高祖刘邦狠狠骂了一通。开国君主懂得艰苦奋斗,后来渐渐变了,铺张浪费搞排场,武帝为甚。口号喊得越凶,铺张越厉害,比如一顿官饭,要吃掉农民多少血汗钱?武帝身边的文人,也不是人人都唱颂歌,为这上林苑,东方朔就委婉地批评过他。而司马迁无论是作为太史令还是中书令,都一再敷衍武帝,拒绝用他的如椽巨笔舞文弄墨歌功颂德。文人的分流,我们现在看得很清楚,两个复姓司马的男人,是你走你的阳关道,我过我的独木桥。《史记》有非常明显的个人化写作的特征,和古希腊的文学、戏剧和哲学相似,是今天的主流,当初的暗流。两条泾渭分明的河流,它们共同的源头在《诗经》,"风"和"小雅"有着浓郁的民间气息;"颂"和"大雅"则开启了宫廷文学,造就一大批御用文人。我们不采用阶级划分法,但不能回避阶级这一重大的、贯穿几千年的历史现象。马克思的伟大研究不会过时,即使在眼下的西方,仍然是一门受到高度推崇的显学。海德格尔曾说过,对人类社会历史的洞察,没有任何人能达到与马克思对话的水平。

　　巨人能看见历史的进程,几十年乃至几百年,就像普通人,能预见到几天或几十天。精神境界的差异,要比物质领域大得多,只不过眼下的人类更容易看见有形的东西罢了。

　　司马相如憋足了劲,熬夜,喝大量的水,终于写出《上林赋》。后人将它并入《子虚赋》,赋中假设楚人子虚与齐国乌有先生竞相夸耀,最后,亡是公出场,代表相如本人,大肆炫耀汉天子游猎上林苑,压倒齐楚,表明诸侯国的那点排场微不足道。赋中的连词、对偶、排句,层层渲染,一波盖一波。而在我的印象中,凡是供朗诵用的现代诗,几乎都爱用排比。我不知道是学了汉赋的文句优点呢,还是出自跟汉赋作者相似的心理机制。总之,成心要唱颂歌的,无论古人今人,形式会趋于一致。举例来说,给某某大酒店献文章,总不至于写一篇杂文吧?《上林赋》还炫耀作者的学问,用了一连串生僻字,孔乙己似的。常人看不懂,越看越讨厌,可是皇帝喜欢呀,司马相如何乐而不为呢?创造性的哲学大师,因其工作的拓荒性质,拓宽人类精神从未抵达过的境域,不得已才生造概念;文人则不同,文人用生字用僻词,是有意的,是虚张声势,是华而不实,是拿语言去沽名钓誉。

而武帝喜欢辞赋,不是没有原因的。他这个人好大喜功,讲排场很厉害,后宫佳丽八千人,供他一人享用;封禅泰山十八万人,浩浩荡荡,行程近两万里,大肆挥霍国库。一些重大仪式,和一些轻松的场合,都有人念辞赋,配上相应的音乐。辞赋的形式,介于散文和诗歌之间,开篇通常像散文,两三个自然段之后,排比来了,连词来了,四言八句层出不穷,如同钱塘江的潮水,一浪高过一浪。汉武帝听得"龙颜大悦",他喜欢,满朝文武都喜欢了,从王侯公卿到下大夫,很多人都会背几句,有些官员还倒背如流。世界上怕就怕认真二字,官员们干这种事儿一向最讲认真,认僻字辨生词,一个比一个高明。这样的形势下,文坛岂能甘寂寞?文人写辞赋,一时成风尚。司马相如的作品被奉为典范,《子虚赋》传入各地市井,穷酸文人竞相模仿。文章写好了,也能跻身上流社会。司马相如扩大了辞赋的流通领域,为文人进身、献媚于权贵开拓了一条大道,后代文人又借他说事儿,把他抬到祖师爷的位置上。有他在,阿谀奉承就理直气壮了。东汉、两晋,从辞赋到骈文,热闹得很,比如左思的《三都赋》令洛阳纸贵。

时隔两千多年,我们来看看司马相如的代表作《子虚赋》,做个切片就行了,不必从头看到尾。

赋中描写云梦泽,是这么写的:"臣闻楚有七泽,尝见其一,未睹其余也。臣之所见,盖特其小小者耳,名曰云梦。云梦者,方九百里,其中有山焉。其山则……交错纠纷,上干青云;罢池陂陁,下属江河。其土则丹青赭垩,雌黄白坿,锡碧金银,众色炫耀,照烂龙鳞……"

电脑没辙了,中间省略的都是生僻字,而白附的附本该是土旁。后面更复杂,不敢再引了,上下左右他要说遍,还不算接踵而来的一大堆"于是乎……",真是够呛。拿语言做排场,汉赋是个发明,真能吓唬人的。难怪汉武帝会喜欢它,他一生的风格,就是讲排场和吓唬人。

语言列队而来,像排山倒海的军队,像驰骋草原的战马。

司马相如的笔,画出汉武帝的"世界图像",升官发财不在话下果然写了郎官。文学史称《子虚赋》为"大赋",我不知道是怎么个大法。

司马相如一跃而为成功人士,官大了,钱更多了。卓文君的问题却来了。

她原本是个小女子,不会站在民间的立场去责怪长卿(相如字长卿),夫荣妻贵,她高兴都来不及呢。她只是有点担心:长卿大红大紫了,换车换房换地方,如果他换成瘾了、接下来想换妻,她可怎么办呢?

司马长卿一发而不可收,又写下《大人赋》,歌颂武帝不惜血本向往神仙。他煞费苦心地考证,神仙究竟住在什么地方。皇帝夸他写得好,皇后又来找他:第一任皇后陈阿娇遭冷落,派太监送千两黄金到相如府上,这就是所谓"千金求赋",相如创下卖文天价,以一篇《长门赋》,写尽废皇后的哀怨之情,开了"宫怨诗"的先河。但武帝太好色,《长门赋》不管用的。司马相如想必是熟悉了卓文君的哀怨,才写出陈阿娇的哀怨,在他所有的辞赋中,这篇倒有些动人处。这表明,好作品的前提条件,永远是真情实感。时过境迁,卓文君年龄大了,生孩子失容颜,丈夫盯上了茂陵的漂亮女孩儿,她愤而写下《白头吟》,载入了中国诗歌史。其中有几句说:"皑如山上雪,皎若云间月。闻君有两意,故来相决绝……男儿重意气,何用钱刀为!"

汉代的钱币,有铸成刀形的,故称钱刀。卓文君是埋怨丈夫一味重钱财,将男儿重意气的本色抛到九霄云外。这首诗的作者历来有争议,有人说是卓文君,有人说是无名氏。诗人语气沉重,态度坚决。雪一般纯净月一般皎洁的爱情,却经不起时光的消磨,她受到伤害,鼓起勇气提出分手。两汉这类站在女子的角度埋怨、指责男人,批判礼教的民间诗歌,数量不少,比如有名的《上邪》、《有所思》、《孔雀东南飞》,后一首是叙事长诗,写媳妇反抗婆婆,不惜跳水自杀,情绪如波涛起伏,比之一流文人的诗篇毫不逊色。由此生出的问题是:女子生怨,好像自古而然,无论她身在宫廷,还是呆在民间。富贵也好,贫贱也罢,担心老公出问题的心思如出一辙。我想,有两个因素,一是男权社会对她们的压迫,二是女子情爱至上,头发白了还要坚守这两个字。现代社会,女子在经济上相对独立了,但遭遇这个问题的几率并不比古代少,古代妇女孩子多,而母爱是分心的最佳渠道。

卓文君生了几个小孩?不知道,史书,包括各类杂记没有记载。这一点,还是皇后王妃占优势,她们的孩子要写入正史。卓文君一代红颜,从小养尊处优,懂音乐,会写诗,她的名声在正史之外。有艺术修养的女人,对情感的要求会更高,她写下激愤的《白头吟》,应该说是可信的,虽然我们无据可查。两口子文风迥异,一个佶屈聱牙,一个明白易懂。

司马相如终于没做负心汉,读卓文君的诗作,感动了,临邛私奔的情形重新浮现。——这段记忆像一服药,专治他的花心病。情感记忆有它的倾向性,如果换成负心汉,他能从相反的角度阐释那段记忆,有些男人还头头是道。幸好,司马相如不是这种男人,他大卓文君十几岁,他不能忘了,是谁伸出了玉手,拯救他于穷困潦倒之中。再说他身体不好,消渴病缠绵终身,文君照顾他体贴入微,比请来的老妈子强多了。二人总算是琴瑟和谐,走到了生命的尽头。卓文君的寿命更长一些。她流传至今的形象全是正面的、美好的,以她名字命名的文君酒,芳香四溢,邛崃县有文君井,两千多年清澈如镜。成都市有抚琴路、琴台路⋯⋯而司马相如的形象要打折扣,他粉饰太平影响恶劣。

相如后来以中郎将的身份出使西南夷,写下《难蜀父老》,文笔潇洒恣肆,阐明了汉武帝"通西南夷"的战略步骤,安抚蜀中父老,为大一统的格局立下一功,多少挽回了后世对他的非议。所谓历史自有公论,是说时间卸掉了权力的重压,公道的评价得以抬头。但值得注意的是:公道本身也具有相对性。人类没有一成不变的价值体系,虽然有一些核心价值会给人留下永恒的印象。比如,中国传统文化的价值,近现代几经折腾,今天又悄然浮现。鉴于此,人们又总结说:历史是波浪形前进的。这类说法取的都是近似值。什么叫前进呢?如果我们没有能力后退几千年,尽可能看清中国历史的方方面面,从朝廷到民间,从书本到市井,那么,我们前进的动力从何而来?单靠科技进步和利益驱动,我们这个星球将走向灾难,人与人,人与自然的和谐都无从谈起。顺便提一句:西方哲人对技术主义、消费主义的反思与批判,在今天,在越过了原始积累的中国,值得我们高度关注。

相如衣锦还乡,蜀中为之轰动。当时的成都,好像没出过这么大的官。靠一管毛笔写来锦绣前程,官运亨通,财色俱全。一时写诗作赋行情看涨,四川人跟风快,至今犹如此。模仿相如最出色的,是东汉另一个成都人扬雄,认为自己有很多佳作。但诸葛亮瞧不起他,将他视为卖弄辞藻的典型。孔明先生待人很平和的,又是汉家道统的维护者,提到扬雄却不留情面,说明肉麻的歌功颂德,除了当朝权贵,到哪儿都不受欢迎。

相如专程到临邛拜见岳父卓王孙,卓王孙又高兴又惭愧,追加家僮和钱,使女儿在家产中占的份额和他儿子一样多。照例大宴宾朋,王吉、程郑等人都来了,相如谈笑如当年,却透露了他和王吉唱的鬼把戏,举座大笑。贵人搞阴谋,可以原谅的。文君女士抚琴。郭沫若先生考证过,那把古琴叫绿绮琴。绿代表春天,绮为绮思,情思之意。古琴弹奏出阳春三月的情思,但眼下的卓文君即将走入秋天了,她把含有深意的目光移向清瘦的丈夫,其中有欢乐,有感激,有惆怅,都在琴声中了。

相如立功回长安,按常理,该步步高升了,他向皇帝显示了两方面的才能:既能写辞赋,又能办实事儿。可不知为什么,他向汉武帝请了长期病假,闭门著书立说。可能是因为有人诬告他出使西南曾"受金",武帝一度免了他的职,他对官场感到厌倦了。武帝弄清真相,让他官复原职,他不想干了。他患上口吃的毛病,跟官员讲话,期期艾艾讲不清,遗人笑柄。我估计是心理问题,他有了表达的心理障碍。他讨厌官场的尔虞我诈,昨天热脸今天冷脸,这种体验,他早在景帝和梁王手下就有过了。眼下加剧,他来个大转身背向朝廷。

司马迁说:"相如口吃而善著书……与卓氏婚,饶于财。其进仕宦,未尝肯与公卿国家之事,称病闲居,不慕官爵。"司马迁讲得很明白,相如娶卓文君发了财,一辈子享用不尽,拼搏仕途的心就淡了。此间他曾上书,劝武帝打猎要适可而止。他毕竟是个知识分子,读了很多"子曰诗云",一旦退下来,民间立场就得以显现,虽然他和司马迁仍不能同日而语。御用的角色伴随终身,如同他的消渴病,也即糖尿病。

司马相如晚年幸福,死于公元前118年,生年不详,所以不知寿数。大概在六十岁以上吧。他临死前,武帝还想读他的辞赋,派使者到他家去取,去时,相如已死。卓文君说:他写一篇朝廷就拿走一篇,恐怕没有了。找了半天,找出一篇《封禅书》,文章不长,建议汉天子封禅泰山。

后来汉武帝兴师动众封禅泰山,名为效古礼祭天地,实为访神仙,寻长生不老术。而司马相如这篇文章,连同他的《大人赋》,为武帝一系列劳民伤财的大动作作了理论及舆论铺垫。司马迁也写过《封禅书》,一万三千多字,详细记录三千年祭祀活动,为后世研究中国古代史提供了极为重要的文献资料。两篇《封禅书》,标示了两种相反的立场。

相如生命垂危时,武帝不是派人去看望他,而是取他的辞赋。卓文君接待太监的语气,也有些不耐烦。司马迁这么写,似乎含有深意。读《史记》要格外留心。司马迁是言外之意的高手。在皇帝眼里,御用文字很重要,而御用文人的生命无关紧要。如果相如泉下有知,一定会感到非常悲哀。

然而中国古代,御用文人绵绵不绝。官场的诱惑是巨大的,权杖的分量无处不在。人为财死,鸟为食亡。

相如死后不久,司马迁继承父亲的遗志接过史笔,在皇权之外展开了他的伟大事业。

春秋战国时代,已有弄臣出现在诸侯列国,只要有本事让君王开心,就能跻身大臣之列,享荣华富贵,甚至傲视百官。汉武帝时代,"文学弄臣"呈群体现象。一大群文人围绕着武帝,枚乘、朱买臣、吾丘寿王、董仲舒、司马相如……这些人,或多或少都有弄臣面目。他们直接影响了东汉的辞赋作家,像枚皋、班固、扬雄等人,粉饰太平,"润色鸿业",超过了前辈。汉朝中叶,政治黑暗,歌功颂德的东西尤其叫人难以容忍。而吊诡的是,统治越黑暗,越需要文人唱颂歌。文人不比伶人、倡优之人,文人有学养,能思考,让他闭上眼睛吹一气,他也会难过。扬雄写到后来,发现辞赋不过是雕虫小技。枚皋也觉得自己不伦不类,"深悔类倡",倡即是倡优,耍杂技弄小曲儿逗帝王开颜的。受诸子百家的影响,知识分子有了相对独立的人格,能量大的,能够抗衡皇权;能量小的,则被皇权吸附过去。这是政治的、文学的、心理层面的,也符合物理现象:质量小就定不住。武帝时的史官,其实也在弄臣之列,"固主上所戏弄",但司马迁很强大,汉武帝不足以吸附他,他上班搪塞,下班甩开膀子悄悄干。这个人文现象,不能不说意味深长。司马迁攻击皇权,发动正面强攻和迂回偷袭,战术不一而足,往往指东打西,地道战、持久战,能用的都用上。多亏了司马迁,我们才拥有非皇帝钦定的、史诗般的历史画卷和文学巨著。

司马相如、司马迁,两个复姓司马的男人,一个日子过得蛮好,精神却被阉割;一个遭冤案受宫刑,失去男人宝物,却令人吃惊地精气神十足,在文学兼史学领域,给中华民族留下无与伦比的文化珍宝。他们的生命历程,分别完成了各自的隐喻。这也太巧了,这是上天游戏人类的巧安排吗?

中国文学史,汉赋占一席。我听朋友讲,对汉赋的研究本来很有限,是一个四川学者写了一本厚书,填补了这一空缺。讲文学史,一般把汉赋放在两汉乐府之先,我以为无此必要。乐府主要是官府采集来的民歌,词存曲亡,变成了民间诗歌,从形式到内容,对后世影响很大,而且都是正面影响。汉武帝设乐府,是想观察民间的动静,听一听小民的声音。估计他有点失望,因为赞美太少。不过,他也没打算撤销这个机构,他的铁血统治,除了匈奴人,无人能够构成威胁。乐府采集民歌,持续近两百年,将一大批不登大雅之堂的东西刊行于世,其中的五言名篇如《陌上桑》、《孤儿行》、《艳歌行》、《孔雀东南飞》等,连同被萧统收入《文选》的《古诗十九首》,对后来的大诗人陶渊明、白居易、杜甫、苏轼等,都有启迪。辞赋的特点是堆砌文字和装腔作势,而民间诗歌生动朴实,是各种各样的生活形态的真实写照。因其真实,就不会去卖弄文字。两汉乐府涉及的内容非常广,有怀念征夫的,有反抗赋税的,有指责丈夫花心的,有春天的爱情,有秋天的悲剧,有孤儿的眼泪,有穷汉的辛酸……《陌上桑》写乡间的漂亮女子罗敷,人与乡间风物皆如画,她断然拒绝高官的追求,还嘲笑他,数落他,弄得高官很难堪。这类鲜活的形象,这些清新的情调,令人联想刘三姐和白毛女,联想邓丽君演绎的江南民歌。细读这些乐府之后,再去反观汉赋,感觉更糟糕,几乎就是反面典型。汉代的文学,有司马迁这样的模糊文本的大师,有两汉乐府交相辉映,汉赋应当靠后,辞赋作者的地位应当降低。前面提过,我们并非一味地反对歌功颂德,当统治者的利益和老百姓趋于一致时,颂歌也会感动人。但中国漫长的封建社会,这种上下和谐的局面少之又少。

文人也是凡人,他要吃饭,他想发财,于是他"朝叩富儿门,暮随肥马尘"。据我所知,眼下的都市,辞赋又有流行的趋势,文人的生花妙笔转向公司、产品和老板,如同某些影视明星打广告,不问青红皂白,只管瞎吹,一味卖弄。伪劣商品坑害百姓,他(她)是不管不顾的。卖和弄,原属不同的现象域,文人学商人,将二者合而为一。今天的四川人有个顺口溜:卖钱不卖钱,摊子要扯圆!

司马相如赞美皇帝成瘾,他拿到了他想要的高官厚禄。他是御用文人的老祖宗,和屈原、贾谊、司马迁走的不是一条路。个人化写作,对他来说是不可思议的,他忍不住要跑到长安去,不可能呆在成都描绘他和卓文君的爱情故事。也许他是对的,他不往长安跑,不写肉麻颂辞,不出馊主意,不建功立业,他的名字就不会被列入《史记》。他歪打正着,爱情也流传千古了。

司马相如为官还算正派,不是官场小人,他能厌倦,口吃,关起门来写书,可惜著述已失传。这些都具有文人的特征。古代文人为官者,倒是好官多,贪官污吏少。司马相如作为文人,既成功又失败,成功是暂时的,失败是永久的。当然,这所谓失败,并不意味着他将断子绝孙——总有人会接过他那枝吹得天花乱坠的笔。

相如风流倜傥的形象,老百姓是喜欢的,从看戏听书到观赏电视剧。没人记得他的辞赋,哪怕是一句。他的人格不如司马迁,谈不上道德的高度,但他为官、为夫、为人,总的说来还是好的。他弥留之际以及他死后的遭遇是个讽刺:皇帝只关心御用文字。他开了一个伤心的头,后世像他这样的文人,亦复唏嘘,虽然许多眼泪是悄悄抹去的,我们看不见。

司马相如是浪得虚名的平凡人物,文以人传,看情形还会传下去,写进教科书。历史留住他也淘汰他。本文无意从文学史上抹掉他的名字,恰好相反,他这位粉饰现实的老前辈,以他的光芒照亮了这一流派,显现浑浊,映衬清流。

2006年10月26日

嵇　康
（魏晋 223 或 224—263）

司马昭之心，嵇康未能看透。前后两封著名的绝交书，使嵇康靠近了断头台。他影响太大，所以他非死不可。行刑的这一天他破例穿得很漂亮，他要尽显"龙章凤质"。刑场也是大舞台，他将完成他最后的生命之舞。四十岁的美男子身首异处，鲜血从颈腔喷出，三千太学生泪飞如雨……

小　引

　　本文瞄准嵇康,同时将著名的"竹林七贤"收入眼帘。嵇康是七贤之首。鲁迅先生及诸多学者推崇的"魏晋风度",嵇康等人是第二批主力军。

　　魏是三国时代,晋是三国的结束。晋又分西晋、东晋,加上南北朝,历时近三百年,从公元290年到581年。持续的政治动荡,兵祸连年,百姓遭殃。直到隋朝,中国才重归一统。

　　什么叫魏晋风度呢? 曹操那个年代文人辈出,有著名的"建安七子",建安是年号,七子主要是王粲、孔融、陈琳等。而曹操和他儿子曹丕、曹植也是大文人。他们的文章风格一反汉赋的虚华,很随意,很自由,言之有物,有内在的风骨,文学史称之为"建安风骨"。这些人是魏晋风度的第一批主力军。我们要讲的"竹林七贤",在时间上稍后。这七个人,除了写有风骨的文章,还清谈,还放浪,行为似乎很不检点。建安七子和竹林七贤,他们特异的文品和人品,合称魏晋风度。当然还有其他人,比如刚才提到的曹氏父子。

　　曹操是家喻户晓的人物,他身上就没有什么条条框框。也许可以这么讲:魏晋风度,戎马一生的曹操开了风气之先。鲁迅先生说:"曹操是改革文章的祖师爷。"

　　中国历史上,魏晋风度名气很大,它所承载的意义,远远超出文学的范围。

而文人和权力打交道的悲惨故事,也许首推嵇康。他的死令人揪心。行刑的场面像精心布置的大舞台。

嵇康跟谁打交道？跟司马昭。

撇开史书不谈,司马昭在民间的形象,可以用四个字来形容:心狠手辣。这个人太厉害了。

魏晋之交皇权更迭,司马昭集团日益壮大,对曹操的家族下手。嵇康在这个节骨眼上,不肯趋附,拒绝进入权力的核心层,于是得罪了权臣钟会,得罪了威逼天子的司马昭。

嵇康死于两样东西:名气太大,性格太直。直接的死因则是两封绝交书,前一封写给高官兼老朋友,后一封,涉及一桩闹得沸沸扬扬的桃色事件。桃色事件也是当时万众瞩目的伦理事件。

钟会利用这两封信弄死嵇康,司马昭又弄死有反骨的钟会。

读历史,读来读去就像看大片……

熟悉《三国演义》的人都知道钟会。此人担任主帅进军成都,灭了刘备建立的蜀汉。他自恃手握十万重兵,在前线扯起反旗,却被他的部下剁成肉泥。他是聪明反被聪明误的典型,而嵇康,则可能是性格决定命运的最好的例子。

嵇康、钟会、司马昭、桃色事件的男女主角以及竹林诸贤,本文都将涉及。以有限的篇幅,画出一组神形兼备的人物,行文会比较浓缩。

1

魏晋时代,杀气与文气俱盛。这是一个奇怪的现象,兵荒马乱的,却反而催生文学家和思想家。仔细一想,也不奇怪。西方人有个理论:战争能激活很多东西。十九世纪拿破仑横扫欧洲,二十世纪两次世界大战,打出了多少文学大师？托尔斯泰的《战争与和平》,直接就是战争的产物。加缪的《鼠疫》《局外人》,海明威的《太阳照常升起》《丧钟为谁而鸣》《大双心河》,雷马克的《西线无战事》,以及艾略特、庞德的诗歌,都是在二战的阴影下生长出来的。"安史之乱"成就了杜甫;军阀混战政治黑暗,导致鲁迅横眉怒目;而艰苦卓绝的长征,为毛泽东的伟大诗篇提供了灵感之源……

一般说来,和平年代容易令人昏睡。当然,这是一种幸福的昏睡。和平年代的好作家,是那种居安思危的人,他们的主要任务是打量日常生活,玩味当下,警示未来。他们也会寻找敌对势力,社会的不公正,人与自然的不和谐,是他们的两个最大的敌手。

先秦是公认的大时代,魏晋也是,各种各样的人物活跃在历史舞台上。鲁迅先生不轻易赞美古人的,但他心仪魏晋风度,在广州做过长篇演讲:《魏晋风度及文章与药及酒之关系》,这标题有点拗口,演讲却明白易懂。鲁迅对嵇康,对阮籍,对古今第一酒鬼刘伶,赞赏有加。

竹林七贤,通常以嵇阮并称,后面依次是:山涛,刘伶,阮咸,向秀,王戎。七个不同寻常的男人走到一块儿,类似超级沙龙,普通读书人可望而不可及。他们怪异的言谈举止,包括惊世骇俗的著述,传播的速度非常快。为什么?因为他们当中不乏"高干子弟",先后都曾涉足官场,又占有明显的文化优势。嵇康为中散大夫,世称"嵇中散"。阮籍做过步兵校尉,史称"阮步兵"。山涛、王戎则是高官……

嵇康是曹操的孙女婿。

曹操能写诗也能喝酒:"何以解忧?唯有杜康。"他的大儿子曹丕以网罗天下文人著称,自己也是文学批评家,写过专著《典论》,认为文章是千古大业,"不朽之盛事"。统治者好文辞,文人如雨后春笋。虽然曹操也杀文人,比如他杀了孔融,杀了博学多智的杨修。

古代文人和统治者,常常是一对冤家,离不开又见不得。

在某些历史时刻,文人坚持做人的品格,将遭受灭顶之灾。

前面用过一个词:杀气。杀气腾腾是书写中国历史的常用词。三国时代五十年,充满了刀光剑影。而春秋战国五百年,也一直在打仗。战争催生思想和文学,从诸子百家到魏晋风度。

说魏晋风度,我首先想到的倒不是魏晋人物,而是蜀汉的诸葛亮。杜甫诗云:"诸葛大名垂宇宙",后世的中国人几乎无不景仰他。他也写文章,前后《出师表》,在"表"这类例行公文中,罕见地文字出色,真情感人,一副大家作派,却是余力而为,像毛泽东和鲁迅的书法。他以一介布衣躬耕于南阳,"苟全性命于乱世,不求闻达于诸侯。"他读书,弹琴,清谈,漫游,淡泊以明志,宁静而致远。他身上兼有儒家、道家、法

家、墨家风范,难怪他的敌人都格外尊敬他。法家重法度,墨家讲兼爱,他有能力使二者统一起来。他留给人的印象,是出仕可,隐居亦可,怎么都行。这是一个异常饱满的男人,出和隐都理由充足。而一旦为官他绝对正直,忠君,爱国,严于律己,宽以待人。他的哥哥诸葛瑾在吴,弟弟诸葛诞在魏,三兄弟各为其主,一样的口碑极佳,为中国历史所罕见。三兄弟又始终和睦,表现了一种今人似乎难以理解的、博大的襟怀。

中国文化造就了诸葛亮这样的伟人,值得中国人永远骄傲。

"达则兼济天下,穷则独善其身。"历代优秀的知识分子,都以不同的方式诠释孟子这句名言。

诸葛亮五十四岁死于五丈原,太年轻了。"鞠躬尽瘁,死而后已",这是一种什么样的风度?他权力之大,完全可以取代刘禅,但他没有这么做,不学曹操篡汉,这又是一种什么样的风度?

以天下苍生为念,不能搞动乱……

乱世之乱,也能"乱"出伟男子奇男子,如同烂泥塘生出艳丽的荷花。

嵇康和诸葛孔明外表相似,都长得高大英俊,举止潇洒,都是弹琴的高手。孔明"面如冠玉",嵇康喝醉酒时,朋友形容说:有如玉山将倾。他们都是自学成材,看书从不死记硬背,凭着极高的悟性,一个"观其大略",一个"学不师受"。他们各自的好朋友,都被写进了正史。嵇康本人,有《晋书》的本传,《三国志》的附传,野史杂记涉及他的更多,像《晋阳秋》、《魏氏春秋》、《世说新语》。

当时的流行概念:天时,地利,人和。诸葛亮占人和,嵇康占地利。可惜两人都不占天时。

魏晋风度是群体现象。一大群政治家、军事家、雄辩家、阴谋家、文化精英活跃在历史舞台上。贵族有贵族的派头,布衣有布衣的风采。美男子受崇尚,丑男人也有充分的表演机会,比如大家熟悉的《三国演义》中的庞统、张松。刘伶生得矮小丑陋,可他能量不小,一辈子花样百出。丑人能像他,也能活得魅力四射。

魏晋风度的出现也非偶然,它有沃土,有产生它的时代背景。由于战争,统治思想的光环日益减淡,各阶层的利益大洗牌,文化价值、生活方式均呈现多元走向。

魏晋风度历经三代人,五六十年的光景。这个历史瞬间,凝聚了非凡的文化力量。它向晋以后的朝代喷发,至今犹见力度。

那也是一个充满时尚的年代,而时尚的倡导者是知识分子。士人的吃穿住行,好像全社会都在仿效。所谓名士、高士,当时是流行甚广的词语。嵇康写过《高士传》,收集盘古开天地以来的高士119人。如果加上他本人,就是一个整数。

魏晋大城市,洛阳、长安、许昌,包括小城山阳,时尚随处可见。穿漂亮衣裳是时尚,扪虱而谈也是时尚。平民走路像军人,时尚;贵族躺在路边睡大觉,同样时尚……时尚折射时代,古今皆然。

总之,那个年代挺丰富的、也挺有趣的,城里的各色人等,各呈姿态。

中国历史长河,这样的景观可不多。

竹林七贤,是魏晋风度的一个缩影。嵇康走在最前面。

2

嵇康是谯郡铚(今安徽亳县)人,后迁居到河内山阳(今河南修武县西北)。这地方因位于太行山的南面,故称山阳。古汉语"阳",有山南面的意思。

山阳离洛阳不远,官道畅通,快马只需两个时辰。洛阳是魏国的首都。魏、蜀、吴争雄,占据中原的强大的魏国,境内相对平静,文人多。东吴和西蜀,载入文学史的人很少,可能因为国小,全民动员打仗,没工夫写文章。有记载说,蜀国的综合国力,只有魏国的十分之一。

嵇康是曹氏集团的人,父亲嵇昭、哥哥嵇喜官职显赫,他本人"龙章凤质",相貌才华都是超一流。本指望追随父兄一展鸿志的,不幸碰上司马昭乱政。曹氏,司马氏,两大权力集团明争暗斗,他不像阮籍夹在中间,他的态度很明确:食君之禄,忠君之事,不搞吃里爬外。这是当时被普遍认同的道德观念。卖主求荣和弃暗投明,有原则区分的。

中散大夫是个闲职,俸禄有限,嵇康打铁挣钱,既补贴家用,又为朋友们聚会买酒喝。他家有个园子,铁匠铺在一棵大树下,炎炎夏日他挥舞大铁锤,向秀在旁边扯风箱鼓风,也有人说是用皮囊。嵇康打铁手艺好,产品供不应求。他不打兵器,专打农具。史称他"性绝巧而好锻",可见他是生活中的能工巧匠,类似制造木牛流马的诸葛孔明。

嵇康打铁言语不多。向秀小嵇康十几岁,也常常沉默。向秀字子期,正在研究庄子,向嵇康学习。他原是无名小辈,经山涛推荐,走进名士云集的竹林。他和王戎是竹林里的小弟弟。

竹林也是嵇康家的,在一块坡地上,占地数十亩,有山泉,有小溪。中间一块平地,摆放石椅石桌,有竹子编成的琴台、躺椅,有形状各异的酒葫芦,挂在树杈上。后来地理学家郦道元专程去考察过,凭吊七贤寺,并写入《水经注》。谁建的七贤寺,不得而知。反正不是官府掏的钱。

竹林七贤的身后名,来得很迅速。

嵇康家的这片竹林,神秘而又神圣,常常有人围着竹林转,听听"嵇大师"打铁的声音也是好的,仿佛其中有玄机。

魏晋"玄风"大盛,知识分子不能谈空说玄,很丢份的。道家的始祖老子说:"玄之又玄,众妙之门。"魏晋士人,通过无数次的玄谈,想敲开这扇众妙之门。而儒家的那一套对人性的束缚,历时数百年,从价值理性沦为工具理性,是统治者手中的一张反复使用的大牌。——司马家族为了夺取曹家皇位,不择手段,不顾苍生,残忍,恶毒,却又装扮以孝治天下的道德面孔,令人厌恶。

而抗衡吃人的礼教,老庄学说是最好的思想武器。

魏晋尚清谈、玄谈,表面上不着边际,实则围绕着两个中心:一是赤裸裸、血淋淋的政治现实,二是思想学术本身。

3

我们进入这片竹林的日常状态。

嵇康是个什么样的人呢?他又凭什么当上读书人的领袖?

除了沉默,他各方面都有点像诸葛亮,气宇轩昂,"飘飘然有神仙之慨"。史书记载:他上山采药,山民们碰到他,都以为他是神仙下凡。秦皇汉武想成仙,搞声势浩大的寻仙运动,风气波及民间,五百年不散。

嵇康吃有毒的药,名叫五石散,以五种矿物混合而成,第一种是钟乳石。适当吃五石散,对强体有好处,药物学的祖师爷张仲景有研究的。据说长期服用能长寿,活到三百岁以上。有钱人吃毒药成风,药价抬高了,嵇康手头拮据时,就上山采石药。

嵇康外形飘逸,而内心有如钢铁。外形好,当领导。美国人搞大选,外形很重要。中国古代,和他们有点像:形容某皇帝,首先说他的鼻子。嵇康外表出色,意志力强,玄学功底深厚,艺术修养独步当时。他做人有很高的境界,对朋友,既讲原则性,又有灵活性。另外他有显赫的家族背景,当时的社会非常注重这一点,竹林七贤也不免。山涛、刘伶、王戎,都是寒门出身。山涛的父亲做过县令,去世早,山涛没享几天福,一辈子耿耿于怀。阮籍虽是大家族,才华亦出众,可他的不正经太出名,连走路都要装怪,满地划斜线。阮咸是他侄子,一味模仿他。嵇康为七贤之首,是在圈子里自然形成的。七贤又为更多的士子所景仰,尤其是太学里的青年学生。

嵇康家是个聚会的场所。主雅客来勤,三日一小聚,五日一大聚。当然不是吃饭打牌,像今天的某些城市。史料显示,古人的相聚,反而内容比较多。

我们来看嵇康,看他怎么过日子。

从春末到秋初,嵇康看书累了就打铁。傍晚他散步,登高眺望绵延千里的太行山。身边除了家人,就是朋友。儿子嵇绍尚幼,活泼可爱,阮籍经常趴在地上,让他当马骑。嵇康的家很大,但房子老了,器具旧了。做刺史(地方长官)的哥哥嵇喜,偶尔送他一点东西,但不能多送,怕他不高兴。当时的世族弟子,一般都会谋求当大官:郡官,州官,朝廷大员。嵇康拒绝,家园难免有些破败。不过他有酒,有药,有琴,有高朋满座,所以他拒绝得很彻底:高官厚禄,不稀罕。他的物质生活,已经比孔子的学生颜回强多了。朝廷大员也仰慕他,不学他"固穷",却希望有他的名气。

有一天钟会来了,这人也是高干子弟,当年曹操的大红人钟繇的儿子。钟会自幼博学多才,堪称神童,长大了,背弃父亲做了司马昭的大红人。读《三国志》和《晋书》,会发现很多富贵人家的孩子勤奋学习,这和今天是不大一样的。

钟会是大能人,前来拜访大名士。其实他以前来过一次,却不敢敲门,把他的学术著作放在嵇康家门前,转身跑掉了。这一次他带了一帮人,"乘肥衣轻",肥是肥马,轻是绫罗绸缎,他亮出了贵公子的派头。两次造访,自卑和傲慢都有些莫名其妙。他傲视天下,平生只忌惮两个人:大权在握的司马昭,大名鼎鼎的嵇康。

钟会来的时候,嵇康正在打铁,没理他。两个读书人,两个高干子弟,一个衣饰华贵,神色倨傲;一个赤膊抡铁锤,面无表情。很长时间谁也不开口,而蝉在叫,铁花在飞。向秀鼓风的声音,听上去像粗重的呼吸。

按常礼,嵇康至少应该打个招呼。他照样打铁,四川话叫"稳起"。钟会撑不住,转身要走,嵇康才徐徐说:

"何所闻而来?何所见而去?"

钟会说:"闻所闻而来,见所见而去。"

这番对话,历史上很有名的,听上去像佛家参禅。什么意思呢?嵇康是问:你听见什么跑到我家里来了?你看见了什么又转身要走?钟会回答:我听见我所听见的,所以我来了;我看见我所看见的,所以我走了。

这一问一答很经典,两人的表情,说话的语气,包括现场气氛、柳树、季节、打铁的物什都在里边了。句子异常浓缩,充满言外之意。犹如高手过招,一出手便知端底。表面平淡无奇,其实不然,话里藏着锋芒。

由此可见魏晋名士们说话的风格。高官之间亦如此,唯恐说话不带玄机。

钟会官场得意了,还朝竹林跑,向往名士风流,鱼和熊掌都想要。双方都是明白人,所以对话才简短。有权的找有名的,互补的空间一目了然。嵇康不买账,钟会愤然而去。

这个碰了一鼻子灰的男人,对司马昭进谗言:嵇康是条卧龙,日后要掀大浪。您志在天下,须防着他……

司马昭点头说:嗯,知道了。

时任大将军的司马昭,权力如日中天,兵权旁落的曹家皇帝,只能看他的眼色行事。

隐居隆中的诸葛亮,人称卧龙。卧龙出山辅佐刘备,威胁曹魏几十年。钟会把嵇康比作诸葛亮,用意明显。而司马昭心中有数。他早就注意到这个嵇中散了。

司马昭对竹林七贤采取分化政策,控制知识分子的言论自由。他避开嵇康,转向二号名士阮籍,居然屈尊,想让阮籍的女儿嫁给他儿子司马炎。在讲究门第的魏晋时代,这恩宠不一般。消息传出去,向阮籍贺喜的官员踏破了他家的门槛。他女儿嫁给司马炎,将来要做皇后的。可是,更让人吃惊的,是阮籍居然不买账。他也不明说,每天喝得烂醉,满嘴的胡言乱语,持续六十多天,令一次又一次前往阮宅的媒人目瞪口呆。有野史说,媒人去敲门,敲了几十次。百步之外就闻到院墙内的酒气了,树上的鸟、地上的鸡也醉得哇哇乱叫。

司马昭只好作罢。

舆论哗然,"谤议沸腾"。司马昭还得自找台阶下……

阮籍装疯而心中雪亮。这是他的风格。由于清醒,他才醉得一塌糊涂。他宁愿在官场混日子也不去攀附司马家族,落得天下人耻笑。他父亲当年紧跟曹操,他能投靠司马昭吗?

这件事,表明阮籍骨子里是个孝子。另外,他对付朝廷,有他自己的路数。

嵇康冷淡钟会,阮籍拒绝司马昭,是轰动朝野的大事件。名士派不理睬当权派,后世读书人传为美谈。

竹林七贤的名头更响了。竹林成了一个符号,散发着久违的自由气息,士人向往,朝廷侧目。当时就有人跳出来写文章攻击竹林,嵇康予以还击。钟会收集嵇康的言论,报告司马昭,但是大将军态度很宽容。老谋深算的大政客,注视着文人的一举一动。

为什么说他老谋深算呢?

他篡魏,摆平曹氏集团的各种势力,为他的儿子司马炎称帝扫除障碍。这样一来,舆论就成了头等大事,司马昭对知识分子,打压与诱惑并举。他显然不能一锅端,必须分而制之。

他对阮籍的宽容,官场中也是传为美谈。

权力顶端的人,名声同样重要。古代,名和声各有讲究,"声"是对有名气的人的评价。权力如日中天了,还得抓舆论。

司马昭在洛阳常常大宴群臣,所有的文武官员都对他毕恭毕敬,包括钟会、邓艾这些人,惟有阮籍,坐没个坐相,吃没个吃相,喝醉了还乱说一气,放屁咚咚响。阮籍讲话,群臣假装洗耳恭听,司马昭摸着胡须面带微笑。

文人、政客都装糊涂,各有各的高明处。

阮籍酷爱喝酒,司马昭就让他当步兵校尉,这是军营中的一个美差,经常有好酒。他又喝又拿,拿到竹林去,大伙儿一起喝。有人告他的状,司马昭一概不予追究。

司马昭对阮籍的宽容,孕育着对嵇康的毫不留情。

而暴风雨来临之前,竹林一派祥和。

4

我们来看这群竹林里的男人怎么个放荡法。先说醉酒。

阮籍、阮咸、刘伶都是豪饮,有酒必醉的。山涛酒量最大,据说能饮八斗。八斗什么概念?那是用酒缸喝酒了。可是山涛城府深,没人见过他喝醉。这本事,官场最能用上。向秀酒量一般,三杯下肚脸通红。王戎吝啬,爱酒却从不买酒。嵇康因服五石散,不能由着性子喝。他喝冷酒,不喝热酒。

酒酣耳热,唱歌弹琴了。

七个人当中,至少有四个人精通音乐,两个人是弹琴的大师。嵇康可谓登峰造极了,而阮咸号称"神解",对音乐的感知能力无人可比。唐朝有一种乐器,以阮咸的名字命名。

这个阮咸,学叔父阮籍的放浪,很有创造性。举两个例子:

阮咸在家里与族人共饮,大盆装酒,几条猪奔酒盆子而来,他和猪抢酒喝,邻居看了大摇其头。他学阮籍光天化日裸体喝酒,旁人看见了,斥为禽兽。阮籍虽然放浪,却叫儿子学规矩。

可是两个姓阮的,喝酒还不及刘伶。刘伶才是天下第一酒鬼呢。他母亲去世的时候,他正在跟人下棋,下完才去奔丧。这叫风度。母亲的遗体前他号啕大哭,"饮酒二斗,吐血三升。"他吐了三公斤血,当时就休克了。醒来吃肉喝酒,全然不顾犯大忌。当时,无论官方制度还是民间习俗,居丧的日子万万不可沾酒肉。刘伶却是有意的,他这么做是对抗虚伪的礼教,藐视干了很多缺德事的司马昭。其实刘伶是大孝子:母亲下葬,他再次狂吐鲜血,死过去又活过来。他本来个头小,不足一米五,瘦得皮包骨头,倒下去跟泥块儿没啥两样。

刘伶也是个裸体主义者,家中迎客一丝不挂,反而责怪吃惊的客人说:这屋子就是我的裤子,谁叫你跑到我裤裆里来了?

客人吓坏了,转身逃跑,逢人便嚷嚷:刘伶他、他光屁股!

好事者偏要去他家看个究竟,他照裸不误。有时冬天也解裤带,迎着北风,先亮出他的瘦光腿。他老婆实在没办法,忙着治他的酒瘾,只好由着他的裸癖⋯⋯

刘伶更是穷光蛋,只做了一回小官。他朝竹林跑,一大理由是竹林弥漫着酒香。嵇康、阮籍、阮咸,身高都超过一米八,刘伶和他们站在一起,确实像个土圪垯。可是刘伶进竹林很容易,没有任何资格审查,比如他写过什么书,父亲干啥的,祖父干啥的⋯⋯有人自称够条件,却是十年八年进不去,而刘伶晃晃悠悠踏入竹林了,哼着鬼才能听懂的小曲。这群男人相聚,重在气味相投。他们判断一个人,通常用嗅觉就够了。刘伶的清谈很出色,平生却不喜著述,惟一的短文叫《酒德颂》。凭借狂饮、吐血、光屁股和两三百字的大作,他在竹林坐了第四把交椅,位列山涛之后。

这七个男人,以他们的行为方式,对后代中国文人影响极大,所谓豪放、清逸、旷达、怪诞之类的文品兼人品,大都与竹林七贤有关。李白对他们倾慕不已,写诗描绘说:

"懒摇白羽扇,裸体青林中。脱巾挂石壁,露顶洒松风。"

李白是否裸过体,不得而知。

古人认为当众裸体很不道德,首先是不孝,其次才触犯男女方面的儒家信条。不难发现,诸贤的放浪专门拿孝字做文章。阮籍居丧,也是要吃肉的,吃的还是祭品。嵇康带着酒肉去奔丧,他视为知己。他们全都这么干,为什么呢?原来,司马昭亮出孝字大旗,实则暗通"忠",因为他篡魏,不便言忠。高明的读书人一眼把他看穿了,偏偏在孝的领域与他作对,拆他的戏台,破他的谎言。

司马昭绝顶聪明,他心里何尝不明白?他将分阶段处理这批狂人,备下了大棒和胡萝卜。有一点是明确的:不能一概杀掉。这些名士在朝野都有巨大的影响力,一概杀掉可惜了。

曹操杀孔融,杀祢衡,杀杨修,司马昭的手里,也不是没有刀。他按兵不动,派出眼线,观察竹林里的动静。

政客杀人有讲究的:杀谁,选择什么样的时机。

竹林的聚会得以延续。这群小鸡似的男人日子快活,而空中有老鹰在盘旋。彼此都清楚,却能相安无事。文人和统治者,朝着不同的方向施展智慧。

5

竹林聚会,持续二十年之久,从嵇康的弱冠之年就开始了,从三贤、五贤发展到七贤。嵇康、阮籍、山涛,应该说都有做领导的资格,以嵇康为首,说明他的综合素质最好。七贤聚会可不像现在开会,人人手拿小本子眼望领导,着装还要整齐:领导不打领带,下属一律敞开衬衣领子。

八仙过海,各显神通,七贤聚会各有风采。若有高明的画家画出七贤图,一定很有趣。

他们对外界的影响,也是逐渐增大的。这一群行为艺术家,每隔一阵子总有惊世骇俗的举动。其中有自我炒作的成分吗?我想应该有的,真狂,也夹杂佯狂,却并非他们开的头。早在多年以前,"正始名士"就开了风气之先,其中的代表人物是曹操的女婿何晏。

这何晏也生得漂亮,皮肤细腻白皙,曹丕一直怀疑他抹粉,出太阳就观察他流汗。何晏官至吏部尚书,也能写文章,研究老庄有独特发现,率先吃上了五石散,王公大臣纷纷仿效。隋朝,有个叫巢元方的太医记载说:"尚书何晏,耽好声色,始服此药。心加开朗,体力转强。京师翕然,传以相授。"翕然是成风的意思,京城流行吃石药。这种有毒的强体壮阳药,吃了浑身发热,可是药价昂贵,一般人家吃不起的。所以有钱人见面了,总要问一句:石发了吗?或者说:发热了吧?

京师蔚然成风,波及庶民阶层,于是不少人假装吃药。《太平广记》载:"有一人于市门前卧,宛转称热,要人竞看。同伴怪之,报曰:'我石发'……众人大笑。"

就像今天某些人,借了别人的汽车说:我有车啦!

宛转称热四个字,很形象的。

石发成了时尚,从洛阳传到许昌,传到长安,传到谯、邺,传到首都的卫星城市山阳。与吃药相关的衣裳、鞋子、走路的样子都成了时尚。

许许多多的时尚,吃药只是其中一种。当时的洛阳堪称时尚之都,辐射全国。扪虱而谈、拔剑追赶苍蝇、狂饮、裸体、倒地而卧、闻讳而哭、写文章、儿子对老子直呼其名……除此之外还有一大时尚:长啸。

"建安七子"之首王粲,生前学驴叫很有名,他死了,曹丕命群臣以驴叫为他送行。长啸最厉害的是阮籍,几里外都能听见。他上山碰见了传说中的世外高人,讲了一通历史上的文治武功,人家不理会,于是他长啸,高人才笑了,以啸声相和,然后飘然而去。钟会去见嵇康,半天只说一句话。而阮籍长啸,高人能听懂,这就更上一层楼了,返璞归真,接近老子的境界:知者不言。孔夫子这样的圣人"述而不作",对三千弟子讲了很多话,显然稍逊于老子。所谓的玄学,里边名堂多了。

玄学真玄,我们伸手触摸它,会碰到历代中国士人都曾碰过的艰难。退而求其次,单从心理学的角度看,长啸有益于身心健康。日本有一家公司,发明了"大叫七声健身法",每天都叫,几百个职员在规定的时间里放开喉咙。这法管用,猝死在工作岗位上的人减少了。

史称阮籍"善啸",说明啸有讲究的,很多人学不好,不善啸。啸声能传递人的修养和境界吗?

嵇康也能长啸,啸声清亮,和阮籍的浑厚不同。刘伶欲作狮子吼,吼出来却像狗叫。向秀会突然中止,面容悲伤。王戎、山涛的啸声时有起伏,夹杂狂笑与悲声……七贤"聚啸竹林",伴随优雅或激烈的琴声。

竹林外的读书人竞相仿效了,见面不说话,盯对方盯半天,长啸一声,扭头便走。

绿林好汉聚啸,是模仿猛兽,要剪径、要杀人的。读书人长啸模仿谁呢?

乱世的读书人,胸中郁积了多少苦闷?

竹林七贤,个个有苦闷,却能在苦闷中抬起头来。

5

嵇康上山采石药,穿长袍,著木屐,来去飘飘然,砍柴的人呼为神仙。大隐士孙登破例和他讲话,对他的命运作了准确的预言,孙登说:你呀,才高而性烈……

城里有时尚,山中有隐士。隐士都是饱学之士,却过野人般的物质生活,藤条遮体,野果充饥,树洞里睡觉,悬崖边晒太阳。隐士通常也是名士,偶尔下山敲门乞食,农户猎户,一般要拿出好吃的,热情款待。魏晋时代的隐士特别多,通常一座山上好几个,像山中的土特产。

隐士和隐士不一样的,有人瞅着朝廷,有人想做神仙。

写下道教经典《抱朴子》的葛洪,就是那个年代的人,史称葛洪"为人木讷"。他云游四方,广东惠州的罗浮山,是他炼丹的仙山之一。我估计葛真人除了善于炼丹,也善于长啸。

到隋唐,啸声不大听得见了。以此反推,古人还有一些本领,现在失传了。

魏晋时代,各方面都有杰出人物,包括大书法家王羲之、医学大师华佗、张仲景。现在有专家证明,葛洪也是一位出色的化学家。哲人模样的军人,军人模样的政客,政客模样的商贾,商贾模样的侠客……城市与乡村,不乏他们的身影。日常生活则是花样繁多,挺好玩的。英雄受推崇,儿女情常在民间受表彰,男子能抹粉,女人可以昂扬……的确呈现了一种多元的生活景观,难怪历代讲魏晋的书堆积如山。

司马家族和曹氏家族,合作,斗争,再合作,再斗争。从时间上看,合作更长久。士人阶层极为踊跃,几乎重现先秦的景象。知识分子的话语得以进入权力的核心地带。而他们的生活方式又影响了全社会。

由于魏晋,也许我们有理由重新打量"乱世之乱"。从天下大乱到天下大治,这中间究竟会发生一些什么事情?

"中间"是个关键词……

我们再回到竹林。

司马昭的屠刀悬而不下,名士们和往常一样喝酒清谈,青青竹林,散落着诸贤的身影。他们也到别的城市聚会,到洛阳,到许昌。到处都有奇怪的文人,有酒鬼,有"愤青",有追星的"粉丝"。然而这七个贤人个个有才能,不断有人出去做官,嵇康并不干涉。竹林充满了自由气息,既有相同的志趣,又有个人的选择。

阮籍不让女儿做未来的皇后,却接受任命,做了一回东平相:一个诸侯小国的丞相。他和司马昭周旋,利用对方赋予他的权力为百姓做点事。他到东平(今属山东)第一件事,就把官府的围墙给拆了,弄得社会贤达不知所措——这不是乱来么? 当时,司马昭拼命拉拢各利益集团,颁行占田法,催生大地主;搞九品中正制,所谓"上品无寒门,下品无世族"。说白了,就是让穷人更穷,有钱的家族更有钱。门阀制度正在各地成形,"士族"与"庶族"拉开距离,甚至不通婚,前者称后者为"杂类"。阮籍看不惯,要改革,以拆掉官府围墙作信号,想搞平民政府。他破天荒戒了酒,拒腐蚀永不沾。可他的力量太小了,无异于以卵击石。

当丞相半个月,阮籍就滚蛋了,跑到当年刘邦项羽争雄的广武山长啸,然后长叹:时无英雄,使竖子成名! 他驾车在原野狂奔,见没有路了,痛哭而返。——他看见没路就哭,说明他心里缺少一条大路,和嵇康相比,他活得比较模糊。

阮籍回归竹林,多了一个特异功能:高兴了,对人翻青眼,不高兴翻白眼。这功能一直传到今天,只是不如他翻得彻底:翻白眼全是白眼。据说得他一回青眼不容易。他那宝贵的青眼,给男人少,给女人多。他写诗赞美女人:"念我平居时,郁然思妖姬!"他不仅思妖姬,还勇于做好色之徒。

他家邻居有美少妇,他没事就去磨蹭,套近乎,以青眼换来青眼。他喝醉了,居然能躺在美少妇的身边,更奇的是,少妇的丈夫也不吃醋。我猜测,阮籍是真能"好色而不淫","发乎情止乎礼",邻居非常了解他,不怕他一口吞了秀色。这类男人历代都有,几乎都是读书人,比如清末民初的英俊和尚苏曼殊。有个当兵的女儿才貌双全未嫁而死了,阮籍也不认识,却跑去哭灵,哭天抢地的,感动了许多人。

嵇康不好色,他吃石药,不像何晏是为了近更多的女色。他研究养生术,希望长寿,最好能活到几百岁。他到山洞里吃钟乳石,礼让大隐士孙登先吃,轮到他张嘴,钟乳石却凝固了。入夏他就打铁,浑身肌肉

发达,皮肤是漂亮的古铜色。如果他也裸体,一定不比著名雕塑《大卫》差。他夫人相貌平平,和诸葛亮的丑妻有一比,可他无意再娶。精神高扬的男子,有时不屑于日常享受,比如北宋的王安石。

嵇康和吕氏兄弟交情好,先认识哥哥吕巽,却跟吕安更投缘。吕安是竹林的常客,比山涛、阮籍来的次数更多。山涛字巨源,年龄最大,五十岁以后官运很好。王戎也是后来做上大官的,司徒,居三公之首。汉末搞垮董卓的、貂蝉的主人王允,就是司徒。王戎和向秀,三天有两天住在嵇康家里。刘伶家中没了酒喝,就咂吧着嘴唇朝竹林走来,远看像贴着地皮移动。他老婆一辈子跟他的酒瘾斗,《世说新语》轶事蛮多。比如为他设祭坛,叫他对天发誓再也不喝酒,可是一转眼的工夫,他已经喝光祭坛上的酒,醉倒在地下了。

竹林七贤,分别来自安徽、山东、河南。

6

有了前面的铺垫,我们得以逼近本文的中心事件。

吕安收拾了一块菜园子,当时叫"灌园"。嵇康打铁他种菜,劳动之余又一块儿研究养生术。养生的人,房事会减少,认为色这种东西是"伐性之斧"。这和彭祖的养生观念有区别,彭祖号称八百寿,他的养生四大术,房中术是其中之一。我居住的城市,四川眉山,既是彭祖的故乡,又是苏东坡的故乡。苏东坡晚年走的路子,和嵇康、吕安相似。吕安的老婆徐氏,姿色出众,千人挑一。吕安迷上养生术,把漂亮老婆晾在一边,伏下日后的祸端。

当时不搞选美,但美女名气很大,她们的美貌和政治及军事谋略搅在一起。貂蝉名列四大古典美女,其实她的容貌未必比得上袁绍的儿媳妇甄氏,曹操发动官渡之战,一大动机,就是为了她,可惜曹丕先下手把甄氏给抢走了,并且很快将生米煮成熟饭。

徐氏比甄氏如何?不好说,反正都漂亮,并且敢于爱,活出了女人的风采。甄氏做了皇后,宫中很贤惠。徐氏则敢于红杏出墙,寂寞风流身,潇洒走一回。

这要怪吕安。吕安不重视老婆的美貌,他哥哥吕巽就来重视了。

这个事关两条人命的变故,也是本文的两个中心事件之一,我们稍后再细讲。

嵇康与吕安情同手足,跟自己做地方长官的哥哥嵇喜,好像关系一般。他与哥哥道不同,难与为谋;他又是大名人,不肯沾哥哥的光,宁愿打铁挣钱。吕安也不喜欢嵇喜,阮籍则拿嵇喜做他的白眼试验,弄得嵇大人很惶恐,不敢踏进他家门槛。

嵇康打铁、养生、吃药,写了一本《养生论》,吕安十分推崇,向秀却有不同的意见,写下一篇文章《难养生论》。"难"兼有非难与批评之意,学生摆开架式,和老师展开讨论。嵇康认真推敲向秀的观点,写出《答难养生论》。激烈的学术讨论,却不伤和气。向子期踏入竹林十几年了,已经有了传世之作《庄子注》,令天下士人刮目相看。酒气弥漫的竹林,学术气氛也是蒸蒸日上。身体的放浪与精神的探险,呈现融合的趋势。

可惜竹林里的好时光不多了。

嵇康平时沉默,开口却要臧否人物:肯定这个,否定那个。这是性格使然,又是立场使然。他意识到这种危险,学阮籍遇事装糊涂,横竖装不像。史书记载:他"刚肠疾恶,遇事便发"。

苏东坡也是这种人,"性不忍事",为了言论自由,大半生被流放。统治者脾气大,文人脾气也大。

现在时机大致成熟了,我们来看本文的第一个中心事件:嵇康与山涛绝交。

山涛做了官,嵇康没说什么。山涛和司马昭集团合作愉快,嵇康心里就有点打鼓了,但他还是没说什么。刘伶、向秀有议论,他不动声色。好朋友出现变节的苗头,他一忍再忍,不希望这个影响甚大的小团体有分裂的一天。山巨源年长,论名气居老三,为人正派,性情温和,却一再跑到洛阳去为司马昭卖命。刘伶提到他,总是骂骂咧咧的。阮籍不说话,只管翻他的白眼。王戎却是不爱听,走到一边直视正午的太阳去了。——这个人也有特异功能,直视太阳眼不花,当时不少人验证过,并载入了史册。

王戎一直在寻找做官的机会,曹氏集团也好,司马氏家族也罢,他可不管这些。他是天大地大不如钱大的,七岁就有商品经济意识:"家

有好李,恒钻其核"——他卖自家好李子,坚持用锥子钻透李核,以免别人拿去做种。而通过这个令众人惊讶的动作,他又做了产品广告……他同样是知识分子,早年熟读经典,后来一味贪财。中国古代文人,王戎贪财第一。他是山涛的铁杆追随者,所以听不得刘伶等人对山涛发恶声翻白眼。

当权者施压,并诱之以利,竹林开始分化了。

山涛一心想做官,于是受重用。所谓用人不疑,疑人不用,阮步兵是疑人,山巨源可不是。钟会、司马昭是何等眼力的人,看人一看一个准。山涛在吏部郎的位置上迁升,推荐嵇康代替他,他心意是好的,却犯了原则性的错误。嵇康官俸少,年年打铁,而吏部郎薪水不薄,是朝廷选拔人才的一个关口,相当于组织部的要员。山涛举荐他干这有实权又有实惠的美差,究竟犯了什么错呢?

这类情形,要睁大眼睛才能看清。

第一:山涛不该向司马昭举荐。

第二:山涛触犯了嵇康的人格。

好朋友贵在相知,这么多年了,山涛还不明白嵇康的内心?嵇康若想图富贵,用得着山涛来举荐么?他哥哥就是大官。当初钟会来巴结他,普天下谁不知道?竹林小团体,贵在志同道合,阮籍也是大家族的贵公子,他怎么没干这种举荐的蠢事儿呢?如果嵇康放下铁锤,屁颠屁颠奔洛阳,向钟会、司马昭摇头摆尾,全国的读书人会怎么想呢?山涛这一招,是不是居心叵测?

应该承认,山涛的确犯了错误,而且是个低级错误。竹林诸贤,向来是心有灵犀一点通:弹琴、沉默、啸声相和。山涛跑出去,官场走动日久,把竹林精神给丢了。屁股决定脑袋,他的思想觉悟成问题,世界观成问题。也许他寂寞的时间长了,一朝得意,便向嵇康显摆。嵇康小他十几岁,年纪轻轻的,却是竹林领袖,领导里边的六个人,外面的无数人。山涛年近半百了,屈居其下,表面谦恭,其实心里很不痛快……

从各方面的资料看,山涛举荐嵇康的动作,着实有些令人费解。他是打入竹林深处的一个间谍吗?他是司马昭瓦解竹林的一名秘密干将吗?

这是历史上的一桩著名公案。它直接牵涉有骨气的读书人与政治的关系,所以流传甚广,解释甚多。

后人有个记载,透露出一点消息:嵇康有一把名贵的古琴,是他卖掉祖上的田产买来的。有一次,山涛假借喝醉酒,操起利刃剖琴,嵇康大怒,威胁以性命相拼,山涛才把刀子扔了。

嵇康为天下第一名士,山涛嫉妒他是可能的。而山涛进竹林,很难说不是拿竹林做跳板,以名士的身份跃入官场。

俗话说:日久见人心。

山涛荐嵇康,不是一次,而是好几次,时间长达两三年。可见他不达目的不罢休。嵇康一忍再忍,终于发作了。

王戎曾说:"与嵇康居二十年,未尝见其喜愠之色。"

竹林很悠闲,但嵇康对变着花样的政治高压保持敏感。他喜怒不形于色,是因为他清楚自己的秉性。立场太鲜明,他才不动声色。这说明他有自保的意识,"苟全性命于乱世"。孔明潇洒出山辅佐刘备,他的情况却不同:怎能轻易离开竹林,投靠乱臣贼子司马昭?

事实上,他已经给足了面子,而山涛不知趣,一荐再荐。

嵇康写下《与山巨源绝交书》。

价值观的巨大差异,导致好朋友反目。

古人把交友看得非常重,"君子交之以义,小人交之以利。利尽交绝。"圣人这段话,为交友定了调。从今天的角度看,义是公共利益,是构筑公共空间的核心。交朋友,适当的自利是可以理解的,但不能把对方当手段用。山涛这个动作,也夹带他的官场考虑:利用嵇康的名气和才气。一个动作有好几层意思,恰好体现山涛的风格,或者说,官场的风格。而竹下诸贤玄归玄,却是坦荡磊落。子曰:"君子坦荡荡,小人常戚戚。"小人为何常戚戚? 因为小人算计多。

嵇康在绝交书中说:"偶与足下相知耳。"

这句话,也把他和山涛长达二十余年的友谊定了调。既是谴责,又是自责:责备自己看走了眼。

嵇康又说:"足下傍通,多可而少怪。吾直性狭中,多所不堪。"山涛圆通,圆通的人八方占头;嵇康方直,很难与环境谐调。人,都是有个性的,所谓官场吃掉个性,是指为官者拿个性去换取利益。这几乎是个永恒的现象,但是,人的某些优良天性不灭。天性灭了,所有人都趋炎附势了,人这个物种势必流于整体平庸,在进化史上开倒车。试想:满城都是点头哈腰之辈,阿谀奉承之流,那是一种什么样的生活景观?

中国漫长的封建社会,人被权力所规定,所耍弄。规模庞大的、无处不在的权力,未能催生强有力的对立面。群体汹涌澎湃,杰出的个体难得一见。偶尔出来一个,很快被淹没。滚滚长江东逝水,吃掉多少豪杰。

何谓豪杰?维护社会正义、坚守人的优良天性的人是豪杰。

司马昭篡魏,不能和曹操篡汉相提并论。汉末,外戚与内侍专权导致天下大乱,曹操挟天子令诸侯,固然为他的家族,却也朝着结束战乱的方向。曹操的儿孙当皇帝,发展生产,严明法制,虽不如开国辈,却也歪歪扭扭走到"治世"的边缘。司马昭横着来一手,魏国内部又干起来了,血雨腥风,白色恐怖。曹家吃大亏,老百姓更陷于灾难。嵇康身为曹门女婿,他拒绝趋附司马昭,谁能责怪他不善于见风使舵?

事实上,很多人都责怪他。

山涛一再劝他远离竹林,就包含了这层意思。

山涛不明说,表面为嵇康着想。官场中人,这是常见的招数。

嵇康这封信把一切都挑明了。袒露自己的胸怀,揭开对方的伪装。他性耿直,但还是忍了很长时间。时间显示了他的宽容,作为精神领袖的宽容。实在忍不下去了,他才一吐为快。

他写道:"吾昔读书,得并介之人,或谓无之,今乃信其有真耳。"他紧接着解释,并介之人就是"达人",通达四方,讨好八面,有本事打通学术界和名利场。竹林里谈空谈玄,却瞅着朝廷的邪恶势力,一进一出,名利双收。

嵇康说:"足下无事冤之,令转于沟壑也。"山涛荐他做显官,是布陷阱,让他失衡,一头栽进沟壑。

嵇康说:"一旦迫之,必发狂疾。"

这个短句表明,山涛多半有强迫他做官的意图。他也是官,嵇中散,这官职却是曹魏宗室给他的。中散大夫和吏部郎之间,有个不可逾越的界限。这界限,标示他的道德底线。普通士人皆知,山涛偏要乱来,以友谊为幌子,破除这道底线。令他失掉地基,失掉方向感,最终,迫使他疯狂。

嵇康解读山涛的美意,读出伪装起来的狼子野心。

高人读高人不一般……

不过,山涛的意图,可能他自己都不大清楚。——嵇康这封著名信件,直指他的潜意识。

友谊走到这一步,绝交不可免。"处朝廷而不出,入山林而不返。"——从此分道扬镳,你走你的阳关道,我过我的独木桥。嵇康这封信一气呵成,首尾相呼应,是书信体散文的佳作。

一切佳作,都有喷发的态势,即使它文风平和。

信件公开了,官员士子都在紧张传阅。山涛被逐出竹林,在知识界一落千丈,从此铁了心奔官场。可是,没有资料表明,他曾向司马昭提供有关竹林自由言论的情报。

中伤嵇康的,又是钟会。

嵇康在信中的议论,使钟会得了把柄,小人一溜烟找领导去了。

司马昭听汇报微微一笑。他放过了嵇康,对绝交书中鄙薄周公、孔子的言论不予追究。不是不动刀,时机未到。

钟会弄不懂司马昭的微笑,闷头闷脑,想了好几天。

7

山涛事件后,又来了吕安风波。这是我们要讲的第二个中心事件。

吕安的漂亮老婆有外遇,和嵇康有间接关系。精神领袖魅力太大,吕安一天到晚往他家跑。徐氏空有一副风流身子,捺不住。吕巽请她喝酒,她去了,却喝成了交杯酒,卸衣解带释放风流。她是勇敢的女性,不怕礼教吃人。吕巽引诱她,她是明知山有虎,偏向虎山行。吕巽贪秀色,她也不甘示弱呢,脱光衣服变成老虎。事发,吕安怒不可遏。找吕巽算账,吕巽跑了。徐氏供出奸情,讲风流细节,俏脸也含着委屈,挨打一声不吭。

嵇康出面调解,他和两兄弟都是朋友。

然而恶人先告状,做哥哥的,反诬弟弟对父母不孝。这罪名不小,吕安下狱。吕巽欲效曹丕,将跟他有一腿的美妇人正式归为己有,徐氏坚决不从。她后悔了:和她在床上恣意寻欢的男人,原来是个小人,是

衣冠禽兽。

徐氏不顾山阳市民的围观,每天到监狱探视丈夫。

这是轰动一时的桃色新闻。

男女私通,并且是乱伦,当属大逆不道。可是官府不拿吕巽,反拿吕安,这中间有什么猫腻?

原来吕巽和钟会交好。

而钟会顶着骂名帮吕巽,意在激怒嵇康。

钟会想做大名士,嫉恨嵇康挡他的道。他十来岁就熟读《论语》、《周易》,是名门望族的天才少年。他的学术成就不在嵇康之下。可他两次造访嵇康都丢了面子,落得官场和学术圈的耻笑。嵇康一日不除,他就一日不痛快。知识渊博的读书人,也能一肚子坏水,历代都不乏这种人。可见读圣贤书,未必读出一腔正气。坏人读好书,说不定坏水更多。

嵇康果然被激怒了。事发之初,他作为桃色事件的调解人,好说歹说,总算把事情摆平了。三方当事人,服从他的调解。夫妻还是夫妻,兄弟还是兄弟。天下美女多的是,吕巽何必非要垂涎兄弟媳妇的姿色?吕安日后则多抽时间陪老婆,不能老往竹林跑。至于著名的美妇人徐氏,她知错就行。知错还是好女人,不必计较舆论:一帮礼教的卫道士闹得很凶,想把她永远钉在耻辱柱上。

嵇康是什么人?是读书人的领袖。他开了金口,山阳、洛阳的很多人都闭嘴了。卫道士闹归闹,却难成气候。

这件事表明,嵇康对朋友也是能够圆通的。这是他的可爱处。

然而吕巽生变,向朝廷告状了。这坏蛋心狠手辣。他想干什么?最终把徐氏弄到手?他是司马昭的人,钟会的人,近墨者黑。嵇康与他多年为友,没能看透他。这件事又表明,嵇康对朋友也是宽容的,没有审视朋友的习惯。他性烈才高,针对邪恶的统治者不屈不挠,朋友们中间却是通情达理和蔼可亲。

所谓看走眼,其实是有意无意忽略了一些东西。

这一忽略,后果严重了。

吕安被抓走,舆论又起高潮。嵇康一气之下写出第二封绝交书,不单官场和学界,连街头巷尾都在传播:嵇中散又写绝交书了!——这是桃色新闻的后续报道,吸引各阶层的目光。

绝交书不长,却画出了吕巽的嘴脸。

嵇康不写则已,一写必定是穿透性的。

他三言两语抖出事件的真相,末了写道:"无心复与足下交也。古人绝交不出五言,从此别矣。临书恨恨!"

嵇康此信,不止五言。他已经说得够多了。

临书恨恨!——可见他落笔时的情绪状态。

绝交信发出去,却收到一纸逮捕令,嵇康蒙了。一个意外没完,更大的意外从天而降:他斥责吕巽,竟然犯了罪。

吕巽乱伦,触犯礼教。吕巽逍遥法外,嵇康却栽进大牢。

司马昭之心,嵇康未能看透。前后两封绝交书,使他靠近了断头台。他影响太大,所以非死不可。司马昭下令查办,钟会罗织罪名。读书人加害读书人,别出心裁,不治嵇康的言论罪,却说他有过谋反的意图。——几年前一个叫毋丘俭的军人反叛朝廷,嵇康欲响应,被山涛阻止了。这是诬陷,但罪名成立。几年前的事,谁也弄不清,嵇康是曹操的孙女婿,谋反是可能的。唯一能证明他无罪的山涛一声不吭。

吭声也没用。嵇康死定了。

如果他在狱中写一封检讨书,保证以后不乱讲,他就有出狱的可能。狱吏探他的口风,他一言不发。狱卒议论说:这人一根筋,只会写绝交书,写不来检讨书……

嵇康写《忧愤诗》。有记载说:他夜里能睡着。

大墙内外传开了:嵇中散视死如归!

青年们激动了:三千太学生(官办最高学府称太学)集体上书,慷慨激昂,要和嵇康一起坐牢。洛阳、许昌的士子蠢蠢欲动。

司马昭觉得好玩:秀才想造反?

强大的曹氏家族都被他诛杀殆尽,一介书生岂在话下?

上书的,求情的,议论的,反而使他手中的屠刀增加分量。他杀人如麻,杀嵇康这种人,多少有些新鲜感。不知好歹的、舞文弄墨的读书人,该闻闻血腥气了。

屠刀挥向笔杆子……

砍头的日子到了,时间是午时三刻。犯人看见太阳升起,却看不到太阳落下了。

这一天,嵇康破例穿得很漂亮:一袭丝质的草绿色长袍。以前他吃石药,因发热和皮肤敏感,常穿旧衣裳。再说他经常打铁,穿戴很随意。今天不同,他要尽显"龙章凤质"。刑场也是舞台,他将完成他的生命之舞。脚下是厚厚的木屐,走动响声清脆,富于节奏感。他本来就高大挺拔,穿长袍与木屐,越发像个绿色巨人。围观的群众里三层外三层,史料说超过一万人。其中名士数百,官员数百,族人数百,太学生三千……嵇康面无惧色款款上路:午时三刻踏上黄泉路。他研究养生术,二十年节欲,劳动,形体非常标准,面如美玉。这样一个男人,即将身首异处,血从颈腔喷出。多么难得的大脑:他读了那么多书,想了那么多事儿。他对家人好,对朋友讲义气,坚决不肯附逆,不做乱臣贼子的理论工具。死就死吧,没啥了不起。"为狗爬出的洞敞开着……"七尺八寸的美男儿,怎能弯下高贵的身躯?

名士可不是浪得虚名,名士走向断头台,照样风度翩翩。

魏晋风度,嵇康推向了极致。

这一天有太阳,《晋书》讲得很明白。嵇康的绿袍反射阳光。哥哥嵇喜来了,十岁的儿子嵇绍没来。嵇康把儿子托付给山涛,显示出他临死前的冷静:唯有跻身权力核心的山涛能保护嵇绍。他的死,山涛难辞其咎。山涛对他有负罪感,会对他儿子好的。这一次,嵇康没看错。

嵇康死前能弹《广陵散》,表明他的确是个特殊的犯人。《广陵散》是叙事性的古曲,始见于东汉,讲战国时代的刺客聂政刺韩相侠累。聂政与荆轲齐名,均载入《史记》。壮士一去不复返,聂政死时自毁其面。《广陵散》高亢激烈,抒情处婉转低回,是当时的第一名曲,更是嵇康的绝活。临死演奏,绝活变成绝响。古人弹曲子,和今天是两回事,除非胸中涌动着相似的东西,否则不会随意弹奏某种曲谱。嵇康视《广陵散》为圣物。悲怆的音乐竟然书写了他的命运:谋反与刺客差不多。

一代名士的最后风流,注入《广陵散》。琴音丝毫不乱,像《空城计》中的诸葛亮。围观群众受青年学生的影响,纷纷挥泪、饮泣。有学生望天号啕,而空中乌鸦乱叫。

《晋书》载:"康顾视日影,索琴弹之,曰:'《广陵散》于今绝矣!'"

其实,《广陵散》至今犹存,只是在聂政的形象之外,加上了从容就义的嵇康。

《晋书》又说:"海内之士,莫不痛之。"

《晋书》是官史,却写下了这一句,可见当时的局面容不得他搪塞、作模糊处理。不过作者补上一个关键句子:"帝寻悟而悔焉。"——晋文帝司马昭不久便后悔了。官史的谎言,由此可见一斑。司马昭在嵇康死后,称赞大名士并表示悔意是可能的,但这能说明什么呢?说明政客杀了人,还要利用死者的名声。

第二年,钟会死于乱军中。他以"镇西将军"之威,提十万大军攻入成都灭了西蜀。他陷害邓艾,拉降魏的姜维暗暗扯起反旗,被司马昭识破,被他的部将乱刀砍死。刚好四十岁,和嵇康一样。

司马迁说:"人固有一死,或重于泰山,或轻于鸿毛。"

嵇康的死重于泰山,钟会的死轻于鸿毛。

吕安也被杀掉了。他是桃色事件的直接受害者,又牵涉礼教,如果不是因为嵇康,他的死将有轰动效应。他漂亮的老婆徐氏终身守寡。吕巽又去招惹她,她不为所动,连斜眼都不给他。而吕巽碍于舆论的压力,终于没敢施暴。他是仕途中人,对"生活作风问题"并不是毫无顾忌。

嵇康和吕安结伴西去。生前他们研究养生,曾相约至少活过一百岁。

8

山阳嵇康家的竹林依然在,林下诸贤却散了。

中国文化史,"竹林七贤"成了一个符号。它又是句号、惊叹号和省略号。

嵇康被恶浊势力杀死,一腔正气化为清气,一腔热血化为长虹。中国古代的知识分子,"杀身成仁"的例子不难寻。

大权在握的人,赢得了一时,赢不了永久。司马家族空前壮大,可是邪气太多、恶气太盛,内部打起来了,"八王之乱"(参见《晋阳秋》)一打就是十六年,司马见司马举刀就杀。很多赐姓司马、炫耀新贵的人都遭了殃,灭门灭族。两晋持续的时间并不短,由于连年战乱,司马姓氏"杀"成了小姓,比它推翻的曹氏家族差远了。

司马家族倒霉事小,国家陷入纷争、割据事大。中国历史,两晋是少见的黑暗期。

而魏晋玄学发展到后来,渐渐被权力所规定。比如郭象也有一本《庄子注》,将朝廷高官和山野隐士合而为一,为一面安享富贵、一面大谈清高的豪门大族正名。老庄扭曲成官方哲学,供统治者日夕把玩。豪强的价值观统摄社会,多元的生活景观消失了。

人,被规定为封建权力的对立面。自由精神像流星划过。

要么当大官,要么被大官蹂躏……

当时的小官很难做,因为利益都被大官占了去,"胜者通吃"。小官的头等大事,就是挖空心思去巴结领导。

小官尚且如此,老百姓更惨了。

嵇康死后,山涛、王戎相继做上大官,山涛官至吏部尚书、司徒,王戎官至司徒。他们的书也没有白读,学问转化为进退之道,在当时异常复杂的官场中伸缩自如。山涛的谋略是不断辞职,越辞级别越高;而王戎善于装穷,装糊涂,故意闹出很多笑话,为他大肆敛财作掩护。他弄了很多钱,自己并不花。这令人联想今天的某些官员。他和老婆关系好,成语"卿卿我我"一词是因他而起的。

山涛活到八十岁,王戎活过了七十岁,两人都长寿。他们精通老庄,对实际的人生有帮助的,比如静观的能力,自保的能力,养生的能力。老庄思想从"虚无"出发,本来就包罗万象。朝实用这个方向走,道家并不输儒家。倒是后者,盯着权力做文章,总是陷于恶性循环,无力显现权力的本质。

思想有它自己的地盘,不该是封建权力的附庸。

可惜魏晋思想,终于未能形成自足的局面:权力巨大的吸盘把它吸过去了。魏晋风度,作为对人的丰富性的一种罕见的阐释,未能流布后世,进入中国人的日常生活。它所影响的,只是一些杰出的个体。

山涛为官还算正直,他对嵇康的死始终抱着负疚感。嵇康的音容笑貌,一辈子挥之不去。嵇康的亡灵始终注视着他,对他的行为有约束。而王戎没有负疚感,活得轻松自在。他也怀念竹林,崇拜嵇康的绝世风采。嵇康的儿子嵇绍长大了,又是一个风度翩翩的美少年,时人誉为"鹤立鸡群",王戎说:嗬,你们没见过嵇绍的父亲嵇康,那才叫风度!嵇绍性耿直,内心和外表,都像他父亲的翻版,也是壮年死在司马家族的屠刀下……

阮籍继续狂饮,写下大量咏怀诗。他儿子想学他放浪形骸,他加以制止,说有侄子阮咸继承就够了。他长居洛阳,有时跟着军队走,却常常停下,望着山阳方向长啸,泪如雨下。阮籍大半辈子学老庄、官场装不完的糊涂,还是要动感情。

阮咸一生放浪招惹是非。他仕途不得意,却成了音乐大师。

竹林萧条了,向秀独自去凭吊,感慨万端。当年那棵柳树还在。往事历历在目:嵇康打铁他鼓风……他写下著名的《思旧赋》,刚开头,却忽然结了尾。鲁迅说,他年轻时不懂向子期为何这么写,但后来他懂了。人间多少事,欲说还休。向秀对嵇康和阮籍的思念诉诸沉默了。

人不言,竹林深处的风在诉说……

刘伶把自己跟美酒牢牢地拴在一起,每天喝得东倒西歪,有时口中念念有词,却是他惟一的大作《酒德颂》:"有大人先生……行无辙迹,居无室庐,幕天席地,纵意所如……有贵介公子,缙绅处士,怒目切齿,陈说礼法,是非锋起……先生于是兀然而醉,怳尔而醒。静听不闻雷霆之声,熟视不睹泰山之形。不觉寒暑之切肌,利欲之感情。俯观万物,扰扰焉若江海之载浮萍。"刘伶门第卑微,一生做小官,戏称自己为大人。与之相对应,公子,大官,左右逢源的士子,则为小玩意儿。蓬雀安知鸿鹄之志?

这高士兼酒鬼醉得多么可爱。陶渊明、苏东坡、欧阳修,得其真传矣,虽然东坡先生酒量不大。刘伶没灾没病到晚年,并未喝成酒精肝,像今天很多一日三顿酒的乡下老汉。《晋书》为他作传,空前绝后的用了四个字结尾:"竟以寿终!"

刘伶以寿终,史官居然想不通……

过了一百多年,文名甚高的颜延之写《五君咏》,将山涛和王戎剔出去了。但历代更多的史家、文论家,还是讲竹林七贤。这个赫赫有名的知识分子群体,总的说来,是独立性人格多,依附性人格少。

竹林的自由气息,以文学经典的形式昭示后来人。

9

现有《嵇康集》,鲁迅辑校。现当代的版本,不下数十种。嵇康的两封绝交书以及他叫板孔子的《管蔡论》,在文学史思想史均占有一席。他也写诗,写于狱中的《忧愤诗》载入各种文学选本。另外他谱曲,和东汉大音乐家蔡邕齐名。两人的作品合称《蔡嵇九弄》,在隋朝是取士的重要标准之一。他的音乐论文《声无哀乐论》,对音乐充满了奇思妙想,竭力让这门艺术自成规律,脱离皇权礼教的规范。他具有多方面的修养,是一个活得非常认真的男人,深入老庄的虚无,却能开出结实的花朵。他留给后世的,主要是他的人格形象,他那鲜血喷射的行为艺术。

作为文人,阮籍的影响更大一些。《咏怀八十二首》开咏怀诗的先河,对陶潜、对李白、杜甫有很大的影响。阮籍的五言诗继承《诗经》和两汉乐府,读来明白晓畅,比兴手法随处可见。所谓承先启后,阮籍当之无愧。他谈玄,研究玄,诗中玄气可不多,倒是弥漫着酒气。当时达官贵人相互酬唱、盛行一时的玄言诗,在阮籍的作品中很少见,可见他参透了玄机,反而不以玄言入诗。

竹林诸贤各有辞赋,都是"小赋",表达真情实感,语言也活泼。堆砌辞藻的汉赋,看不出对他们有恶劣影响。他们也提司马相如,提扬雄,主要羡慕其生活艺术。比如相如好色,阮咸视他为知己。他们共同的爱好是玄学。

关于玄学,容我饶舌几句。

我读到的文学史,一说老庄就说消极避世,但恐怕不那么简单。老子、庄子,即使不承认中国有哲学的学者,却也承认他们巨大的思想力量已通向哲学,虽然还不成体系。古希腊有句名言:哲学就是爱智慧。西方哲学的基本问题贯穿两千多年,中国没有这个,很多开端性的思想,仅仅是个开端,被儒家的"一言以蔽之"给蔽掉了。然而爱智慧是天然现象,海德格尔说:人活着,总会有某种哲思。他又说:以实用的标准来衡量思想,等于以鱼在岸上存活的长久来衡量鱼的价值。

其实,实用分两种:眼皮子底下的实用和长远意义上的实用。哲学于后者,显然有大用。以海氏本人为例:他在上个世纪二十年代,就对今天的消费主义、技术主义,作了相当精确而深刻的把握。

玄学活动于思想的内部,由自身的力量所推动,寻找着喷发点。如同柏格森所言:远古生物在获得视觉能力之前,想必有一种"看"的模糊冲动。玄学不易懂,易懂就不会谈上几十年几百年。我几年前写苏轼,发现他谈玄很厉害:几天几夜跟朋友对坐而谈,毫无倦意。他写庐山的诗,"横看成岭侧成峰,远近高低各不同。不识庐山真面目,只缘身在此山中。"就有玄言诗的味道。苏轼是非常生活化的大文豪,他的玄趣值得研究。生活中我们常说:这句话很玄,那个人很玄……对山里的老农来说,城里人谈论的很多东西都是玄谈。这中间,有生活情境的差异,更有思维能力的差异。胡塞尔的现象学够玄了吧?可它影响了全世界。禅宗玄之又玄,却是中国思想史一大景观。魏晋读书人谈玄,想必闪烁着为数可观的思想火花,可惜后世不少学者,一味把它视为消极,比如明末的顾炎武、清朝的钱大昕、民国的林语堂。

魏晋风度和政局有关,却分明逸出了政治,从思想学术和行为艺术两个方向,把人推向新境界。有失败不要紧,这样的失败朝着成功。如同嵇康的死,死得光芒四射。

另外,魏晋士人对身体、对情绪的极端状态的体验和探索,值得今人深思。中国古代思想史,身体是个盲点。身体是"政治的身体",随权力的高压或放松而消长起伏。而这种模式又覆盖了日常生活,老百姓忽而禁锢身体,忽而放纵身体,导致很多人性的悲剧。西方人不这样,他们研究身体由来已久。比如萨特和女人睡了觉,很快针对他的艳遇转入理性分析,上升为哲学思考。《存在与虚无》,有大量探讨身体的篇幅。弗洛伊德考察欲望是众所周知的。海德格尔对情绪的研究可谓登峰造极。而福柯的尊容像个光头党,很难想象他是全球屈指可数的人文大师之一。

魏晋士人拿自己做试验,突破政治的藩篱。佼佼者如嵇康,把生命都搭进去了,所以我称他们为魏晋时代的行为艺术家。

尼采说:艺术是生命的兴奋剂。

海德格尔进一步说:艺术是拯救现代技术的惟一途径。

竹林七贤,个个活得精彩,几乎堪称艺术大师。真该有人为这个群体写一本几百页的精彩传记。

一千七百多年前的竹林,对今天的读书人有启迪吗?

自由思想,学术氛围,人格魅力,行为方式……

我所熟悉的川西坝子,竹林随处可见。苏东坡写诗说:宁可食无肉,不可居无竹。现在人人能吃肉,是件大好事,但活得过于肉身化,精神下坠,好事就变成坏事了。古代中国文人,想这个问题想得很透彻。问题本身想透了,却又导致更大的问题:如何从书本走到民间?我听说法国普通人家吃大餐,边吃边谈抽象的东西。他们有很好的传统:打通了抽象和具象。所以他们有能力把日常生活变成艺术。

我们的文化积淀,始终是少数人的精神专利嘛?

现在人人识字,很多人不读书。不读书只看报,怎能活出新境界?蒙昧的人,难以摆脱低级趣味的人,单靠动物本能打发一生的人,老实说,前景不妙。

怎么办?读好书扩大视野,也许是惟一的办法。读书也是读人,古今中外,多少伟人、高人、好人以及与之相应的小人、庸人、坏人。

一面读,一面生活着,朝着人的丰富性,而不是物质时代易犯的单一病和贫乏病。美国的大教授马尔库塞写过风靡全球的《单面人》,专门研究这个伴生于工业革命的大毛病。而我们的庄子早就说过:"物物而不物于物。"意思是说:驾驭物质,而不是被物质所操控。马克思讲的异化,也包含这层意思。

庄周此言,哪里是什么玄谈,今天的现实,太多地证明了他在两千三百多年前的洞见,分明是一句大实话。

但愿魏晋风度不死,竹林精神常在。

竹林诸贤放浪形骸,在今天看有佯狂的成分,但不能以佯狂加以一概抹杀。任何时代都有它的特殊氛围。人在氛围中,如同人在特定的地理环境中,不受影响是不可能的。比如你走进一个会场,也等于置身某种气场,那气氛扑面而来,会使你产生变化。所谓气定神闲,也是一种变化,是你面对会场气氛调整心态的一种结果。由此可见,人,总是时尚的人,只是程度有所不同。大师们能越过时尚,这"越过"却已将时尚包含在内。

好了，打住吧，我们走到玄学的边缘了。

魏晋士人吃药、饮酒、弹琴、好色、裸体、玄谈、长啸、沉默……怪异的思想和行为成时尚，受舆论抨击或表彰。读书人一旦有怪异举动，立刻传遍全城，假冒伪劣在所难免。比如那个拔剑砍苍蝇的书生，他正读着书，有苍蝇扰乱他，他跳起身，挥舞长剑追赶，口中叱咤有声，追过了两条街，从此名声大振……

凡此种种，须仔细辨认。包括对被称为传媒时代的今天。

真狂和佯狂都会过去，士风、民风、文风，按照某种目前未知的规律，画出变化的轨迹。到东晋，一个真心向往平淡、并在平淡中发现了巨大美感的伟大诗人横空出世，他的名字叫陶渊明。

2006 年 12 月 30 日

陶渊明
（东晋 365—427）

中国历代辞官者，数以千万计，唯有陶渊明，将朴素的欣悦，通过朴素的语言表达得淋漓尽致。官场内外，朝堂民间，所有尚存良知与美感者，都会感谢他。是他，确立了人性的价值，审美的价值。他是中国的头号乡村歌手：房前屋后皆风景，一草一木亦关情！

陶渊明

苏东坡何许人也？不说国人对他的评价，法国《世界报》评选全球范围内的"千年英雄"，涉及政治、军事、文化、宗教诸领域，选出十二位，苏东坡是惟一入选的中国人。

那么，陶渊明又是什么人呢？他是苏东坡最崇拜的人。东坡先生提到他，永远是学生的口吻："渊明吾师"、"欲以晚节师范其万一"。陶诗109首，东坡每一首都唱和了。在东坡看来，李白、杜甫还在陶渊明之下。苏东坡这种境界的人，尚且从陶诗中获得巨大的精神养分，我们今天怎能错过？我们错过了陶渊明，岂不等于俄罗斯人错过普希金、英国人错过莎士比亚、德国人错过荷尔德林？

中国大诗人多，这是我们的福分，我们显然不能身在福中不知福。一个真正开放的时代，既是面对世界的，又是面向传统的。忙着与世界接轨，将传统一脚踢开，这样的心态该告一段落了吧？大约二十年前，某大报有个醒目的标题："诗人是商品经济的怪物。"时隔整整一代人，我们是否能反过来说：商品经济是诗意的怪物？两个怪物在特定的历史时期碰头了，不打不成交，彼此学会包容，和平共处。我们的商品琳琅满目，我们的生活诗意盎然，所谓开放时代，二者缺一不可。

我个人对陶渊明的兴趣，也是由来已久。其诗，其人，触动我已近三十年。今天手捧陶诗，仍是怦然心动，如遇美食，如见佳人。我很想写一本传记体的小说，取渊明先生的自传标题：《五柳先生传》。渊明先生说："宅边有五柳树，因以为号焉。"

德国的哲学大师海德格尔，称荷尔德林是"诗人中的诗人"，我们能不能套用到陶渊明身上去呢?

对陶渊明的人格的赞美,千百年来绵绵不绝,概而言之三个字:真性情。他究竟"真"到了何种程度,令数不清的大学者大文人对他顶礼膜拜?

而由于评判标准的差异,人们对渊明的评价,反差也很大。和其他杰出人物一样,他也被符号化、变得云遮雾罩,并且逸出文坛,影响政坛,波及商界及社会生活的方方面面。这究竟是怎么一回事儿呢?

陶渊明生平简单。简单蕴涵着丰富。

海德格尔讲尼采,涉及尼采生平,只用一句话:他出生,他工作,他死亡。其实尼采生平,足以写成一本厚书,有些章节饶有趣味:他和音乐家瓦格纳争夺美女的故事,让许多人津津乐道。包括尼采为何发疯,也是读者的兴趣所在。但这些事儿,不足以进入海德格尔的视野。大师讲大师,严格限于思想进程,《尼采》一书长达一千多页,不重复,不拖沓。译者孙周兴先生感慨地说:这就是大师做派!

我们是仰望大师的人,而能够仰望,已值得欣慰。

持续的仰望,让我们略去生活中的鸡毛蒜皮,藐视生活中的低级趣味。

文人和哲人有不同。哲人如同高居云端,而文人归属大地。文品与人品,联系比较广泛。文人的生平、生活,应当被纳入视阈。不过,这里也有分寸。

我手头的几本陶渊明传记,讲官场,讲时代背景,花去大量篇幅。结果是:传主本人倒显得有些模糊。我不知道这是不是国内传记类作品的通病。

写文人,文人就是主题,他身后的时代不应该罩住他,覆盖他。背景放大了,人就缩小了。比如我们常见的、写在教科书的"文学规律":文学形象服从于、服务于他的时代。

文学是研究人性好呢,还是展现时代好? 这是一个问题。

换言之:文学是自律好呢,还是他律好?

言归正传。

陶渊明生于东晋哀帝兴宁三年(365年),五十多年后东晋亡,刘宋立,是为南朝时期。渊明一生遭遇乱世,军阀打仗不消停,豪门大族不可一世。历史教科书,留下了桓玄、刘裕、谢安、司马道子这些名字,本文不打算为他们花费篇幅。渊明生前对军阀与豪族避之惟恐不及,我们没理由对这些人喋喋不休。

他在诗中写道:少无适俗韵,性本爱丘山。

韵是气韵、气质。人事高度扭曲,丘山倍显自然,所以他"爱丘山"。这三个字,是他一生的写照。

与之相对的"适俗韵",他心里很清楚。除了耳闻目睹,他还亲身经历过。这相异的两种人生情态,贯穿了他的全部诗篇。在这个意义上,我们不妨说,他写自然就是写人世。

没有纯粹的田园诗人,田园之为田园,乃是尘世的"他者"。今天,不是有学者力倡:乡土中国应该是城市中国的参照吗?

几千年的乡土,几十年的城市化……这是一个沉重却不容回避的话题。

陶渊明的出生地,是浔阳郡柴桑县(今江西九江),一个叫上京里的地方。江西山水如画,今日古风犹存。柴桑是浔阳郡府所在地。上京里(一说栗里)离柴桑城很近,那儿有渊明老家,也是族人聚居地。他的曾祖父陶侃,原是庶族,靠个人奋斗当上大司马。

东晋,司马氏王朝失去中原,偏安江南。王室虚弱,权臣互斗,豪强并起,几股力量大拼杀。陶侃有十七个儿子,大部分是武将,他们又互相残杀。族人要么成敌人,要么为路人。渊明这一支,呈衰败之势,他祖父陶茂虽然做过武昌太守,但正史无传。他父亲陶逸也当过太守,时间很短,死于他八岁那年。母亲孟氏,大将军孟嘉的小女儿,贤惠有佳名,她活到渊明三十七岁那一年。上京里的老宅颇具规模,有他的诗为证。但他父亲也没有留下多少遗产。到他这一辈,家境每况愈下。"家无仆妾,藜菽不给。"藜菽指粮食。

看渊明的家族史,我们就不难理解,他为何要几次跑出去做官。魏晋时代,家族、门第的观念是代代相传的集体潜意识,深入血液的。家族的重要性,甚至高于个体生存。如同近现代的欧洲,某些贵族尚有标志家族荣耀的徽章。

我们应当理解,渊明是在什么样的背景下反抗门第观念。

他一生搬过好几回家,主要是避战乱。浔阳是当时的兵家必争之地,打过两次大仗。渊明讨厌战争,写诗只字不提。

离柴桑稍远,有个园田居,渊明中年住过。更远的地方叫南村的,几间茅屋,是他举家避浔阳战乱之所。到五十岁左右,他又搬回有儿时记忆、有先人遗存的上京里。几十年过去了,老宅风雨飘摇,他度过生命的最后时光,死于贫病交困,享年六十三岁。

有人说他只活了五十几岁,但更多的学者不同意。细致而客观的考证中,不难看出学者们隐匿着的感情。我写此文也不例外。杰出的人物,越长寿越好。

我们不妨记下这三个地名:柴桑境内的上京里、园田居、南村。这是伟大的诗人生活过的地方。他影响了后来所有的大诗人。没有他的富有开创性的揭示,中国的山山水水不可能呈现今天的这种美。

他告诉我们,山水之美,不在乎名山大川。赢得审美的至高境界,房前屋后皆风景。屈原了不起,但屈原描写洞庭湖的诗难懂。陶渊明的诗歌语言,在平淡中见功夫,所谓大巧若拙,大象无形。他的很多传世诗篇,不大读诗的人也能懂。

他的日常生活很随意的。他有修养,有操守,然后他随意。这种随意,不是生活中的随随便便。看不惯官场的污浊,他掉头就走。苏东坡钦佩他,是因为东坡本人做不到这一点,"屡犯世患","九死蛮荒",却不曾须臾脱离官场。当然,北宋和东晋不一样的,东坡为官,尚能为百姓做事。而东晋的官僚敛财很厉害,又摆不完的臭架子,官大半级压死人。不敛财成不了大族,不摆架子显不出高贵身份。官场风气如此,好官难做。而军阀开战,好官坏官都有性命之忧。

渊明写诗也随意。柴桑离庐山不远,他并未跑到庐山去,写下一组五言诗。他所描写的,都是身边风物,寻常景观。苏东坡钦佩他,是因为东坡深知抵达这样的艺术境界有多么难。李白、杜甫,包括东坡自己,写了多少名山大川,却只是接近了陶诗的境界。民国初年的国学大师王国维,在他的杰作《人间词话》中,讲诗歌的最高境界:物我两忘,诗人与自然浑然一体。而陶渊明,堪称"无我"之境的第一人。

为人生而艺术,为艺术而艺术,渊明两者都不是。对他来说,诗歌等于天籁。写诗如同喝酒,是日常生活的一部分。不喝酒难受,不写诗同样难受。事实上,酒与诗,伴随他的一生。

法国画家高更,在塔西提岛上画画,和土著打成一片。陶渊明在柴桑,和农民打成一片。他下地耕种可不是为了体验生活。他是地道的农民诗人,又拿锄头又拿笔。一年四季,田野上都有他的身影。

　　他先后娶过两个妻子,生下五个儿子。家道艰辛,老婆要下地的。为生计,他"投耒去学仕"——放下农具奔官场。从二十九岁到四十一岁,十三年的时间里,他曾四次出去"学仕",学得很别扭,"学习成绩"始终上不去。最后一次当县令,只当了八十多天。他当官太难了,活得越本色,曲意奉承越艰难。古代官场的铁律:要做老爷,先当孙子。陶渊明也有委屈自己的时候,只不过忍耐有限度,上级要他做孙子,他把官帽一扔扬长而去。

　　一再奔官场,正是渊明的可爱处。他的家庭责任感,由此可见。他不指望重现祖先的荣光,却想方设法要让家人维持小康的生活局面。责任与个性,是一对矛盾。有人含辱忍垢,当孙子,熬到做老爷的那一天,又拿别人当孙子。历代都如此,所以是正常现象。而批评这种现象,也属正常。写文章,不至于颠覆历史,因小人数量多就把小人写作楷模吧?

　　陶渊明并非坚守个性,个性本自然,像一朵花一棵树,它的生长习性就是那个样子。有弯着长的树,也有笔直的树,有不惧风刀霜剑的花朵。毋宁说,乱世中的渊明几次出去做官,倒是想适当调整一下个性。高更不结婚,可以由着性子来,陶渊明办不到。

　　渊明所谓真性情,有他的特殊性。他是在特定的生存境域中显现为真的。这一点,须仔细辨认,不可失之简单化。

　　人到中年,几番"学仕"失败,他才看透了。不单是看透官场,他也看透自己。像他这样的人,不归是不行了。"田园将芜胡不归?"他归到上京里,归到园田居。前者为老宅,后者有他家的田产,学者考证有十几亩。后来发生的一些事,他没料到,比如园田居失火,房子烧光了。又遇灾年,逢兵乱,他穷得断酒,饿肚子:

　　饥来驱我去,不知竟何之。行行至斯里,叩门拙言辞。

　　这已经是辗转乞讨了,又饿又羞怯的情状溢于言表。何之:哪里去。行行:走了又走。斯里:这里。估计他走到离家很远的地方,敲门尚且拙言辞。而当初辞掉彭泽县令,他没想到会沦落到这种地步。可他的五个儿子都活下来了,他为父是称职的。他异乡乞讨,讨回来的粗食分给五双小手。

战乱赋税高,种田人朝不保夕。渊明一生,饿过三次肚子,分别是青年、中年和暮年。短则半月,多则半年。

有个日本学者,名字我忘了,断言陶渊明隐在乡下而心系名利场,这是胡说。魏晋隐士,确实不乏借"隐"扬名、从山林跃入官场之辈,但问题是:陶渊明根本就不是什么隐士。《晋书》将他列入"隐逸传",取的是官方立场:有才华有名望的人,他不在官府里,他就是隐士。还有一种隐士,官当够了,钱捞足了,搬到乡下去,迈起四方步,摇头晃脑念几句古诗。陶渊明的诗中提到过隐士,可他的《咏贫士》、《咏荆轲》、《山海经》"不是更多吗?他过的是普通人的日子,官场待不下去就回家种地,是后人把他捧到"隐逸诗人之宗"的牌位上去。他变成木偶了。

我们品读他,就是要还原他的本相。

我读他近三十年,从来不觉得他是隐士。他为夫为父,他奔走官府,他躬耕田地,他爱酒爱美女,他体验疾病与死亡,他巴望儿子有出息……世俗的东西他样样不缺,他也不炼丹,不辟谷,不学长寿术,反对当神仙,凭什么说他是隐士?

当时有"浔阳三隐"之说:浔阳境内的三个县令相继辞官归田,渊明是其中之一。但我们不必对这类说法过于当真。那个年代,隐士的帽子满天飞,陶渊明当过县令,辞官归家,隐士的帽子就飞到他头上了。如果他质量小,他会以此炫耀;如果他想沽名钓誉,他会拿这顶帽子做足文章,有朝一日东山再起跳回名利场。而事实上,我们发现他从未以隐士自居。帽子发给他,他也接过去,随手一搁,不知放哪儿去了。

品读陶渊明,这也是关键处。这些地方,尤其需要"思想的细心。"

渊明的生平,我们先说到这儿。后面展读他的诗篇,再来打量他弥漫在诗中的、激动人心的生存细节。

渊明的著名诗篇,大都写于他四十岁以后。此前他的人生要务,还是养家糊口。青壮年,他有鲁迅所谓"金刚怒目式"的句子:刑天舞干戚,猛志固常在。刑天是神话中敢与天帝斗的断头勇士,干为盾,戚为长柄斧。古代汉语,这些都是常用字。鲁迅自己是斗士,所以偏爱这两句。可是生逢乱世,渊明如何舞干戚呢?倒不如说,"猛志"内化为桀骜不驯的个性,并"常在",一辈子改不掉。

渊明二十九岁初入仕,为江州祭酒,属于州府的普通办事员。《晋书》说他:"亲老家贫,起为州祭酒。不堪吏职,少日自解归。"这段话表明,他年轻时,家里的经济状况就不好,做小吏仰人鼻息,没过多久回家了。第一次"学仕",几乎交了白卷。州府又叫他担任主簿,属秘书类的差事,写官样文章,整天炮制假大空的东西,他没去。主簿官职卑微,却离领导近,可以做跳板。不少年轻人想去但去不了。渊明在祭酒的位置上"自解归",领导派人来叫他,让他干秘书,他婉言谢绝了。看来,领导把他辞官的举动理解偏了。

这一年,长子陶俨出生。次年,妻子去世,可能死于营养不良。渊明三十一岁,继娶翟氏。这是一个勤劳而健壮的女人,读过书,能持家。萧统《陶渊明传》说:"其妻翟氏亦能安勤苦,与其同志。"萧统是《文选》的编著者,对魏晋及魏晋前的文学史贡献很大。《南史》亦说:"其妻翟氏,志趣亦同。能安苦节,夫耕于前,妻锄于后。"古人用词很讲究的,"志趣"二字,说明翟氏不仅勤劳,而且与丈夫趣味相投。家庭生活是和谐的,苦中有乐。如果她抱怨,像今天的很多女人,逼丈夫捞官敛财,渊明不会写出那么多好诗。通过翟氏,我们不难设想,渊明有十几年的光景生活幸福。翟氏为他生下四个儿子,加上陶俨五个。古代妇女,这可是了不起的,她是一位"英雄母亲"。时过一千六百多年,我们向她致敬。

渊明第二次学做官,是到荆州府,大概在三十五六岁。做了一年多,没有主动辞职。母亲去世了,他归家居丧,居丧号称三年,实为二十七个月。渊明居丧的两三年,生活是不错的,名篇《和郭主簿二首》写于此时,我们来看其一:

蔼蔼堂前林,中夏贮清阴。凯风因时来,回飙开我襟。
息交游闲业,卧起弄书琴。园蔬有馀滋,旧谷犹储今。

营己良有极,过足非所钦。春秋作美酒,酒熟吾自斟。
……

渊明优哉游哉的形象呼之欲出了。写的是上京里老家,堂前有林子,屋后有菜园。这百年老宅,散发着祖上的荣光,雕梁画栋虽不再,却足以慰藉身心。凯风就是南风,夏日里的好风,掀起他的衣襟。春天的黍占黍,此时已化作美酒,渊明自斟自饮。不过他表示:营造自己的生活是有限度的,过度满足就没必要了,不值得钦佩。我们不妨细看,诗中提到的蔬菜和粮食。渊明早年饿过肚子,印象很深。

简单的事物,唤起美感和心情舒畅,这是渊明写诗的一大特点,也是他的价值观。生活的快乐,不以消耗物质的多少来衡量。这一点,在地球环境日益恶劣的今天尤其重要。

但是,抵达这种心境很困难。叔本华讲:人类有两大不幸,一是他得不到自己想要的生活;二是他得到了自己想要的生活。

这话耐人寻味。

中国人常说:知足者常乐。也算是对叔本华的一种回答,将幸福理解为追求幸福的过程。可惜,眼下知足者少了。知不足本非坏事,是生存的大动力,动起来了,却又张牙舞爪穷奢极欲,如果长此以往,前景不妙。

晚年的海德格尔,力倡用艺术来拯救技术世界。我想,他是希望人们沉浸于美感中,流连于生活的点点滴滴。从艺术和日常生活中获得快乐,对能源的依赖会降低,对自然的伤害会减少。而从容的生活,永远是快乐的前提。匆匆忙忙的日子,只有浅表性的、快餐式的开心。眼下,快乐、欢乐被开心取代了,不是一个好兆头。前者发自内心深处,是人的深度生存的产物。我担心有朝一日,欢乐、欣悦这类词会消失,躺到字典里去,如同大量物种的名称。

渊明居丧结束,四十岁又做官了。这一年初,桓玄于建康(今南京市)篡帝位,逼走东晋安帝,打着晋室旗号的刘裕带兵攻他。其实这个刘裕,也不是什么好东西,后来弑帝自立,改国为宋。他和桓玄狗咬狗,涂炭生灵。渊明写四言诗《停云》:"霭霭停云,濛濛时雨。八表同昏,平路伊阻。"——天下一片昏暗,平坦的道路也走不通了。他闲居已久,希望出去做事,可是军阀混战,搅得"八表同昏"。忧心时局,在他的诗中不多见。当时,他是谴责桓玄的。

"停云"的意象,颇像陶渊明:停在空中的一朵云。诗人对天空,感受很细腻。

六月,渊明远赴京口(今江苏镇江市),在刘裕军中做参军,一种文职小官。次年三月辞了。八月,为彭泽县令。彭泽县距他家一百多里,他自己说,主要是因为离家近。另外,"公田之利,足以为酒"。公田种黍米,黍米酿美酒。渊明做县令,有点想头说在明处,可见他不唱高调,不宣称自己大公无私。这次能当上县令,是陶家长辈帮的忙:"家叔以余家贫,遂见用于小邑。"以他的性格,不会去跑官的。

公田数十亩,种黍米好呢,还是种粳稻好,夫妻二人,意见不统一。翟氏随渊明去彭泽县,照顾他的饮食起居。种公田有县衙的小伙子,不劳她动手。不过她种田有经验,常在田埂上指点,计划来年春天的农事。她刚满三十岁,面孔红润,像我们在油画中见到的俄罗斯少妇。八月里秋高气爽,秋风吹乱她的鬓发。她现在是县令夫人呢。她远远的看见丈夫来了,官帽好像有点歪。渊明于官道的尽头下巾车(有帷幕的马车),沿田坎路疾步走来。

田野一望无际……

常有州官郡官来,检查工作,吃吃喝喝也罢了,还指手画脚,摆不完的谱。渊明下班归家,一般是乐呵呵的,要么走向孩子们,要么走向挂在墙上的大号酒葫芦。如果他闷声不响,翟氏就知道:来了上级领导。

入冬天冷了,渊明的酒量,随气温的下降而上升。这是他的习惯,持续二十年了。冬天曾经缺棉袄,他饮酒御寒。他饮多不乱,就像他的祖父。酒入血液他兴奋,醉眼蒙眬看世界。他不是难得糊涂,他是经常糊涂。按上级的标准衡量,他可不够聪明。晋朝的大官皆出自大家族,权力很大,小官很受气。又因战乱,武官气焰高。渊明有个朋友,人称"刘柴桑"的,做柴桑县令,因为受不了窝囊气,跑到庐山当隐士,至死不出来。而普通官吏吃一点官俸,有"代耕"的说法,比农夫强不了多少。渊明指望公田酿酒,备下了坛坛罐罐,可他必须干到明年冬天。他有了一些官场经验,庶几能对付。

这一天来了州官,是一名督邮,专门为刺史巡视各地的,架子摆得特别大。督邮通常是刺史的心腹,督促各县刮民脂民膏。他人未到,规矩先来了,命彭泽县令陶渊明穿戴整齐出城迎接。按官方条例,这督邮架子摆大了,他所要求的迎宾规格,几乎和刺史大人一样。渊明很生气。翟氏把官帽官带拿出来了,却只望着他,由他拿主意。恰好前一阵子,同父异母的程氏妹在武昌去世,使他乱了方寸。他和小他三岁的程氏妹,感情很深的。翟氏看丈夫的模样,预感要出事。她还是没说什么。

渊明果然冒火了。督邮派来打前站的差狗斜眼瞧他,面无表情,催他系官带上路。他上路了,却不是出城迎接什么领导,而是回老家上京里。

这是辞官的举动,连一纸辞呈都免了。有学者指出,渊明对农民有恻隐之心,完不成上级交给他的摊派任务,所以才走人。媚上必欺下,渊明不可能选择迎合上级欺压百姓。

他没有流连县衙,倒是去那片已播种的公田转了好几圈。舍不得挪动脚步。

《归去来辞》写于这一年,这是千古名篇。

> 归去来兮,田园将芜胡不归?既自心为形役,奚惆怅而独悲?悟以往之不谏,知来者之可追。实迷途其未远,觉今是而昨非!舟遥遥以轻扬,风飘飘而吹衣。问征夫以前路,恨晨光之熹微。

古往今来,数不清的人吟诵此篇。胡不归:为什么不归。归向何处呢?归向人的本性,归向天地之间。它所表达的,是全人类诉诸自然的心声。活动变人形,生存难免有扭曲,而陶渊明这样的人,始终标示着人性的高度,血液的纯度,审美的力度。看来,老外都该学汉语,单为读陶诗,也值。

人要谋生,难免"心为形役",身不由己。有些人受得了,有些人受不了,古今皆然。陶渊明奔官场受压迫,他要愁眉苦脸,这是没有办法的事。他也试图舒展眉头装笑脸,行不通。于是走人。他这一走,"走"出旷世佳作,将中国社会生活中的一个典型情境给揭示出来了。

古代为官者,不管是出于何种动机,都会吟诵它。而由于它是如此经典,今人的心态情态,同样在它的波及范围之内。

不能录全篇,我们只能断章摘句:

> 乃瞻衡宇,载欣载奔。僮仆欢迎,稚子候门。三径就荒,松菊犹存。携幼入室,有酒盈樽。……园日涉以成趣,门虽设而常关。……云无心以出岫,鸟倦飞而知还。……悦亲戚之情话,乐琴书以消忧。农人告余以春及,将有事于西畴。或命巾车,或棹孤舟,既窈窕以寻壑,亦崎岖而经丘。木欣欣以向荣,泉涓涓而始流……

"衡宇"指家门,衡门内的渊明早就思念它了。辞赋写于十一月。渊明辞县令,是连夜出发的,序言说:"敛裳宵逝。"走水路,他家门前有条河。他不为五斗米折腰,脱下官服,如释重负,一路上"载欣载奔",几乎载歌载舞了。为何如此高兴?因为他打定主意,从此不进官场一步。十三年憋气,他终于出了一口大气。他可不是来了犟脾气,像个愣头青年。不惑之年,一切都看明白了:"冻饿虽切,违己交病。"吃不饱穿不暖,无非苦了肌体,一味违心向官场,身心交病。渊明不想责怪谁,倒是很有自知之明。他笼罩在欢乐的情绪中。

云无心以出岫,鸟倦飞而知还。自然向他呈现了,而利欲熏心之辈,整天忙着算计,哪能看见这些。何谓云无心?只因人无心,不屑机关算尽。中国历代辞官者,数以千万计,唯有陶渊明,将朴素的欣悦,通过朴素的语言表达得淋漓尽致。没办法。没人能超过他。如同苏轼写中秋,到顶了。官场内外,朝堂民间,所有尚存良知与美感者,都会感谢他,是他,确立了人性的价值,审美的价值。反观那些计算性思维的鼓吹者,他们虽然得好处,锦衣玉食豪车伺候,却也付出沉重代价:失掉爱的愉悦。爱亲朋,爱自然,爱艺术。美国哲学家弗洛姆写《爱的艺术》,证明爱是需要学习的人生智慧。耍手腕搞阴谋,难免冷酷,铁石心肠,哪怕弄一座金山,搞一个帝国,他的逻辑永远是寻刺激,在动物的欲望圈中打转,人的快乐跟他无关。血管硬化、人变成石头了,快乐、欣悦这些情绪将自动消隐。这类人能欣赏陶渊明或贝多芬吗?事实上,我们称之为人,已经有所保留。

唉,上帝是公平的,现实是残酷的。

次年,四十二岁的陶渊明写下《归园田居》五首,古代读书人视同《诗经》,人人都能背。其一:

> 少无适俗韵,性本爱丘山。误落尘网中,一去三十年。
> 羁鸟恋旧林,池鱼思故渊。开荒南野际,守拙归园田。
> 方宅十余亩,草屋八九间。榆柳荫后檐,桃李罗堂前。
> 暧暧远人村,依依墟里烟。狗吠深巷中,鸡鸣桑树颠。
> 户庭无杂尘,虚室有余闲。久在樊笼里,复得返自然。

从此诗看,园田居蛮好,属中等人家的庭院。只是一家七口人,加僮仆一二,日常开销是个问题。"开荒南野际",当为写实。由于主妇的勤劳,善持家,方有这般光景。连家禽都活得有滋味,飞到桑树颠上去了。而现在的圈养鸡,只能扑打翅膀、徒作升空之状。渊明自己说,误落尘网三十年,什么意思呢?联系"性本爱丘山",可能是说他十二三岁以后就迷了本性。他少年读书,受儒家影响不浅。他有"大济苍生"的儒家理想,却碰上军阀打仗。二十岁曾遭遇大荒年,虫灾,旱灾,雨灾,下地累死累活,仍然填不饱肚子。"畴苦苦长饥,投来去学仕。"渊明老实,是什么就写什么。而当时的时代风气,士人普遍讲清高,追名逐利,却弄一套冠冕堂皇的理由,就职演说、述职报告,大词套词层出不穷。渊明这种人,出去做官,将做官的缘由及"想头"和盘托出,在别人眼里是很不得体的。在他,却自然得很。

诗乃陶家诗,如同云是天上的云。我们再看其二:

> 野外罕人事,穷巷寡轮鞅。白日掩柴扉,虚室绝尘想。
> 时复墟曲中,披草共来往。相见无杂言,但道桑麻长。
> 桑麻日已长,我土日已广。常恐霜霰至,零落成草莽。

据说莎士比亚写诗写剧本,所用英语单词不超过三千个。渊明的五言诗,几乎找不到生僻字。我的电脑很能配合他,不像此前写司马相如,怪字叫人头疼。渊明诗用田家语,几十年后的文学批评家钟嵘,认为他犯病,不够高雅。如同今天的某些评论家,以正统自居,装不完的高雅,实则俗不可耐。

鞅,为驾车时套在马颈上的皮带。轮鞅代指车马。坐车的贵人不会到穷巷来的,渊明与农夫共处,心忧地里的庄稼。"霰"是冻雨,若铺天盖地袭来,庄稼将被打得七零八落,变成一片荒草。渊明开荒已见成效:"我土日已广。"劳动者关心劳动成果,不管他是劳心的,还是劳力的。渊明放下农具,走向笔砚,手上有老茧,挥毫写出传世诗篇。识字的农夫能看懂的,读书人能欣赏,互相传阅、吟诵。渊明不写"抽屉诗",他期待着阅读。

《归园田居》五首太有名了,我们最后看其三:

> 种豆南山下,草盛豆苗稀。晨兴理荒秽,带月荷锄归。
> 道狭草木长,夕露沾我衣。衣沾不足惜,但使愿无违。

这诗不用解释,它诉诸人的审美直觉。本文所能做的,仅仅是谈点感受。渊明于农事并不精熟,向南开荒种豆,草盛豆苗稀。翟氏在家里,守着五个孩子呢。做饭洗衣,种菜喂鸡,她一天到晚忙碌着。丈夫扛着锄头回家啦,她老远就在门首看见,或听到他的声息,赶紧温一壶酒,将菜肴回锅……炊烟又起,却是袅袅向月夜。

两年后,园田居失火,全烧光了。一家老小,连同左邻右舍,眼睁睁望着,那个心疼呀。草屋八九间,小孩儿又多,大的十五六岁,小的才几岁。小孩儿玩火烧房子,草房,又逢夏日风高时,一旦火势上来,人就拿它没办法,不敢靠近的。房子没了,器具也没了,只好搬到船上过。一度钱粮无着,日用紧张。渊明辗转乞食,可能就在这一年,五个小男孩儿,全是吃"长饭"的,刚吃过饭,转眼又嚷肚子饿……亲友们来帮忙了,入秋重新盖房,整理庭院,却是银两不继,横竖是大不如前:"果蔬始复生,惊鸟尚未还。"

而浔阳方向硝烟起,军阀追杀起义军,双方恶斗,百姓逃窜。

四十六岁的陶渊明,移居南村。

南村离柴桑城是更近还是更远,学者们争论不休。我未曾考证,姑

用后者吧。渊明写《移居》二首,其一云:

> 昔欲居南村,非为卜其宅。闻多素心人,乐与数晨夕。
> 怀此颇有年,今日从兹役。弊庐何必广,取足蔽床席。
> 邻曲时时来,抗言谈在昔。奇文共欣赏,疑义相与析。

《左传·昭公三年》记载民间谚语说:"非宅是卜,唯邻是卜。"古人灼龟,以龟甲的条纹取兆,称为卜。渊明不大信天命,迁南村只有世俗的理由:火灾后的园田居令人心酸,浔阳又闹起兵乱。南村吸引他,是因为他听说那儿有不少"素心人"。他离开仕途五年了,仍然对"杂心人"耿耿于怀。讨伐桓玄的刘裕就是杂心人,说一套做一套,干了很多缺德事儿。刘裕的部属更以搅扰勒索地方出名,当初渊明还跑到刘裕手下做参军。现在他心明眼亮了,他知道素心人聚集在什么地方。他们除了农夫,也不乏像他这样的、做过小官的读书人。因避战乱、避权贵,素心人寻找素心人,躲进南村成一统,管它冬夏与春秋。惹不起还躲不起吗? 东边打仗,躲到南边去。"今日从兹役",役是搬家之劳。房子小无所谓,能安下几张床就行。邻居常来往,门第观念、等级意识在这儿没市场,杂心人在别处。

邻曲:邻居。农家连成片,小路弯弯曲曲。古人造词,一词多义。"邻曲"二字非常舒服,好像把弯曲的河流、起伏的山峦、袅袅的炊烟都包含在内了。这和今天的某些"新农村",将农民迁入成排的水泥房大相径庭。千百年形成的自然村落,改变它须慢慢来,不怕花上几代人的工夫。切不可用城市的模式套乡村。一哄而上的城市够呆板了,城市生活中的愚蠢也够多了,城市病再去传染乡村,城乡皆病,百年难治。

从此诗看,渊明灾后的生活明显下降了。不过,房子简陋,大伙儿反倒畅所欲言,"抗言"是对面相谈,谈古论今。有好文章拿出来,疑难处一块儿剖析。渊明向往着跟素心人过日子,数晨夕。而素心人的另一大特点是想做就做,不会拖泥带水。我们看其二:

> 春秋多佳日,登高赋新诗。过门更相招,有酒斟酌之。
> 农务各自归,闲暇辄相思。相思则披衣,言笑无厌时。

此理将不胜,无为忽去兹。衣食当须纪,力耕不吾欺。

今天的九江境内尚有柴桑山,也许是渊明登高处。春秋佳日,或惠风和畅,或天高云淡。朋友相召唤,穷巷子充满欢声笑语,哪家有酒就喝它一通。干活各忙各的,闲暇则相思,相思则相聚:披衣出门去。乡村天地广,山上、河边、树下、墙内,太阳照着,月光笼着,真个言笑无厌时。风景,人事,俱欢畅。杂心人相处,则是花花肠子多,尔虞我诈,充斥假话与奸笑,真他妈的烦。渊明写素心人的日常生活,却处处指向杂心人。所以他笔锋一转,讲道理了:这样的生活意蕴岂不高明?抛弃它毫无理由。自己动手,丰衣足食,而天道酬勤,力耕的日子不会欺负人的。

过了八百年,苏轼贬黄州,举家开垦东坡,面对一片麦浪,慨然写道:"力耕不受众人怜!"

我读《移居》第二首有个奇怪的印象:渊明有几分摩登的。有酒斟酌之……闲暇则相思,呈现一派天真。一群布衣眉飞色舞,今日走这家,明日奔那家,渊明在他们当中。只要有粗茶淡饭、几杯老酒,幸福就会前来照面。南村,一百多户人家呢,更有来访者络绎不绝。老军人、老儒生、曾经混迹于官府的邓主簿、戴主簿、庞参军、刘遗民、丁柴桑……渊明说:"落地为兄弟,何必骨肉亲。"亲旧招饮,他去了必喝醉,喝醉掉头还家,主客皆随意。他"逾多不乱",从不耍酒疯的,这是一种酒德。他朋友多,朋友几乎都是酒友。春夏秋冬,无日不饮。朋友们喜欢他的诗文,但没人恭维他是大诗人。一切皆平实,农事、人事、酒事、文事,浑然一体,乃是生活的常态。渊明自在"浑然"的状态中,并无揭示这一状态的主观意志。而意志一旦成形,可能就要走样。苏轼学他,喊出口号:"吾上可陪玉皇大帝,下可陪卑田院乞儿。"苏轼够可爱了,不过他的境界,源头却在渊明。所以朱光潜先生有句名言:

苏东坡之于陶渊明,有如小巫见大巫。

诗人是什么人?是真性情的守护者。任何时代,若是诗意退场了,必定不是完美时代,差得远呢。渊明的时代政治黑暗,但民风是淳朴的,尤其在穷乡僻壤,权力染指非常有限,千百年的风俗,破坏它谈何容易。

杂心人在城里杂处,素心人在乡下抱困。

《五柳先生传》写于这一年,二百来字的小传,字字珠玑。我们不妨摘录:

> 先生不知何许人矣,亦不详其姓字。宅边有五柳树,因以为号焉。闲静少言,不慕荣利。好读书,不求甚解。每有会意,便欣然忘食。性嗜酒,家贫不能常得,亲旧知其如此,或置酒而招之……环堵萧然,不蔽风日。短褐穿结,箪瓢屡空,晏如也。常著文章自娱,颇示己志……

晋人姓甚名谁可不是一桩小事儿,其中能看出家族背景。渊明祖上曾显赫,母亲孟氏亦出自大户人家。他写自传,一概略去不说,他自己还成了"不知何许人"。且不说他小视门第吧,反正文章这么开头,人见人爱,不同阶层的人都会喜欢。率真这种东西,价值是恒定的,再过一万年,人类也不会崇尚装模作样。渊明不讲姓字,但人人知道了他的姓字:姓陶名潜,字渊明,又字元亮。他当过彭泽县令,人们又叫他陶彭泽,陶令以及他去世后的陶靖节,陶征士,不嫌其多。毛泽东写诗说:"陶令不知何处去,桃花源里可耕田?"不同的称呼,相同的亲切,读渊明诗文,很多人都觉得他像家庭成员。闲静少言,静,却是一种语言。奥地利大诗人里尔克,举止非常安静,朋友们很容易受他的感染。安静与寂静,看似一步之遥,其实相去甚远。我生活的成都周边,司空见惯的牌客们,几天不摸牌,人要生病的。几个小时无所事事,人就哈欠连天百无聊赖。一点小小的"瘾头",竟然维系全部的业余生活。渊明地下有知,不知作何感想。

写渊明,好像不该提这些:我担心倒了读者的胃口。

渊明好读书,不求甚解。不求甚解也是一种解。这既是读书方法,又是价值取向。比如他常读《史记》,引司马迁为隔代知己。二人性情,何其相似。有些书像老朋友,时常造访的。有些书翻翻就行了,像普通熟人,打个招呼,一年半载见个面。渊明斜倚柳树读书,抬头望望停云,摸摸小儿子阿通的脑袋。读孔子,读老庄,读屈原,读《山海经》……他有他的文化谱系,却并未想到,他自己又是一代宗师。中国文化选择陶渊明,方为不羁的人格、行云流水般的自由精神树起一道丰碑。但凡能仰慕者,皆可受惠矣。

他家徒四壁,墙还漏风,粗布短衣打补丁,一日三餐成问题。南村未必是这般景象,他自写小传,含激励之意,所谓生存的向度。躬耕导致贫穷,他心里何尝不明白?他也矛盾,"贫富常交战",几度奔官场,正是矛盾心情的体现。他真,所以他作假难,更别说帮官僚军阀盘剥百姓。孔子的得意弟子颜回,"一箪食一瓢饮,不改其得。"渊明箪瓢屡空,亦能怡然自得。他并不轻视物质生活,既然不能拿个性、拿良知去换取,他就得甘于贫穷,为贫穷做好心理准备。孔子食不厌精,收学生的干腊肉,却强调"君子固穷",两者不矛盾的。我读中外传记,发现优秀人物都有忽视物质的倾向。即如一些大富豪,个人生活却朴素,挣钱回报社会,比如香港的田家炳先生,在国内捐赠了几十所颇具规模的中学,把老家的别墅都卖掉了。

君子爱财取之有道,散财,亦有道。

田家炳先生,也爱渊明的田家语嘛?

渊明在小传的最后总结说:"不戚戚于贫贱,不汲汲于富贵。"汲汲通急急,急于营求的样子。狗急跳墙,人急则不择手段。如果社会上人人都急红眼了,生活将陷入一片混乱。

汲汲于富贵不好,勤劳致富却是好的。可是勤劳者往往难致富,起早贪黑的人,风雨赶路的人,烈日暴晒的人,加班加点的人,几人脱贫几人致富?

不说这些。

渊明在南村住了两三年,总的说来生活不错,诗中有贫穷,但心情是好的。素心人在一起,有酒斟酌之,登高赋新诗。艺术,自然,友情,均属于素心人,杂心人不配。渊明家有酿酒的传统,"漉我新熟酒,只鸡招近局。"近局:近邻。也有解释说,古人聚饮曰局。有时他用葛巾帽滤酒,将酒糟倒去,再把帽子戴上。他善于杀鸡,动作利落,翟氏在旁要闭眼的。东坡喜欢吃鸡,讲明是模仿他,"一日杀尽西村鸡。"——东坡自掏腰包为惠州人造桥,百姓杀鸡犒劳他。渊明居南村,教农家小孩识字,大都免费,偶尔收点东西,或去小孩家吃顿酒。村里起纠纷了,请陶彭泽去裁断。他穿短衣,打赤脚,判案头头是道。纠纷案了结,这家请那家邀的,省下去官府的诉讼费,拿来买酒喝……村里的聚会,通常有个由头,而邻里和睦,由头总是层出不穷。所谓素心人,不是一句空话。和谐社会能持久的,应该说,农耕时代的自然村落,和谐是最佳值,生活朝着这个方向,如同水往东流。凭它浔阳城打得天翻地覆,南村却是一派祥和。

日出而作,日落而息,渊明却要破破这千年老例,"日入室中暗,荆薪代明烛。欢来苦夕短,已复至天旭。"渊明快五十的人了,举止如少年,欢饮达旦。这是诗人做派,更是酒仙姿态。后来李白过柴桑,拜谒渊明故里,据说三天酒不醒。可是酒在李白手中,多少有点像道具。诗仙酒仙的背后,其实有个隐匿着的巨大身影。

渊明混迹于农民,却和农民有不同。他能写诗,有审美观照,这点很重要。他活在农事与文事之间。"奇文共欣赏,疑义相与析。"他的交游,还是读书人多。而这些读书人,由于仕途不得意,反而拥有纯正的艺术标准。达官贵人成堆的地方,渊明的田家语要被嗤之以鼻的。

魏晋文章,有过短暂的随意通脱,到头来还是接承汉赋,堆砌辞藻崇尚华美。渊明写鸡写狗,写桑麻写炊烟,简直煞风景。官方的文学标准,长期排斥渊明。由此可见,渊明的真,也真在他的诗风,他的眼里完全没有官方标准,生活向他呈现什么,他就写什么。他始终与周遭的、切近的东西保持互动状态。切近可不是距离概念,海德格尔在现象学的意义上辨析"近"时说:"去其远而使之近。"由此可见,"近"是动态的东西,白云也近,千年也近……杰出的审美观照,平淡中见神奇。渊明只在不经意间,抵达了汉语诗歌的最高境界。不经意处,恰好显露大手笔。中国农村几千年,没有比这更好的写照了。李白显然写不过他,转而挥笔向名山大川。杜甫再一转,深入苦难的人间……说渊明开了田园诗的先河是不够的,后来一切大诗人,无不以这种或那种方式受惠于他。

也许我们可以说:他俗得多么雅!

宋词兴起时,不也被称为俗气吗?瞧瞧那位奉旨填词的柳三变,浑身上下,全是市井气。

渊明写农村,柳永写市井,文气是贯通的。诗用俚语村语寻常语,渊明是无可争议的大宗师。当然他也有继承,比如《诗经·国风》及两汉乐府民歌。

我们来看他的另一名篇,《咏山海经》十三首之第一首,写于四十四岁,孟夏的园田居。仲夏,园田居就烧了。

> 孟夏草木长,绕屋树扶疏。众鸟欣有托,吾亦爱吾庐。
> 既耕且已种,时还读我书。……欢言酌春酒,摘我园中蔬。
> 微雨从东来,好风与之俱……

诗中有昂扬之态。和素心人相处,他因畅快而摩登;与自然神交,有情兼有力,与生俱来的昂扬呼之欲出了。他吟诗,想必有手势的:微雨从东来,好风与之俱!南宋大儒朱熹格外理解他,称他是豪放派。他咏荆轲,豪气十足。

平淡与豪放,渊明兼而有之。

众鸟欣有托,吾亦爱吾庐。语出平淡,却见深情。表情达意,越是言简越感人的。不久,园田居毁于大火,不单渊明唏嘘,我们也为他心疼。他的居所是他的美感之源,而他提供的乡村源头性美感,惠及后世中国人。

> 充满劳绩,但人诗意地栖居在大地上。

"诗人中的诗人"荷尔德林写下这名句,看上去却像写陶渊明。生存不避艰辛,艰辛中有欢畅,有美感,多谢陶渊明,田园显现为风光,农家寻常日子提升为诗意。眼下遍及全国的农家乐,该有渊明一份功吧?华夏文化传承,文人是核心。他们的情感、操守、趣味,中国人的日常生活有不易察觉的重大影响。

渊明有一首诗,被无数次地引用、阐释,我们也不该漏掉。《癸卯岁始春怀古田舍》二首,其二云:

> 先师有遗训,忧道不忧贫。瞻望邈难逮,转欲志长勤。
> 秉耒欢时务,解颜劝农人。平畴交远风,良苗亦怀新。

虽未量岁功,即事多所欣。耕种有时息,行者无问津。
日入相与还,壶浆劳近邻。长吟掩柴门,聊为陇亩民。

先师指孔子。《论语》说:"君子谋道不谋食。耕也,馁在其中矣;学也,禄在其中矣。君子忧道不忧贫。"孔子这是针对读书人讲话,渊明没忘,却已力不从心。学而优则仕,入仕也难,逢乱世更难。圣人又讲:邦无道则愚。渊明"转欲志长勤",做好长期务农的准备。农民不满苛政,他还去劝解。他是读书人呢,明白当农民已是生存的底线,无路可退了。与其抱怨、恨声不已,不如来点幽默,来点欢乐。我记忆中的生产队时代,农民在烈日下割麦子收谷子,很能找乐的。作家刘玉堂还说:集体劳动好,把爱情来产生……

平坦的原野交汇着远来的风,油绿的麦苗欣然迎接万象更新。——平畴交远风,良苗亦怀新。这两句,苏东坡玩味再三,连称好、好,写条幅送人,不计其数。换成海氏语言,它表达了植物的"朦胧的欣悦",这境界,任何科学都难以问津,唯有诗与思,方能捕捉动植物的灵魂。

渊明以真性情感知物的萌动,物的欣悦。他曾指斥当世:"真风告逝,大伪斯兴。""斯"为语气助词,大伪遍天下,官场尤甚。在他,伪已无痕,真也消隐。而我们恰好在"伪"的背景中读他,将他显现为真。海氏有名言:恶是善的恶。渊明向我们指出:真是假的真。真善美,假恶丑,辩证依存。

渊明的真性情,指向一切虚假之物。

初春的麦苗,还看不出一年的收获,那无边无际的新绿,不也让躬耕之人与良苗共欣悦吗?太阳下山,结伴还家,喝几盅解解乏,芳邻有好酒,有好语,款款入夜。诗人长吟掩柴门:今生就这样吧,做个垄亩间的农民。

渊明的选择,没人能够责怪。他付出了代价:五个儿子没一个成器的。"虽有五男儿,总不好纸笔。"看见朋友的小孩面色红润,他才发现自己的儿子营养不良。老大懒惰,老二不好学,老五只知找东西吃……宅边五柳树,堂前五个孩子,树成材,儿子难成器。渊明无话可说。也许当初辞县令,他已想到了这一层。他尽力补救。不过,世事也难料,当官招祸的例子很多。晋末乱世,今天朋友明天敌人的,早晨发誓晚上翻脸的,整个一笔糊涂账,孔明再世也弄不清。渊明能保全身家性命,已是一大功。

浔阳那边战事告停,渊明搬回上京里老家,大约不到四十九岁。

上京里距柴桑县城五里,老宅阔别六七年,越发破败了。渊明办私学,收点钱贴补家用。他以前干过的。南村看来不行,素心人虽多,有钱人却少。柴桑毕竟是县城,富人的孩子能交学费。可是渊明为人爽直,有人装穷他也当真。私学规模不大,收入有限的。他好酒,倒是收下不少酒。翟氏把他的酒藏起来,每日限饮二壶。可是来了客人,她经不住丈夫央求,说出那藏酒之处。有朋友叫颜延之的,能写诗,会当官,宦游至柴桑小住,每天出城看望他,对饮称快。颜延之要走了,到广西桂林去做太守,留下二万钱,却留在酒肆,免得渊明赊酒账。二万钱,够渊明喝两年了,他很高兴。上京里、柴桑城,他都是名人。他常打赤脚,头戴葛巾帽,腰间挂个酒葫芦。进城,小孩儿要围观的。他人缘好,行为异常,天命之年名播四方。有和尚名慧远,跟皇帝都有书信往还的,想跟渊明交朋友,渊明却冷淡。慧远派人到上京里邀请他,请不动。刘柴桑受慧远委托又来请,渊明去了,只喝酒,拒绝加入和尚搞的什么协会。双方不愉快,渊明掉头走人。素心人与杂心人,走不到一块儿的。这事众口相传,一帮小隐士学他的模样,也戴葛巾帽,也挂酒葫芦,心里却装着朝廷官府。渊明一笑置之,并不道破。

"静念园林好,人间良可辞。"人间指官场。渊明不会轻生的,他活得挺好。

他在酒肆请客,大伙儿七歪八倒,杯盘狼藉。他也在家中独酌。老宅很大的,虽然年久失修,却也春花秋菊。萧统说:

渊明诗篇篇有酒,其意不在酒。

不在酒在何处呢?萧统是梁朝太子,看渊明的眼光跳不出朝野模式。渊明喝酒便喝酒,哪有许多意思。酒是兴奋剂,艺术也是兴奋剂,"诗酒趁年华。"中国诗人喝酒,渊明是巅峰人物。阮籍早他百余年,酒量比他大,时常烂醉如泥。渊明不是这样,他也醉,但醉了尚能写诗,能观周遭风物。

"一觞虽独尽,杯尽壶自倾。日入群动息,归鸟趋林鸣。"

这诗有禅味儿。诗人静观,更能感受生命的律动。苏轼受他启发,写下名句:"静故了群动,空故纳万境。"——由于静,而对群动了然于心;由于空,而将万物纳入眼底。

公元416年,五十二岁的陶渊明写《饮酒二十首》,序言说:"偶有名酒,无夕不饮。顾影独尽,忽焉复醉。既醉之后,辄题数句自娱,纸墨遂多……聊命故人书之,以为欢笑耳。"

名酒从何而来,他没说。什么牌子他也不讲,不然的话,今人拿去做品牌,不在茅台之下。时令在春夏之交,昼长夜短。名酒数量不少,他无夕不饮,说明他喜欢傍晚饮酒,喝到夜幕四垂,满天星斗。他字迹潦草,老朋友加以整理,换纸书写。他挥毫运思俱潇洒,以为一时之欢笑耳,并无传世的意思。但老友为他收集,想必有这层考虑。渊明写诗,尽兴而已,他又不拿去发表。英国大诗人济慈,随写随扔,他的传世之作,大半是朋友在地上捡的。包括画家音乐家,这类例子举不胜举。好诗像原野吹来的一阵风,风过了无痕。多谢渊明故人,整理书写二十首,全是佳作。其中第五首,后世诗人视为圣品,焚香沐浴方能展读。这诗明白如口语,体现渊明的一贯风格。

> 结庐在人境,而无车马喧。问君何能尔,心远地自偏。
> 采菊东篱下,悠然见南山。山气日夕佳,飞鸟相与还。
> 此中有真意,欲辩已忘言。

夏季的诗人写秋天的感受。对他来说,四季无远近,循环在眼底。所谓天人合一,一般人说说而已。渊明到这境界,如白云出岫飞鸟入林。结庐:构屋。人境:尘世。渊明浑身静穆了,无论置身何处,皆能悠然自如。他从来不回避尘世的艰辛,所以他可爱。由于长年躬耕,他的皮肤黑了,肌肉松弛,状如老农,却是不折不扣的精神贵族。古今人类,能到他这境地的,寥寥无几。多少人阅尽人间沧桑,读此诗感慨万千,以至潸然泪下,却又从中获得巨大的心灵慰藉。此诗的能量有如铀矿,对人类精神具有永久性的冲击力。

渊明的静穆,是将"群动"包含在内了。全诗五十个字,自然与人事,都在其中。如果卖给出版商,一个字十亿美金。渊明如希腊神话里的大力士参孙,从大地获取无穷的神力。"山气日夕佳,飞鸟相与还。此中有真意,欲辩已忘言。"寻常景象蕴涵着真意,欲作辨析却忘了语言。渊明慧眼看世界,一派祥和与欣悦。传说中的阿弥陀佛,也许会微笑着说:审美的至高境界,和我的极乐世界相差无几了。

鲁迅先生念念不忘"刑天舞干戚,猛志固常在。"他议论说:"正因为陶潜并非浑身静穆,所以他伟大。"鲁迅先生是斗士,斗士常常看见金刚怒目。先生的理解可能有缺失。窃以为,静穆与金刚不对立。或者说,有金刚才有静穆。静穆完成自身之时,金刚已在其中。诗人几十年的人世修炼,有如他那浑然一体的自然感受。他不想加以辨析的所谓真意,包含了自然、社会的矛盾律。

什么是矛盾律呢?简言之,矛盾的双方,你中有我,我中有你。

读陶诗,这一点非常重要。毋宁说,静穆来自静穆的对立面,来自人生的动荡与喧嚣。安静、宁静,一般人都有体验的。而静穆发生的概率很低,以浅显的文字加以揭示,不露痕迹地逼近、抵达,就更难了。

伟大的诗篇,永远是人类生活的稀有事件。

渊明写过《闲情赋》,赞美女人的。不是一般意义上的赞美,而是热烈、激烈、奔放,别说古人,就是今天的某些人也会受不了。对女性之美直抒胸臆,评论家会皱眉头的。渊明赞美女人,和曹雪芹的"千红一哭万艳同悲"如出一辙。渊明惆怅,雪芹哀伤。

《闲情赋》近两千字,我们摘录几句:

> 愿在衣而为领,承华首之余芳;悲罗襟之宵离,怨秋夜之未央。愿在裳而为带,束窈窕之纤身;嗟温凉之异气,或脱故而服新。愿在发而为泽,刷玄鬓于颓肩;悲佳人之屡沐,从白水以枯煎。愿在眉而为黛,随瞻视以闲扬;悲脂粉之尚鲜,或取毁于化妆……愿在丝而为履,附素足以周旋;悲行止之有节,空委弃于床前。愿在昼而为影,常依形而西东……愿在夜而为烛,照玉容于两楹……

翻成白话诗,大致是这样:我愿做她漂亮服饰的衣领,承受那可爱的脑袋残留的芳香;可悲的是她晚上要脱掉衣服,秋夜漫长,使我惆怅。我愿在她的石榴裙上为衣带,束缚她轻盈纤细的腰身;可叹气温有变化,她随时可能换衣裳。我愿在她的云发中做发膏,让她柔顺的黑发披散香肩;然而佳人常洗发,发膏一去不复回。我愿在她的细眉上为黛色,随她的美目顾盼四方;可她施粉讲究新鲜,纤手抹脸,让我毁于一旦。我愿做她脚上的绢丝鞋,随她雪白的双足走呀走;可叹她走走停停,忽然上床睡觉,把我扔在地上。我愿在阳光下做她的影子,随她的风流体态到处闲逛……我愿在深夜为红烛,在堂屋的两根柱子间,照亮她含羞带笑的容颜……

写到这儿,我也为之心动。渊明笔下的乡村俏女人,性感,泼辣,和戏台上的佳人很不同。所谓真性情,真到女人身上去了,细腻,而且日常化,好色之情奔来笔端,美感洋溢,连"止乎礼"都不要了,令人向往床上的光景。此前的辞赋,从屈原到曹植,没人如此的日常化,简直是光天化日想入非非,难怪道德专家要惊呼:把它从诗集中剔除去!欣赏渊明的萧统也说它"白玉微瑕"。倒是鲁迅,建议日本的翻译家尊重它。

我记得,莎士比亚写罗密欧与朱丽叶,有类似的句子。罗密欧潜入朱的宅院,偷看佳人。而佳人倚窗台望月亮,一只戴白手套的纤手托住美丽的下巴,罗发感慨地说:我多么希望做她手上的白手套……

如果莎翁读过渊明,会改了重写。

渊明浑身静穆,也把男欢女爱包含在内了。

诗人中的诗人,真和美,到极致了。

渊明咏荆轲,就是鲁迅先生推崇的金刚怒目式:"君子死知己,提剑出燕京……雄发指危冠,猛气充长缨……惜哉剑术疏,奇功遂不成。其人虽已没,千载有余情。"

渊明写荆轲,与史书相印证,表明荆轲有勇气,缺剑术,本不是什么剑术高手。目前的武侠片重杀气,侠气是糊弄人的。导演们对侠的理解,跟司马迁、陶渊明相去甚远。本文闲笔提一句,不想多说。我所担心的,是针对传统文化的虚无主义:单一的理解,会导致单调的社会生活。而票房与生活相比较,永远是小菜一碟。编导力量大,行事当谨慎。

渊明五十八岁写《桃花源记》，桃花源三个字妇孺皆知。它是中国的乌托邦，理想中的和谐社会。"晋太元中，武陵（今湖南常德境内）人捕鱼为业，缘溪行，忘路之远近。忽逢桃花林，夹岸数百步，中无杂树，芳草鲜美。"

两年前(419年)晋宋易代，刘裕称帝，渊明仍用东晋纪年，表明了他对"新朝"的态度。刘裕逼死晋恭帝，先用毒酒，后以被褥闷杀。渊明愤怒，写《述酒》影射，这是他平生最隐晦的一首诗。刘裕的手下如狼似虎，政治黑暗，苍生遭难。渊明描绘理想社会，有如流浪汉想象广厦千万间。这时他陷入贫困，断酒，甚至挨饿了。

桃花源内，却是一派欣欣向荣。

"土地平旷，屋舍俨然，有良田、美池、桑竹……阡陌交通，鸡犬相闻……男女衣着，悉如外人。黄发垂髫，并怡然自得。见渔人，乃大惊。"

俨然：整齐。黄发：褐黄色的头发，指老人。垂髫：垂下来的头发，表示尚未总角——梳成少年的两根小辫子叫总角。垂髫指幼童。

对乱世习以为常的打鱼人，忽然走进和谐社会，看见穿戴迥异的、怡然自得的老人小孩儿，双方都大吃一惊。

桃花源并非虚构，而渊明是听来的，描写有点理想化。他写实，也写出了强烈的向往。古代文人从秦汉起就寻仙成风，李白寻得最厉害。到苏东坡，不寻仙了，只希望能长寿。陶潜是个例外，他反对神仙，甚至反驳彭祖长寿术。他的理想是桃花源式的生活，民风淳朴如上古时代，没有压迫，当然就没有反抗，男女老少各得其所。北宋的大改革家王安石说：桃花源有父子无君臣。这表明，陶渊明式的乌托邦，等级是存在的，却没有儒家的等级森严。

自然界的欣欣向荣，渊明是见证者和揭示者。社会的欣欣向荣呢？阳光雨露禾苗壮，军阀打仗尸骨多。

桃花源内别有天地：渔人受到盛情款待，这家请那家邀的。全村的人都跑来了，对渔人充满好奇。而他们的祖先早在几百年前，避秦时战乱，就躲进了桃花源，"问今是何世，乃不知有汉，无论魏晋。"

国学大师陈寅恪,对《桃花源记》的取材作过详细考证。渊明写实,当无疑问。

眼下的影视剧常有这类镜头:官军来了,百姓鼠窜。几千年封建史,军队不是人民的军队,政府也不是人民的政府。皇权无处不显赫,百姓无处不可怜,比奴隶社会好不了多少。衙门里偶尔走出一个清官,百姓就感恩戴德叩头不已。社会生活,权力所占的份额太大了,自由精神成长艰难。一代又一代,自由平等变得踪迹渺然,知识分子也很难辨认。反观西方,权力经过无数次折腾,终于把它的对立面揭示出来了,这相异之物就是自由,二者互为"反运动",比如今日大欧洲,初步显现了运动轨迹。群体有群体的力量,个体有个体的尊严。而古代中国老百姓,没有多少尊严,要么苟活,偷着乐,要么躲进桃花源,勉强做个自由人。说勉强,是因为这自由平等很脆弱。

中国幅员辽阔,山水阻隔,农耕时代自给自足,桃花源式的幸福村庄是完全可能的。皇帝的大手压下来,指缝中会有遗漏。渊明式的乌托邦犹如一条漏网大鱼,并且千百年活蹦乱跳,受读书人和改革家高度关注。不难想象,历代皇帝,肯定不喜欢它。"普天之下,莫非王土。"陶渊明的小村庄,连个村长都没有,这不是想造反吗?

中国封建史,桃花源是个异数。可惜它仅仅是艺术品和学术对象,生活中没有成长壮大的空间。

渊明深情描绘桃花源,自己却陷入困顿,有一年重阳节,断酒了。《宋书》说:"尝九月九日无酒,出宅边菊丛中坐久,值弘送酒至,即便就酌,醉而后归。"重阳节登高赋诗怀念亲朋,渊明断酒,说明他平时隔三岔五酒不沾唇。他想酒想得厉害,写诗才篇篇有酒……这次送酒的人是江州刺史王弘。这人为官不坏,公私分明,渊明喝他的酒,没啥心理障碍。渊明在菊丛里等了很长时间,王弘姗姗来迟,可能因为消息闭塞。布衣和官员平等交往,有时候来了两个刺史,陪一个老农,谈话很投机。可是有一回,中途又赶来一个太守,对渊明在座不高兴,斜眼瞧他。这太守名叫谢瞻,事后记录这次难得的四人聚会,删去了陶渊明。姓谢的也是文人,《文选》有他的几首歪诗。他以堂堂太守之尊,和老农民陶渊明同桌饮酒,觉得近乎耻辱。

这些事儿,渊明已经见怪不怪了。

官员的接济是有限的:清官钱又少。渊明不哭穷,不敲门,不写李白写给韩荆州的那种求职信。官员调动频繁,也不可能经常照顾他。再说他性子倔,择友严,官员还怕请他不动呢。当初的慧远大和尚,官与僧都趋之若鹜的,修书请他,他不去就不去。当官的,首先是朋友才行,比如王弘。

有一次王弘请他到庐山喝酒,他赤脚去的,大脚板上全是泥。王弘要为他做几双鞋,他坐地抬脚,让对方量尺寸。为了尊重刺史大人,他跑到溪水中洗了脚。五十多岁的人,蹿上跳下的,动作蛮利索。他不做官却名气大,在场的人为他喝彩呢。他不坐轿,却经不住众人劝,还是抬腿上去了。竹轿在青山绿水间,轿夫唱着山歌呢。他一悠一闪的,怪舒服。他会想:做官好呀,做官能坐轿……可是转眼间,思绪化入蓝天里的几朵停云。王弘的酒宴有排场的,这也是官场老例。座上客皆有身份,衣冠整齐,表情严肃。唯有陶渊明,赤脚、短衣、白头巾,谈吐随意,笑声朗朗,回荡在山谷中。他酒量奇大,王刺史的幕僚们个个傻了眼。北宋写《醉翁亭记》的欧阳修,对他真是五体投地。菜肴太丰盛,渊明要打包的,带回家让老婆儿子解解馋。王弘酒后吐真言:他在江州任上为时不多了,继任者可能是一个叫檀道济的,渊明未必喜欢。渊明说:管他呢。

渊明月夜下山,后人写诗形容说:醉舞下山去,明月逐人归。

什么檀道济,他早忘了。

然而王弘和檀道济,我们却要记下。王弘,有些记载称王宏,他对渊明好,我们感谢他。至于檀道济,他也想对渊明好,却是动机不纯。这个稍后再谈。

五十岁以后,渊明的物质生活时好时歹,总的说来是走下坡路。他家的生活来源,主要是种田、收点园田居的租子、接受朋友的一些馈赠。战乱水利不修,完全靠天吃饭,而家里人丁多,入不敷出。五个儿子,可能都做了农民,没有当官或当兵的记载。五十一岁写《告子俨等疏》,写给陶俨、陶俟、陶份、陶佚、陶佟。"疏"是一种文体:讲形势谈道理的书信。穷困中的爸爸给儿子们写信,句句发自肺腑,其中说:"吾年过五十,少而穷苦,每以家弊,东西游走。"

当时渊明得了一场大病,觉得大限将至了。他一辈子讲真话,这封家书,更是真得让人掉眼泪。年少饿肚子,中年,敲门乞食拙言辞。暮年卧病,好在亲友不弃,纷纷送来药石。"每以家弊,东西游走。"八个字,说出多少辛酸。他活得太明白:这是什么世道,他又是什么样的一个人。

"性刚才拙,与物多忤。"物是物类的意思,代指官场中人。忤是逆反,合不来。又是八个字,说尽渊明一生。

他感伤地说:"使汝幼而饥寒……汝辈稚小家贫,每役柴水之劳,何时可免,念之在心……汝等虽不同生,当思四海之内皆兄弟之义。"

长子陶俨是早逝的前妻生的,其余四子,为翟氏所出。陶俨二十三岁,幼子陶佟十五岁。

五个从小干活的孩子,一个长年操劳、面带菜色的妻子,渊明的酸楚可想而知。然而这封家书,基调是硬朗的,目光是向上的。所有责备渊明不应该辞掉官职的人,当闭上他的尊口。

渊明的选择,乃是勇士所为。他所坚守的,不是什么狼性虎性,是人性。

他写《咏贫士》七首,其中有几句:

……一朝辞吏归,清贫略难俦。年饥感仁妻,泣涕向我流。丈夫虽有志,固为儿女忧……

他写古代的七位贫士,有知识有操守方为"士"。咏贫士,表明他的坚决。孔子的孙子子思,到卫国去传播老师孔子的思想,穷困潦倒,一个月吃了九顿饭。渊明的目光投向这些"固穷"之人,其内心昭然若揭。后来苏轼贬到海南,也是饿肚子,饿得头昏眼花了,急中生"智",发明"阳光止饿法"——希望将太阳的热能直接转化为体能。

《有会而作》又说:"菽麦实所羡,孰敢慕甘肥。"菽是豆类总称,渊明羡慕吃粗粮,哪敢奢望大鱼大肉的美味?

要命的是,渊明对美味并不陌生。

渊明晚景,一年不如一年,但也不是过不下去。家里没死人,他还有酒喝,写下不少传世之作。时值皇权更迭,外面打得昏天黑地,刘裕称帝,掉过头来杀功臣,渊明不屑一提。他有政治热情,但不写政治讽刺诗。他写《感士不遇赋》,讲明是追随司马迁和董仲舒。他读《史记》读了几十年,对敢于傲视汉武帝的司马迁心向往之。他们同为刚烈之士。

渊明过日子,和亲友们在一起,喝酒,串门,待客。谁家有事,不管喜事丧事麻烦事,总有他的身影、他笑呵呵的面容、他幽默的谈吐、他有趣的装束和举止。这人多么平常,又是多么不凡啊。人生多少事,只在谈笑间。中国历史几千年,到渊明这境界的,数人而已。难怪苏东坡这样的旷世伟人,言必称"渊明吾师"。

陶渊明与荷尔德林,同在天空之下大地之上,充满劳绩,诗意栖居。所不同的,是渊明扎根中国的土地,流连于中国的乡村生活。也许他缺了哲学意味,缺了神性维度,却弥漫着自然的气息,世俗的温情。

他是和蔼可亲的,就像我们的亲人。

他说过:落地为兄弟……

人情冷漠的今天,这话让我们眼中含泪。但愿金钱社会对情感的压抑不要太长久!

六十出头的老人,大限在望了。渊明对死亡,同样抱着平常心。他曾经和那位叫慧远的所谓高僧争论过,他不相信"人死魂不灭"。村里的人死了,开个追悼会,举行若干仪式,渊明要参加的。他熟悉死亡,如同熟悉花谢草枯水东流。他是"向死存在"的,孔子说不知生焉知死,渊明略胜一筹,既知生亦知死。他给自己写挽诗呢,其豁达其平淡,千古一人,孔子、项羽、嵇康不及也。

江州刺史王弘走了,不久,檀道济来了。这是一个典型的杂心人,为官劣迹多,政声很坏。他出于私虑,请渊明出来做官,送去许多粮食和肉类。渊明不受。孩子们想吃肉呢,却将目光挪开,将双唇紧闭。翟氏带他们出去了。檀道济脸上过不去,索性把话挑明:乱世隐盛世出嘛,如今皇恩浩荡天下太平,你陶潜号称贤士,却躲在家里受穷挨饿,还拒绝我的好意,这恐怕不大好吧?

渊明回答:贤士? 我的志趣够不上呀。把你的东西拿走吧,我还饿不死。

次年十一月,寒冷的冬天,渊明死于贫病交困。

村里的人死了……我们来吟诵他写给自己的挽诗,三首选其一:

荒草何茫茫,白杨亦萧萧。严霜九月中,送我出远郊。
四面无人居,高坟正嶕峣。马为仰天鸣,风为自萧条。
幽室一已闭,千年不复朝。千年不复朝,贤达无奈何。
向来相送人,各自还其家。亲戚或余悲,他人亦已歌。
死去何所道,托体同山阿。

嶕峣:高耸貌。不复朝:不再看见太阳升起了。亲戚有悲伤的,他人有唱歌的,同是自然流露。这情景,再人性不过了,豪门大族的丧事有这等场面吗?杂心人能如此纯粹吗?死去的人不能再说话了,他的躯体托付永远沉默的山丘,入土为安。山岳在,人也在……

二十年前,我十九岁的妹妹因病去世,凋谢了生命之花,我把最后一句刻在了她的墓碑上。

渊明这首诗,鲁迅先生很偏爱的。先生写过《坟》,还在坟前照过相,发表给人看。研究先生的钱理群教授,写过《压在心上的坟》。莎士比亚的哈姆雷特,对死去的叔叔喋喋不休。罗曼·罗兰对死亡发出巨大的叹息。而海德格尔《存在与时间》的死亡研究,更是举世公认的杰出篇章……古今贤达,高度关注死亡,为什么呢?可能因为生命越是高扬,越能感受它的下坠吧?生命越是流光溢彩,越能感受它的油尽灯灭吧?

渊明去世的这一年,王弘做了车骑大将军,颜延之做了中书侍郎,他们在朝廷做着高官,不会忘记渊明的妻子和孩子。悼念渊明的"诔"文,是颜延之写的。

渊明遗嘱:葬礼一切从简。

死去何所道,托体同山阿。

渊明的作品,在当时以及后来很长一段时间,并未受青睐。钟嵘的《诗品》,将诗歌列为上中下三品,渊明居中品。《文心雕龙》根本不提他。中国文学自汉赋起,堆砌辞藻、拿语言作排场的风气流行数百年,渊明贴近日常生活的田家语,用当时的标准看是很成问题的。包括后来的很多人质疑:怎么能用如此平淡的语言写诗呢?有个叫陈后山的文人,提的意见具有代表性:"陶渊明之诗,切于事情,但不文耳。"文就是修饰,讲华丽雕琢,搞语言排场。可见渊明在当时,确实是孤掌难鸣,也是孤军深入,更是异军突起。他才是不折不扣的文坛外的大师。他喝他的酒,写他的诗,什么标准不标准,风气不风气的,哪管那些。他写作也不挣钱,不计较千秋万载名,如同栽花种地,一切出自天然。

什么是拿语言做排场呢?我们现在能看清楚了:这不过是权力的一种运行模式;或者说,是权力的伴生物。不是有个流行词叫话语权吗?赖有西学东渐,至今百余年了,我们凭着鲁迅讲的拿来主义,看事物的能力有所增强。我们看到——

中国古代知识分子,必须对权力做出回应,哪怕他转过身去,悠悠然闲庭信步,或拔腿就跑逃之夭夭,都一样的。

一千五百多年,渊明一路向我们走来,并非取直线走大道,他的身影也是由模糊到清晰。有趣的是,清晰又有清晰的问题。

和渊明同朝代的文人,像曹植、阮籍、谢灵运、颜延之,名气比他大。这个问题,到北宋还在激烈争论。文坛领袖欧阳修很生气,他针对散文及辞赋说:"晋无文章,唯陶潜《归去来辞》耳!"他这一杆子,扫掉了两晋多少显赫文人。

唐朝,渊明的名声和谢朓、谢灵运、左思、鲍照等人在伯仲之间。到宋朝,渊明作为一流诗人的地位稳固了,苏东坡明确讲,他在李白杜甫之上。而东坡本人,至少和李杜是同等级别的。近现代,推崇渊明的大师数不清:梁启超、王国维、刘师培、章太炎、陈寅恪、闻一多、朱自清、朱光潜、钱钟书……以渊明为符号的文化谱系得以确立,传承下去,一万年不算太久。历代评论、阐释,足以堆成一座山。学者们引用最多的,还是苏轼的评价。针对人品他说:

"渊明欲仕则仕,不以求之为嫌;欲隐则隐,不以去之为高。饥则叩门而乞食,饱则鸡黍以延客。古今贤之,贵其真也。"

联系渊明的生存背景,特别是晋代愈演愈烈的门第观念、面子思想,东坡这段话,真是说到家了。

针对诗歌艺术,苏轼又说:"吾于诗人无所甚好,独好渊明之诗。

渊明作诗不多,然其诗质而实绮,癯而实腴。"——表面质朴,其实富丽堂皇;表面清瘦,其实丰腴(如杨玉环似的美女)。历代学者叹服:坡翁的眼光太厉害了!

渊明是中国最纯粹的诗人。而与之相应,他也是最纯粹的人。

吊诡的是,由于他名气太大,历史也不会放过他,各种各样的目光投向他,纠缠他,试图为其所用。官场,商界,文坛,不管是素心人还是杂心人,君子还是小人,在官还是辞官,一律打他的旗号以示高洁。比如汪精卫就讲过:干一番大事之后"掉臂林泉。"汪精卫要干的大事,却是出卖民族,他掉进坟墓了。贪官、奸商,也纷纷拿渊明做幌子,钱捞足了,跑到乡下盖别墅,摇头晃脑吟陶诗:采菊东篱下,悠然见南山。官场风气越糟糕,越是有人高喊陶渊明。明朝,清代,民国,例子太多了。陶渊明被搞得七零八落,面目模糊。

渊明对民族性格的影响,大于其他文人。

渊明是我们的头号乡村诗人,而今天的乡村正面临巨变。若干地域的城市化一日千里,逼向土地、河流、山峦、天空、村落。这里,速度本身成为大问题,一百年陆续发生的事儿,如果在十年内全部出现,其后果,是任何巨型计算机都难以模拟的;逼向自然的同时,也将摧毁生活世界,破坏生活的意蕴层,威胁文化的多样性。所以学者们惊呼:保护自然,保护一切多样性!

胡塞尔首创的现象学,就是针对科技造成的单一模式。对科学技术,西方有强大的反思潮流。海德格尔非常精当地称之为"反运动",类似量子力学意义上的物质和反物质。

时令已近冬至,我昨天看新闻,莫斯科的气温,竟然和川西坝子温暖如春的气温差不多。我吃了一惊:真要坏事儿啦?人类真要聪明反被聪明误,像霍金所预言的、活不过这个新千年?

无节制的城市化,人工化,将自然变成存货,灾难将以难以察觉的方式逼近我们。你的速度快,自然反弹的速度更快。

莎士比亚说:上帝让你灭亡,先让你疯狂!

而城市生活一旦失掉乡村生活的参照,将陷入喧嚣与浮躁的恶性循环,怪模怪样的东西层出不穷。单说自然现象:雨不像雨,风不像风,太阳不像太阳,月亮不像月亮——这是地球村的村民们前进的方向吗?

针对所有这一切,渊明的诗是一服良药,清热解毒醒脑。

就传播来看,渊明不如荷尔德林幸运。经过海德格尔的法眼,荷氏名声大增,甚至盖过荷马、歌德、席勒。眼下德国各大学,荷尔德林的诗是必修课。而前些年,我们忙着驱赶诗人。渊明那些亲切的田家语,能让今天的学子们都来背几首吗?

在当下,陶渊明的意义,可能怎么说也不过分。他应当变成另外一个符号,并且,迅速地清晰起来。

我们拿他的句子作结束吧:

悟以往之不谏,知来者之可追;实迷途其未远,觉今是而昨非!

2007 年 1 月 5 日

李 白
（盛唐 701—762）

李白的野性,更多地野在漫游、寻仙、干大事。这个外形并不高大威猛的男人,却留给人活力喷射的印象。他一辈子处于高度兴奋的状态,显示出他掌控极端情绪的非凡能力。中华文明几千年,这样的人是不多见的。李白是异类中的异类。李白的生命冲动乃是人生的极限运动。

1

　　李白不姓李;李白是外国人;李白的出身扑朔迷离,李白的死有好几种互相矛盾的说法……关于李白,历史上争论颇多。有些大文人,比如郭沫若和俞平伯,写信写文章,争得很厉害。陈寅恪主张李白不姓李,很多学者又反对他。我手头资料有限,却已经感到很热闹了。其中有生存细节的争议,更有整体评价的争议。像李白和杜甫,谁高谁下,从唐朝就争到今天。于是,问题出来了:大家为什么对李白如此感兴趣、不惜争得面红耳赤、甚至朋友断交师生反目?

　　本文试图回答的问题,还有几个:

　　李白是富商的儿子,腰缠万贯了,为何老往官场跑、屈尊写那么多求职信?

　　李白是剑客,曾经"手刃数人",可他杀人的原因及过程,为何讳莫如深?

　　李白是个没心没肺的人吗? 没心没肺和艺术创作有何关系?

　　写李白的书多得要用火车拉。古往今来,以吨位计的汉字压在他身上,我们能否拨开迷雾,追问这几个简单的问题、从而逼近这个杰出生命的核心?

　　我是李白的读者,不是研究他的专家。抛砖引玉吧。

　　另外,李白的经历极富传奇色彩,有些事还很搞笑,我多年写小说,积习难改,忍不住要探个究竟,想看个究竟。

李白是在中亚碎叶出生的,今属吉尔吉斯斯坦共和国,唐代在中国境内。他的祖籍是陇西成纪(今陕西静宁县西南),自称飞将军李广的后人。我前面写司马迁,对李广的为人感触很深。李广在历史上享有盛名,说明历史对名人的选择,是正气压倒邪气。司马迁的价值观,影响后世史家。

涉及李白祖上干什么,史料通常是闪烁其词,常用"据传"两个字。庞大的家族,为何要大迁徙?跟武则天屠杀李姓宗嗣有关吗?据传:李白的曾祖父和皇室沾亲带故。唐太宗李世民也是陇西人。

李白的父亲叫李客,在他五岁那一年(706年)又迁回来,迁到四川绵阳,在当时的绵州的青莲乡定居。其时武则天退位,把皇权还给李姓帝室。李白的父辈祖辈,几十年内两次大迁徙,令人费猜想。四川有秦岭阻绝,相对偏远,李客的选择,可能真有避祸的因素:他担心武则天施余威。虽然他是商人,离政治很遥远了。我估计,这位李客的心中,藏有许多秘密,包括他自己的姓名。李客的客字,学者们有疑问的。李客避居青莲乡,给人留下埋名隐姓的印象。他不单对外言语谨慎,对家人也是口风甚紧。

李白排行十二,后来人称李十二。他少年学剑术,想必有他父亲保卫家族的考虑。后来他仗剑远游,屡向官场,忽而倨傲,忽而卑躬屈膝,呈现自卑自傲相混合的心理模式。临行前父亲嘱咐过什么,他在一封又一封的求职信中很少提及。

也许父亲只希望他闯天下有出息。

但是什么叫有出息呢?有钱是不够的,还得去当官,当官才有社会地位,才能光耀祖宗并荫及后代。古代商人再有钱,其富裕也是脆弱的,必须投靠官场。所谓专制社会,这是一大特征。

李白在西域出生,却罩上华夏文明的神秘气息:母亲梦见太白金星,于是有了身孕。我读到的古代名人传记,几乎都有类似传说,古人信这个。李白的名与字,和母亲梦中的一道白光联系上了。太白金星,我们现在叫它启明星。

李白十来岁,遍读诸子百家,包括老子、庄子的深奥著作。这也是史籍涉及杰出人物常见的记载,我起初相信,后来起了疑心,发现这是不可能的。单过汉字这一关,就得花上若干年。德国女哲学家阿伦特十五岁读康德,我信。李白十岁读老庄,真不知他能读出些什么。

他小时候写过一首好诗,倒比较可信。描写萤火虫的:

雨打灯难灭,风吹色更明。若飞天上去,定作月边星。

这首小诗受众人称赞,教他的先生逢人便吟诵。家里来了客人,父亲让他表演。他把诗用草书写成条幅,挂到梁上去。喝彩声四起……他足足兴奋了半年,得到的奖赏数不过来。他对同伴说:写诗真划算!

于是他读书用功,入学堂脑袋就晃个不停。下课一溜烟跑了,每天要玩到黑摸门,母亲四处喊他。四川老话,管这叫夜不收。绵州有山有水,离成都、渝州(重庆)都不太远。

他学文也练武,父亲教他剑术。十二个兄弟姐妹当中,父亲器重他。可他后来的诗文,提及家人甚少。他在朝廷做上供奉翰林了,写诗叫杨国忠(一说杨贵妃)捧砚,却未曾修书一封写给家人。不知道这是怎么回事。父母去世,也没有他奔丧和居丧的记载。

十五岁,李白模仿司马相如写辞赋。司马相如是成都人,汉武帝的御座前,他是风光人物。从汉魏一直到隋唐,不少文人向往他的做派:有才、有钱、有官、有名气、有美女。少年李白一口气写下《明堂赋》、《大猎赋》、《拟恨赋》,洋洋数千字,恨不得自己明天就变成司马相如。蜀地,相如更是家喻户晓,即使看不懂他的文章,也知道他跑到临邛县将富家女卓文君搞到手,财色双丰收。一般百姓,只要提到他在汉景帝、汉武帝以及梁王的手下都干过,马上就肃然起敬了,李白向往他,可以理解的。

但是我们理解李白,不可将他一味拔高,在他的作品中寻章摘句,强化他"济苍生"这一面。文学史、文学传记,动不动就美化贤者,令人很厌倦了。诗人自有高明处,不必老是动用统治标准,将诗人加以束缚,甚至绑起来给我们看。审美的空间,当大于贫和富。

杰出的艺术家,无非是动用好手段,将他对生命的特殊体验推向极致。如果拿是否关注民间疾苦的标准去套西方作家,人们会发现,这是很荒谬的。

少年李白的意志力朝哪个方向喷射,应该说大致清楚:他月下舞宝剑,灯前写华章,念念不忘官场、朝廷。家族的意志,经由父亲的悉心培养,传入他的血脉。包括那些从小就伴随他的、影影绰绰的家族传说。

父亲设计他、铸就他,然后静悄悄死去。

壮士一去不复返。李白二十五岁出川,再也没有回来过。他的官场拼搏,得意和失落,连同他的几个妻子、一堆孩子,绵州青莲乡的亲人们好像全然不晓。

此前他游巴蜀,到过很多地方。家里有的是钱。绵州有座匡山,他在山中和道士们打得火热,研究炼丹术,巴望成神仙。他到眉州(今四川省眉山市)象耳镇,亲眼看见一位老婆婆,要把铁棍磨成绣花针。他登上海拔3099米的峨眉山,观云海看佛光,无缘见神仙,却得了一首好诗:

峨眉山月半轮秋,影入平羌江水流。
夜发清溪向三峡,思君不见下渝州。

他坐船下重庆了。

李白二十几岁不成家,看来是不打算在绵州扎根。他成器了,父亲的手推他出去,叫他独自闯天下。开元十二年(724年)的春天他启程,有一名随从,被他命名为丹砂。他不是走出去的,是游出去的,次年春天才出夔门向荆门,视野忽然开阔,巴蜀的崇山峻岭被抛在身后,他写诗说:

远渡荆门外,来从楚国游。山随平野尽,江入大荒流。
月下飞天镜,云生结海楼。仍怜故乡水,万里送行舟。

他腰缠万贯离开四川,比司马相如可强多了。大半年在蜀中转来转去,再次登上峨眉山,为他后来的惊世杰作《蜀道难》作了铺垫。

当时的峨眉山很难爬的,须用刀剑开路,还得警惕野兽。

李白的山水诗,得山水之势。这个势字有讲究,既是形状,是场面,又是气韵。山和山不同,水和水有异,诗人能写出什么,要看他能感受什么。李白是侠气、文气与仙气混为一体的人,幼年又经历长途迁徙,陆路水路,横穿半个中国。他对自然的特殊感受,我们是难于切入的。理性分析与诗性体验更是南辕北辙。大诗人感受周遭,而我们感受他们的感受,仅此而已。那审美经验的"第一波冲击",我们是享受不到的。换个比喻:那个发力的暗物质,在我们的视野之外。

李白即将开始他的仕途体验。

2

李白在江陵(今湖北江陵市),凭吊古迹。江陵是楚国故都郢都的所在地。秦灭楚,将几百年的繁华都城烧成一片焦土,披头散发的屈原投进了汨罗江。屈原和李白,同为所谓浪漫主义大诗人,但李白对屈原的兴趣似乎有限。他在章华台的遗址盘桓多日。战国时代,这座豪华宫殿号称天下第一,楚人修建它,花了两百年。李白对宫廷景象着迷,希望一步登天,像他崇拜的司马相如。他不屑科举考试,从乡试考到殿试,考中了,还得从小官做起,对他来说,是一件不可想象的事情。唐朝以诗取士,这位十余年后的大诗人却要另择捷径。反正他有钱,走到哪儿花到哪儿。

李白奔官场,有他自己的考虑。他先要游山玩水,交朋友。"仗剑去国,辞亲远游",而远游的一大目的是寻找神仙。江陵来了大道士,他赶忙去拜见。道士称赞他几句,他心花怒放了,挥笔写下《大鹏遇希有鸟赋》,将道士比做大鹏,他自己则是希有鸟,高空展翅几千里。他从出生的那天起,就被神秘的气氛所笼罩,蜀中多仙山,神仙却一直不露面,他是耿耿于怀的。他为此行设定的终点是天姥山,对那儿的神仙抱有很大的期待。

他在楚地漫游,从一座名城到另一座名城。鄂州的赤壁古战场,汉阳的黄鹤楼,巴陵的岳阳楼……蜀中难得一见的浩瀚水域,着实让他开了眼界。他心里翻波涌浪,暂时忘了朝廷和神仙。他写诗,一挥而就,丹砂加以收藏。登黄鹤楼却碰上了劲敌:有个叫崔颢的人已经题了诗。"昔人已乘黄鹤去,此地空余黄鹤楼。黄鹤一去不复返,白云千载空悠悠。"这气势,把李白给镇住了。想半天想不出更好的句子,只好拜下风。拜下风却又心有不甘,在墙上留下两行字:眼前有景道不得,崔颢题诗在上头。

据此不难推测,李白这句话,是写在崔颢七律诗的下边。后来他名声大振,崔颢又沾他的光。黄鹤楼则沾了这两个诗人的光,成为中国四大古典名楼之一。

此间他有了一个朋友吴指南,也是四川人。吴指南旅途染重病,死了,李白掏钱安葬他,坟墓在洞庭湖边。过了两三年,他又从安陆专程赶来,挖墓起尸,迁葬吴指南于鄂城(今武昌)之东。这件事传为美谈,表明李白重义气。可我觉得,他有借此扬名之嫌。他以侠士自居,要干一件事情给世人看。出道几年了,名声起不来,于是他不顾炎炎夏日奔鄂城,搬运已经腐烂的尸体。

唐朝行任侠之风,李白不甘落后的。任侠的最高境界,是天马行空般的行事风格,李白自负,要体现这种风格。唐朝又尊道教,李姓皇帝都认为老子李聃是他们的先祖。老子成了神仙,就是太上老君。而凡界通往仙界,一要炼丹,二要寻找住在山里的神仙。李白干这两件事,格外起劲的。

任侠之人叫侠客,寻仙之人称羽客:羽化而登仙的意思。要弄懂李白,不妨记住侠客和羽客。文学史也提到了,却往往一笔带过。一笔带过用心良苦。

本文不带过,要停下细看。

李白是个非常时髦的人,开元盛世,城市流行的几大时尚,写诗,醉酒,任侠,炼丹,李白占全了,并且是佼佼者。他还夸耀杀人:"杀人红尘里。""十步杀一人。"

有人说他复杂,其实他单纯。在我的印象中,他有点像西楚霸王项羽。项羽杀人无数,是单纯的魔鬼。李白是由着性子引领时尚的单纯的大诗人。

我们也称他为伟大诗人。这个人的一生,生命力朝几个方向强劲喷发。

他描绘自己说:"身不满七尺,而心雄万夫。"

他的身材大概在一米七以下,比古书上形容的英雄人物矮了一截。

他不服气的,反而豪气更旺。他瘦,走路刚劲,佩剑不离身。他的眼睛很厉害,射人的,如同两道电光。陈寅恪先生疑心他是胡人,不是没有道理。他有游牧民族的性格特征。

不管他是汉人还是胡人,有一点不用争议:他是在汉语的语境中长大的。强大的汉语氛围笼罩他,他写诗近万首(散佚大半),又倒过来强化这氛围,笼罩后世的中国人。

开元十三年,李白到了庐山,给庐山留下一首诗:

  日照香炉生紫烟,遥看瀑布挂前川。飞流直下三千尺,疑是银河落九天。

写完得意诗他飘然而去,飘过大禹会诸侯的会稽山,飘过项羽抹脖子的乌江,沿长江抵六朝古都金陵。金陵古迹多,却留他不住,他很快飘到繁华如长安的扬州去了。

扬州他几乎待了一年。忽然有了许多朋友,这些人来自五湖四海,争先恐后与他称兄道弟。这个是诗人,那个是侠客,还有数不清的落魄公子,他们共同的特征,却是吃喝玩乐请他买单。他按圣人讲的诚信原则交朋友,朋友说啥他都信。再说他自幼不缺钱,挥金如土习惯了,一年内,散金三十万。金是指开元通宝,三十万,大约相当于当时一个五品官员三年的俸禄。斗鸡走马逛妓院,忽而越州忽而杭州的,李白潇洒之至,银子哗哗往外倒,随从丹砂傻了眼。有一阵他厌倦了,跑进了浙江的天姥山,希望神仙来照面。踏遍诸峰,神仙显然是躲起来了,不想见他。他沮丧,劳累,回扬州病倒在客栈里。他朋友一大帮,不愁没人送温暖。丹砂通知了十几个人,这些人却摇身一变成神仙了,一个都不来照面。

繁华糜烂地,薄情为时尚,李白这个外乡来的土佬肥冤大头,初尝人情冷暖,情绪落差极大。他病得不轻,差点死掉。大病初愈想家了,银子花光又没人寄,客栈从高级迁到低级,店主还欺客。

时值隆冬季节,百感交集的李太白给我们留下一首短诗:

床前明月光,疑是地上霜。举头望明月,低头思故乡。

有个孟少府对他不错,请郎中替他瞧病,又为他张罗婚事。女家在安陆(今属湖北),姓许,祖父许圉师曾做过唐高宗的宰相。不过许氏本人二十好几了,李白还要倒插门。他潦倒了,没办法,无名无钱无地位,江湖上也混不下去,只好应下这门亲事。史料说许氏长得漂亮,可能她选夫婿,选来选去年龄大了。

这一年李白二十七岁,比许氏略大。

李白居家过日子,家里却待不住,他要跑出去。还是要交朋友,虽然他吃了酒肉朋友的亏。他认识了孟浩然,发现这人的诗有隐士之风。真诗人碰上真诗人了,友谊也不掺假,你来我往,相得甚欢。孟浩然去扬州,李白写诗送他上路:

"故人西辞黄鹤楼,烟花三月下扬州。孤帆远影碧空尽,唯见长江天际流。"

扬州吞掉他三十万金,还得他一首千古佳作。南宋陆游,对这首诗推崇备至。

此后他与孟浩然,终身相忘于江湖。李白的友情,是此时此地的,他忙于感受新鲜事物,不会长时间惦记一个人,包括后来对杜甫。有些学者挖空心思证明他重友情,找证据很吃力。他们不明白,李白这种类型的诗人,和西方某些大艺术家相似。比如法国画家米罗,由于他画得出色我行我素,三个同行就要用绳子勒死他。毕加索对亲人的冷酷是出了名的。英国作家毛姆写《月亮与六便士》,他以印象派大师高更为原型描绘的画家,有时显得像野兽。

这个话题分量不轻,后面再细谈。

李白娶了宰相的孙女,又有钱了。不过许家的社会关系已是明日黄花,不足以让他踏上仕途。而他娶许氏,可能是冲着这个来的。钱财无所谓,他是要干大事的,寻仙不成,要考虑匡扶社稷。他不屑从小官干起,却迫于形势,不得不接触地方官吏,裴长史李长史之类。长史属州佐,并非地方最高长官,却往往架子大,骄纵凌人。骄傲的李白和这些人迎面相遇了,他还掏钱安排饭局,和官员们花天酒地。他与裴长史,见了九次面,花掉不少冤枉钱,可他不甘心,写信希望再见一次。信中他傲气不减:"何王公大臣之门不可以弹长剑乎?"这样的求职信,估计姓裴的看了只会冷笑,骂李白是傻逼。

唐朝所谓开元盛世,各级官员是最大的赢家,得意得很。李白那点钱,请吃有余,求官不足。官员给他笑脸,等他提出具体要求,笑脸就变成冷脸。恼人的是,这李白天真不改,裴长史不行,又找李长史。老婆许氏通过关系请出一位过期的领导马都督,马都督出面联系李长史,先呈上李白的诗赋。这回该有门儿了吧?然而李白醉后骑马,偏偏在大街上惊了李长史的驾。当时的地方规矩,长史的大驾所到之处,十丈内都是回避的范围。官员威仪受损,如何得了?轻则鞭笞,重则坐牢。许家人担惊受怕,催李白写悔过书,恳请马都督转呈。《上安州李长史书》就是这么来的,其中说:"白孤剑谁托,悲歌自怜。迫于凄惶,席不暇暖……若浮云而无依。"他照例送上一些作品,李长史看没看就不知道了。这件事,在安陆官场成了笑话,李白的悔过书,有人拿到宴席上朗读,佐酒取乐。

宋朝写《容斋笔记》的洪迈感叹说:"神龙困于蝼蚁,可胜叹哉!"

李白干任何事儿都能上瘾的,换个词叫百折不挠。裴长史、李长史之后,又来了韩荆州。此人更是神通广大,经他推荐、提拔的人,无不官运亨通。李白给他写信,开篇就说:"生不用封万户侯,但愿一识韩荆州。"荆州离安州不远,他专程到荆州治所襄阳城,拜见鼎鼎大名的韩荆州。他写诗描绘此事:

"高冠佩雄剑,长揖韩荆州。"

李白不来事儿,由此可见一斑。写信讨好对方,见面却长揖不拜,还弄一顶烟囱似的高帽,佩一把威武的雄剑。——见官是这么见的吗?装孙子也要装到底,不能装一半留一半。所谓不卑不亢,书上是好词,当官的看了却会不舒服。李白自命不凡,而官场最忌这个。官员十个有九个都不会理他。这姓韩的,跟姓李姓裴的一样,把他真情洋溢、掏心掏肺的求职信扔进了废纸篓。

李白想不通,很郁闷。不过他是李白,李白就是那种想不通的人,如果他想通了,他就变成其他人了。

他每天喝酒。写诗吹嘘说:"三百六十日,日日醉如泥。"

他有了一个女儿,取名平阳。后来许氏又生一男,取名伯禽。他以

安陆为中心四处游荡,北上太原,东去洛阳。下扬州是家常便饭,还酝酿到长安。用许家的钱财他心安理得,因为他是李白。离家少则三五月,多则一年。家不家的无所谓,他三十多岁了,出人头地是头等大事。估计许家也相信他,许氏很少埋怨他。这女人希望他有朝一日声名鹊起,让许家重现昔日的荣光。李白为她写过短诗,从未在诗中骂过她。

许氏为家族而活,寿命不长。她的郁闷似乎不值一提。

中国人的家族意识绵延几千年,可谓全球之最,男人拼搏,女人吃苦。——为了家族的荣誉、荣华和繁衍,很多人什么都肯干。

有一年夏天李白去了洞庭湖,将好朋友吴指南从坟墓中挖出来,用刀子刮泥土,满手筋肉。一个真正的侠士应该这么干。鄂城为之轰动,大小侠客奔走相告。安陆这边,反应一般。但这事儿的影响要留到未来去观察。李白喝酒写诗,酒后也能想出高招:他隐起来了。安州境内有座小有名气的白兆山,李白举家搬过去,隐给别人看。此间写的诗,具有几分陶渊明的风格:

东风扇淑气,水木荣春晖。白日照绿草,落花散且飞。
孤云还空山,众鸟各已归。彼物皆有托,吾生独无依。
对此石上月,长醉歌芳菲。

李白能唱歌的,边喝酒,边将诗句唱出来。毛泽东说他自己写词是"哼词",其义略同。

陶渊明一隐隐到底,李白跟他不同道。隐了半年多,名声照旧,不大不小的。李白心里焦急,于是来了灵感:索性隐到长安去。

3

长安南面有座终南山,又名太乙山,是秦岭诸峰之一。终南山是道教圣地,是皇帝常去的地方,王公大臣、社会名流趋之若鹜。山中很热闹,离宫别馆随处可见,美酒脂粉俱飘香。而简陋的小客店里,则住满心怀大志的隐士。当时有个顺口溜:隐士不到终南山,隐上千年无人管。然而隐士见隐士,要吵架,要搏杀,竞争非常激烈。山道上草丛中,如果发现一具或两具尸体,不用问,一定是隐士的尸体。李白的剑术派上了用场,随便舞几招,便吓退半打隐士。他杀过人的,这可不是吹牛。他的两只眼睛有如电光,夜里贼亮贼亮的,狼都要避开他。他学阮籍长啸,从半山腰冲到山脚。春光明媚的日子,他展示自己的作品,顺便露一手漂亮的狂草书法。

果然,他隐出名堂了。他结交了一位姓崔的京官,崔京官带他到长安,将他引荐给当朝宰相张说。李白异常兴奋,可是转眼情绪又低落:张大人正患重病呢,不久死掉了。

老爷子去了,儿子还在,官居三品,并且是娶了皇帝女儿的驸马爷。这张驸马也写诗,李白就投奔他了。岂知张驸马是专爱捉弄人的,介绍李白去终南山玉真公主的别馆。张驸马说,玉真公主读过李白不少诗篇。言下之意,公主是李白的崇拜者。李白一听蹦起来了,不顾连日秋雨,直奔终南山。到那别馆一看,竟像一座废园。不过,李白心中有了公主的倩影,枯藤老树兼凄风苦雨,无不呈现诗意。他等了四十多天,每天粗茶淡饭,一个看园子的老农陪着他。张驸马捎信叫他等下去,等机会更是等佳人。他写诗作回信:《玉真公主别馆苦雨赠卫尉张卿二首》。单从题目看,他确实等得辛苦。

后来他得知,公主当时在华山。他消息闭塞,不然他会跑华山去的。而终南山的这座别馆,公主的芳踪数年未至了。他徘徊废园,害着单相思,把秋天认作春天。

李白为人的傻劲儿,这件事堪称典型。

其实他也没有白等。上苍垂怜大诗人,几年后玉真公主和他见面,情动意动。公主读过了他在终南山别馆写的诗,为他的苦等流下了眼泪:早知如此,她也不去华山了。

有一些地方戏曲,安排李白在宫中与公主幽会。大才子俏佳人信誓旦旦。两场重头戏,秋雨废园是其中一场。

而是否具有历史的真实性,我们后面再谈。

李白在长安三年,可能有两年待在终南山。他立志隐给别人看,写诗舞剑表演书法,山顶山腰山脚,都有他称不上伟岸的身影。长安花销大,也是一个因素,李白不断让丹砂回安陆取钱,许氏在那边卖掉田产,抹眼泪却瞒着他。

眼下有"北漂"的文化人,从祖国各地涌向北京,聚集在圆明园或是五环路以外。当时应该叫西北漂,诗人、道士、侠客、落魄公子,纷纷隐入终南山,构成宏大而奇怪的文化景观。好像人人都怀揣绝技,明天就能飞黄腾达。

李白结交新朋友,一旦有点希望,立刻奔长安。希望成泡影,又快快回到终南山的低级客栈。拖欠房钱久了,老板赶他出去,他就隐在树洞里。他睡觉醒来就开始唱歌,试图以老树成精招徕围观,增加知名度。从山中到京城八十余里,他往返过多少次了,骑马骑骡坐独轮车,有时步行,仗剑劲走。他的往返路线图,画出他的遗传基因,他的家族潜意识,他置身于其中的文化背景与社会时尚。可惜古人在这方面,留给我们的资料太少。而现代学人的阐释,也不太注重这个。

冒昧提一句:我写古代文人,发现问题挺多。首先,供课堂用的文学史就有多重遮蔽。而我们尊重前辈学者,就是要去掉这些遮蔽。我当年写苏轼,发现理性的把握和感性的切入是两回事。理性的东西,尽管缜密、逻辑清晰,却难以瞄准不可分割的生命之流。

李白回安陆,纵酒寻欢。成功男人的标志是夜里归家晚,半夜敲门很寻常。李白徘徊在成功男人的边缘上:他见识过京城的大人物了。他又吹嘘,管这叫"历抵卿相"。他的确敲开了不少门,虽然那些门很快又关上了。许氏喜中有忧,支持他继续从事干谒的伟业。"干"是求取功名。干谒一词,当时流行甚广。诗人们敲权贵的门,并不觉得很丢份。李白的"安能摧眉折腰事权贵,使我不得开心颜",源于他摧眉折腰的苦涩体验。

有朋友叫元演,约他上太原。太原号称北都,权贵云集,不乏干谒的机会。李白喝酒、游览、结交、写赞美妓女的诗,而内心深处郁闷未解。他不同于别人的,是擅长表达这种郁闷:"抽刀断水水更流,举杯浇愁愁更愁。"

太原他待了一年。而老婆带着孩子在安陆艰辛度日,卖掉老屋,住到寒舍中去了。许氏有无怨言,我们不得而知。

从二十七岁到三十七岁,李白总结说:"酒隐安陆,蹉跎十年。"他的评价只限于他自己,不包括老婆孩子。唐朝的富庶与开放是举世公认的,但妇女的命运并无多大改观。良家妇女默默无闻,倒是妓女们不断涌到诗人们的笔下。

李白的三件大事:求仙,任侠,干谒,没一件是出色的,所以他说"蹉跎十年"。他显然把诗歌艺术放到后边了。

事实上,这十年内,他杰作不断,至少有六七首诗是他毕生的顶峰之作。艺术是压抑和苦闷的产物,压抑意味着蓄积能量。生命越强大,压抑愈甚,喷发愈烈。而在喷发的过程中,与之相应的艺术形式会前来照面。小诗人也会压抑,可他拼命挤压出来的东西,品质总是流于一般。没法子。艺术的严格,不亚于科学的严密。好的艺术永远像深埋地下的钻石,它受力的漫长的过程却是一个谜。

艺术与自然,具有相同的神秘性。科学技术若想消灭这种神秘性,终有一天会证明它的愚蠢。海德格尔说:很可能,在自然背向技术的地方,恰好潜藏着自然的本质。

比如河流的本质,显现在它的原始形态与天然弯曲之中:清澈、混浊、九拐十八弯。河流取直线,伤天害自然。当下,这是令人忧心的问题。

艺术也一样,立足于自身的敞开,既不向权力场、也不向市场寻求本质性的依据。御用的东西,很难有传世之作。而一味求市场,往往没市场:读者受蛊惑于一时,但要永久蒙他也艰难。

李白针对艺术说:"清水出芙蓉,天然去雕饰。"

他看见了清水,而清水下面是烂泥,烂泥有丰富的营养。

他十年蹉跎,而蹉跎的形形色色的场所,我们不妨解读为烂泥塘。在他的意志集中的旁边,艺术之花悄然盛开。

事实上,他此间写的几首诗,奠定了他名声的基础。有趣的是,他也写歌颂权贵的,数量不少,却没有一篇是杰作。

违心干谒或能成功,勉强写诗断无佳作。

人们熟悉的《行路难》之一,开篇就说:

金樽美酒斗十千,玉盘珍馐值万钱。停杯投箸不能食,拔剑四顾心茫然。

这诗我特别喜欢,尤其后两句。拔剑砍谁去呢? 剑客空有宝剑,酒徒不能沉醉于酒乡。李白的形象就是这样。他不甘心,又常常失去方向感。屈原投汨罗,嵇康赴刑场,陶渊明转身入丘山……李白多次表示不想和文人为伍,可他比他的前辈们更像队伍中的一员。

他又说:"欲渡黄河冰塞川,将登太行雪满山……行路难,行路难,多歧路,今安在。长风破浪会有时,直挂云帆济沧海!"

语句高亢。要让李白低沉,那是多么困难。想想他的眼睛吧。

文人投身政治是悖论,但文人首先是读书人。读书人是什么人呢? 他传承文化,担当道德。以文明教化百姓,以道德规约社会。道是价值体系,德为伦理规范。而权力有它自身的运行模式,文人进去搅和,不是毫无结果。杰出的文人,无一例外是理想主义者,以他不甘示弱的强光照亮现实。他们是历史的发光体,光芒穿越千百年。生活可能是混沌的,文人的目光相对清晰。而正是这种清晰,才使混沌显现为混沌……

中国文人的历史性的活动区域,是在权力、良知与美感之间。

没有一个伟大的作家,是冲着名利奔官场。而官场总是一时的官场,它在弹指一挥间。

再看李白的《将进酒》:

君不见黄河之水天上来,奔流到海不复回。君不见高堂明镜悲白发,朝如青丝暮成雪……天生我材必有用,千金散尽还复来……古来圣贤皆寂寞,惟有饮者留其名。五花马,千金裘,呼儿将出换美酒,与尔同销万古愁。

五花马与千金裘,是有钱的朋友送他的。诗中还提到岑夫子、丹丘生,他们都不是通常意义上的酒友。三人饮美酒,催生此佳作。李白的万古愁,道破古代知识分子的千年困境。也许他不自觉,不自觉更好。诗中几个关键词:有用,寂寞,留其名。他未能有用于当世,辗转敲门敲不开,人生处处喧嚣,处处有寂寞。转而喷发为诗章,名留千古。

由此观之,李白的所谓浪漫,其实闪耀着灿烂的现实之光。

仕途艰难有如蜀道,蜀道之难,则难于上青天。李白的《蜀道难》,

是按照同名曲谱填的歌词,也是在酒桌上写的,一来就是逼人的气势:

噫吁戏,危乎高哉!蜀道之难,难于上青天……尔来四万八千岁,不与秦塞通人烟。西当太白有鸟道,可以横绝峨眉巅。地崩山摧壮士死,然后天梯石栈相勾连……

蜀中山脉多,峨眉数第一。三十年前空气质量好,透明度高,我在眉山的城墙上,能看见耸入天际的峨眉巅。李白曾两次登峨眉,并在山中盘桓数月之久。他对蜀道的印象,峨眉山占据核心位置。眼下的峨眉山号称天下无双,旅游收入像天文数字,李白当记一大功。

李白一生足迹,遍及半个中国,多少山山水水,被他的诗句所激活。

中国古代文人,激活了中国山水,他们的灵魂至今缭绕于绝壁,浸润于烟波。生存艰辛却朝着审美,这多好。仕途体验之类,被山势化为无形。我们对李白在安陆所遭遇的姓裴姓韩姓张的,应当道一声谢。

李白寻找神仙,神仙躲着他,却让诗神与他会面,将灵感注入他的一场酣梦:《梦游天姥吟留别》。

……我欲因之梦吴越,一夜飞渡镜湖月。湖月照我影,送我至剡溪…脚着谢公屐,身登青云梯。半壁见海日,空中闻天鸡…

天姥山在今浙江新昌县东,唐代盛传,此山与相连的天台山(今浙江天台县内),常有神仙出没。南朝的谢灵运,进山不久就成仙了。李白在四川长大,一直相信神仙住在山里,而不是在海上:"海客谈瀛洲,烟涛微茫信难求;越人语天姥,云霓明灭或可睹。"

他描写山中的云神与诸仙:"霓为衣兮风为马,云之君兮纷纷而来下。虎鼓瑟兮鸾回车,仙之人兮列如麻!"

好多好多神仙,列队欢迎他。然而梦醒了,摸摸枕席,唤回现实感。神仙飘然而去:"失向来之烟霞。"天知道李白做过多少神仙梦。现实感由枕席延伸至官场,奇句如异峰突起:

安能摧眉折腰事权贵,使我不得开心颜!

有此一句诗,十年不蹉跎。

摧眉折腰不开心,古今皆然。李白说出了无数人的心里话。

4

许氏病故,抛下一儿一女。李白移居山东,投奔远房亲戚。许家人看来是对他失望了,没有依依惜别的场景。倒是许氏的侍女碧桃,嫁给李白的书童丹砂,像戏曲里常见的情形。

鲁境七百余里,北有泰山南有大海,既是膏腴之地,又是礼仪之乡。李白定居任城(今山东济宁),以任城为中心游走四方,和五个文人墨客交上了,加上他,合称"竹溪六隐",模仿魏晋时代的"竹林七贤"。隐了几个月,不见成效,他跑到杭州去,认识了一个姓刘的绍兴女孩儿,并很快和她成亲。刘姓女孩儿的家庭背景,史书无记载。李白不经商不种地,婚姻是他的财源之一。他不缺吸引女人的本事,像他崇拜的司马相如。所谓闯江湖走天下,一定要弄女人,婚姻就是婚姻,跟爱情没关系。说李白爱上了什么人,等于讲笑话。姓刘的绍兴女子,受到后世学者们的围攻,因为李白不止一次写诗骂她。文人在文章里痛骂老婆,不多见的。我估计刘氏是个烈性女子,不能容忍李白拿家庭作客栈,她和老公之外的男人好上了,李白火冒三丈,骂她,却并未拿剑刺她。

我疑心李白杀人是他自己杜撰的。

这段婚姻未能持久,绍兴女子弃他而去。

此间他为泰山写了六首诗,可能因为情绪欠佳,不及杜甫写泰山的半句诗。

他漫游,常常不知身在何处。他的飘零感是惊人的:很少有人像他这么满世界窜。几股大力推他,令他身不由己。如果罗列他一生走过的地方,定有几百处之多。羽客,侠客,诗人,三种角色外加求官,让他席不暇暖。他没有家乡。"此心安处是吾乡。"老婆温暖的怀抱,多少给他一点家乡的幻觉。可是老婆跑掉了,第三次婚姻尚未惠顾于他。

他没家想家,在兰陵,出乎意料地得了一首好诗:

兰陵美酒郁金香,玉碗盛来琥珀光。但使主人能醉客,不知何处是他乡。

家乡何处觅？醉乡有消息。"阿谁扶上马？不省下楼时。"

李白喝醉了，踉跄下酒楼。谁扶他上的马，他忘得一干二净。山东男人都是豪饮，却互相传递消息说：来了一个蜀人李太白，那才叫酒仙！

求仕不成诗名盛，民间流传他的诗歌。唐朝以诗取进士，及第的诗人多，落榜的诗人更多。诗歌的鼎盛期，一个大诗人浮出水面，至少一百个小诗人沉入水底。小诗人的功劳是：为繁荣语言艺术做贡献，为大诗人的出现奠基础。撇开官方标准，但凡有好诗，总能得以流传。数不清的秀才举子吟诵李白诗，无论他得意还是失意。有时李白看见《将进酒》被人书写在酒楼的墙壁上，有时在客栈，又听见陌生人含泪低吟"床前明月光"。诗人们也是那个年代的流浪汉，大城小城，大旅馆小客栈，常有他们的身影，他们激动的面容或倒霉的样子。李白向来自视甚高，不屑与儒生为伍，认为这些人不懂经济——经邦济世。而儒生通常是诗人。诗人则一定要漫游。另外，官员们没有不懂诗的，商贾、普通市民又向官员看齐……所有这些，为好诗的传播营造了环境。

李白看不起小诗人，小诗人却是传播他的诗歌艺术的主力军。大诗人露面了，名叫王昌龄，写过"但使龙城飞将在，不教胡马度阴山"。两个大诗人在洞庭湖见面，互相钦佩，背诵对方的好句子，逞一时之盛况。儒生们撒开腿奔走相告：王昌龄与李太白……不过，这次见面，李白既高兴又沮丧。诗名满天下的王昌龄高看他，使他兴奋不已。然而对方是出了名的开元进士，一度受朝廷重用。李白快满四十岁了，仕途还无从谈起。

此后两三年，他漫游湖南、湖北、江苏、安徽、浙江，诗名日盛，却未能弄一顶官帽。有人开玩笑赠他乌纱帽，他写诗酬谢，玩之再三。平时他穿道士的服装，腰佩宝剑，头戴巾帽。官府没他的位置，官员却乐意和他交往。他自由的举止对习惯于官场做派的人是一种非常有益的补充。另外他见多识广，通剑术，会炼丹，知道神仙住在什么地方。和他交往是愉快的，虽然他阅人太多，大多数朋友过目便忘。官员请他吃喝，给他钱用，他早习惯了，没钱还伸手要，并不以为羞惭。陶渊明乱世乞食，"敲门拙言辞。"李白盛世要钱物，好像名正言顺，好像别人欠他似的。

西方的街头艺人,和中国古代的流浪诗人很相似。所不同的,是千百年以来,西方一般人都能理解他们的艺术家。而中国诗人若到街头去朗诵,将被冷漠或嘘声所淹没。民众的日常生活,跟艺术关系不大。当物品过度充盈之后,也许将有出人意料的改观。

商品拜物教,终有一日会反噬自身,为精神的苗壮成长让出空间。

但愿吧。但愿再过二十年,国人皆知李白的分量,把握他的精神内涵,欣赏他的特立独行。以此类推,十个中国人当中,至少该有两三个,对伟大的中华文明心中有数,而不是仅仅放在嘴上。仅仅放在嘴上,则难免胡乱吹嘘,色厉内荏,经不起国与国之间的文化较量,对文化的入侵者缴械投降。

李白像一片叶子飘在江南,他并不知道,长安的皇城内,皇帝和妃子们正在传阅他的诗篇。

皇帝发现李太白了,包括他的美貌绝世的女人杨玉环。皇帝读了李白的作品,惊叹说:好诗,真是好诗。于是王公、百官纷纷附和,学者们挑灯夜战研究李白,指出他堪称当代的司马相如。这样的人才,放在民间可惜了。皇帝下令,召李白到长安。据说诏令连下三次,玉真公主也在父皇的御座前夸李白,她已经读过了几年前李白在终南山玉真别馆写的诗,芳心暗暗摇动。

皇帝是唐玄宗。时为天宝元年的秋天。

李白和一个姓吴的道士,正在江南乱窜,醉不完的酒。接到诏令他直奔南陵,将吴道士抛在脑后。南陵有他的儿女,大约寄居朋友家。他写诗说:

仰天大笑出门去,我辈岂是蒿蓬人!

所谓蒿蓬人,等于现在讲的草根阶层。想想他压抑多年,一夜之间大翻身的模样吧。

他只身奔长安,不带儿女。他在长安得意时,儿女仍在两千里外。换成杜甫,不会这么干。

他骑快马飞奔,所谓春风得意马蹄疾。夜宿客栈,有朝廷派来的使者伺候着。他逢人便嚷嚷,动不动就仰天大笑。多少年他渴望着一步登天,他如愿以偿了。登天干什么?登天就变成司马相如了,赞美皇上和他的女人,名播天下。当官,名车宝马,好酒喝不完。当然啦,他不会忘记济苍生,造福百姓。

　　到京城他入住招贤馆,长安街头高视阔步。李太白三个字不胫而走,拜访者络绎不绝,全是有头有脸的,包括那位捉弄过他的张驸马。写过"二月春风似剪刀"、"少小离家老大还"的贺知章,八十多岁了,官居三品,一见李白就说:好个谪仙人啊。二人携手登酒楼,大人物却忘了带银子,解下佩饰小金龟,随手递给店家。——这派头,李白多年后还写诗赞叹。

　　没过几天,来了一名内侍,恭请他到皇城第一宫:大明宫。皇帝来了,"降辇步迎",如此恩宠,高官也羡慕。李白越发扬眉吐气,皇帝面前也侃侃而谈。其实他不明白,他是"体制"外的人,皇帝才这么礼遇他;还拉他坐到七宝龙床上,命太监奉御羹,皇帝用他的驭手,拿调羹在碗里弄了几下。——这些都是权力符号,屡试不爽的。弄三下还是弄五下,太监们都看在眼里,包括表情严肃的大太监高力士。

　　皇帝几个随意的小动作,宫门内外传得比风还快。

　　李白被封为供奉翰林。翰林院设在宫禁内,不止一处,便于皇帝随召随到。按规矩他得了一匹"厩马",宫中并不稀罕,外面就威风十足了。李白骑厩马,一日在城里走几遭。当年的斗鸡走马之徒,依稀认得他,狂呼他的名字,猛追他的肥马。

　　长安城南北十七里,东西十五里。人口近百万,相当于眼下一座中等城市的规模。城北宫墙四周,全是豪华府第。李白出这门进那门,再高的门槛,到他的脚下一律变矮了。雪片般的请柬供他挑选,三品之下,几乎就不用考虑。张驸马兄弟三人都围着他转,安排他见玉真公主。

　　大诗人见俏公主,留给后人多少想象:二人盯着对方看,足足看了半分钟,仿佛比赛眼睛的亮度。彼此都是对方的崇拜者,又有共同语言:谈道教说神仙,不觉日色向晚,并肩漫步后花园,是否手牵手就不得而知了。

唐朝的男女之间是比较开放的，比如女人穿露胸装，向男人们亮出乳沟。从现存的绘画资料看，女人们的胸脯大都丰满。这和亮乳沟不无关系：男人们不愿撤离的目光使之饱满而坚挺。而男女一旦情动于衷，就有相应的动作来配合，要牵手，要亲嘴的。道士们研究房中术，地摊上也摆着春宫图。

玉真公主后来变成了女道士，也许与李白有些瓜葛。她是皇帝的妹妹，和玄宗年龄悬殊。李白在长安待了三年，没老婆。以他供奉翰林的身份，见公主不难。公主主动约他也是可能的。这件事儿，野史有猜测，戏曲有演绎，而正襟危坐的学者们不屑写下只言片语。

"色"的领域，历来是讳莫如深的。后果是：今天为数众多的专家作家，仍不知色为何物——色在何种意义上，被权力、文化以及日常习俗所规定？

5

李白以为供奉翰林是高官，不得了。他过于兴奋了，心醉酒醉加色醉，哪有心思揣摩这"供奉"二字。梦里他成了辅佐刘邦的张良，醒来他又认为自己是诸葛亮。总之他要干大事，不干小事。他加紧温习翰林院的皇家藏书，有资料说，他把《贞观政要》背得烂熟。目光有如电脑扫描。

古代文人于政治，往往显得天真可爱，也不管这潭水多深多浑。文人之为权力的异数，不是多了，而是少了。如果这个群体庞大起来，所谓人文精神，所谓人性意识，所谓底层关怀，会在皇权之外盛开独立之花，会减少权力的覆盖面积，换言之：会增加全社会的幸福感。

唐朝读书人以诗人的面目涌入官僚阶层，从总体看，并未增加多少异质性的东西。权力的吸附功能是强大的，皇帝的风格决定一切。此时的唐玄宗在位三十年，已不思进取，耽女色，迷神仙。权力所面临的唯一挑战，还是权力。读书人哪怕他学富五车，激情澎湃，高瞻远瞩，一旦踏入官场，就会发现两难：要么扔官帽，要么扔掉指点江山的书生意气。

李白这样的人，发现上述两难，需要时间。

宫中多舒服。每天有人请赴宴。更有机会叩见天子,一睹天仙般的杨玉环。长安城外四十里,有骊山,皇帝与贵妃常去那儿。白云缭绕山峰,女人环绕男人。玉环二字有意思,看来是天意。玉是她的肌肤,她圆润的长臂与美腿。白居易《长恨歌》说:温泉水滑洗凝脂。杨玉环是悲剧性的绝代佳人,说她误国是扯淡。鲁迅先生曾计划为她写长篇小说呢,可惜计划未能实现。梅兰芳的《贵妃醉酒》已是百年经典。我看过李胜素扮演杨贵妃,那扮相那唱腔,直把人看呆。我觉得,戏曲表现生活的韵味儿,尤其女人的韵味儿,也许胜过其他的艺术门类。

李白的长安三年,留下三首好诗,全是献给杨玉环的,其一云:

云想衣裳花想容,春风拂槛露华浓。若非群玉山头见,会向瑶台月下逢。

群玉山和瑶台是王母娘娘住的地方。王母娘娘是神仙中的美少妇,李白拿她比喻杨贵妃。当时神仙非虚构,不是在山中,就是在海上。云想衣裳花想容,两个"想"字绝妙。宋朝有个蔡襄,想不通,把"云想"改成"叶想",拘泥到家了。春风拂槛,则歌颂了唐玄宗。杨玉环犹如春风里的牡丹花。其二云:

一枝红艳露凝香,云雨巫山枉断肠。借问汉宫谁得似?可怜飞燕倚新妆。

汉成帝的那位能作掌上舞的赵飞燕,倚靠新妆,方能与天然姿态的杨玉环相提并论。前面用了云彩和鲜花,这儿以美人比美人。紧接着抛出第三首:

名花倾城两相欢,长得君王带笑看。解释春风无限恨,沉香亭北倚阑干。

沉香亭:以沉香木盖的亭子。皇帝专用,如同椒房之类。
这三首《清平调》,有个写作背景:宫中的牡丹花开了,玄宗携玉环同赏,宫廷音乐家李龟年献颂歌。玄宗听腻了,叫李白来试试。李白宿酒未醒,一挥而就,交给宫廷音乐家谱曲。

汉武帝有李延年,唐玄宗有李龟年,像是两兄弟。延年,龟年,意思也接近。汉武帝又有司马相如,唐玄宗则有李太白,皆能歌颂,"润色鸿业"。好在西汉、盛唐称治世,不然的话,这四个人可能要遗臭万年。

此前李白是见过玉环的,他去过骊山,骑厩马,手执御赐的珊瑚鞭,"幸陪鸾辇"。骊山有专供臣子泡澡的"长汤",据司马光记载,大小数十处。李白大约享受过,而以他的性格,不眺望贵妃入浴的华清池几乎是不可能的。如果他有望远镜,多半敢于派上用场。至于夜来做美梦,玉皇大帝也管不了他。

云想衣裳花想容,李白的梦想也在其中?

《唐诗三百首》的注释说:杨玉环"笑领歌词,意甚厚。"乐师们唱《清平调》,玉环领唱,玄宗伴以丝竹。意甚厚,说明她很高兴,格外理解李白赞美她的诗句。以她地位之尊,容貌之美,舞姿歌喉之曼妙,她得到的赞美,后宫佳丽三千,加起来也不如她。李白即兴写几句,她就亲自出场,笑领歌词了。玄宗这才吹笛子,伴她的歌声与舞姿。她跳"霓裳羽衣舞",丰腴体态,却能把人跳得如痴如醉。她是当时首屈一指的舞蹈艺术家,抵达激情状态,满园牡丹失色。阅美无数的唐玄宗迷她到死。如果杜甫见过她的舞蹈,也许再无激情写公孙大娘的剑器舞。李白的诗,玉环的歌舞,堪称绝配。

三首《清平调》,不入当代的名家选本:林庚、冯沅君的《中国历代诗歌选》,朱东润的《中国历代文学作品选》。真遗憾。照此标准,白居易正面描写杨玉环的、缠绵悱恻的《长恨歌》也应剔除。

而《李白大辞典》断言,这三首诗的基调是讽刺。李白当面讽刺杨玉环?讽刺唐玄宗?真是奇谈怪论。联系李白的生平,他写给地方官员的一封又一封求职信,以及他初入宫廷的心境,赞美贵妃毋庸置疑。他斗酒斗胆,诗中用了暗示男女交欢的"云雨"一词,其他文人不敢用的。现场气氛起来了,绝代佳人翩翩起舞,一双美目顾盼生情。

当时李白的眼睛有多亮?男人和女人的眼睛,亮起来不一样。

《唐诗三百首》的注释又说:"自是上顾李翰林尤异于诸学士。"——从这以后,皇上照顾李白胜过对其他的翰林学士。

李白本来就狂,从此越发得意。小诗人在宫中只会谨小慎微,大诗人几乎想干啥就干啥。刚入翰林院他也曾收敛,但很快狂起来了。于是发生了两件大事:杨国忠捧砚;高力士脱靴。杨国忠是贵妃的堂兄,后来当上丞相。李白奉旨写诏书,杨国忠为他捧砚,也许是尊重人才的意思。后人联系杨国忠做了丞相以后的种种劣迹,将李白推到他的反面。

高力士是宫中的老太监,权力之大,超过丞相。太监都有这能耐,欲望失掉一半,意志反而集中:他一门心思弄权搞钱,不惜把宫廷搞得天昏地暗。历代内侍乱政,不亚于后妃们你死我活的斗争——脂粉斗脂粉。这是封建王朝的权力格局使然,内侍,外戚,嫔妃,将军和诸侯王,任何一个有足够分量的角色失控,势必导致天下大乱。太监这种东西,原是在宫中服务的,并不占据权力的份额,可他侍候最高统治者,各种机会都来了。他在皇权的氛围中生活,眼里没别的。他是皇帝的变了形的影子,是一种寄生数千年的怪物。女人们姹紫嫣红,他能旁观别人的欲望,因而反观自身,唤起不伦不类的意识,并终身在这种意识中打转。于是他发狠,残缺的生命力强劲喷发。——太监之为太监,如果能动用人类学、现象学以及心理学的手段加以描述,想必很有趣的。进而综观权力场,会发现更多的现象。

高力士的形象,只消想想秦始皇手下的赵高就可以了。皇室成员跟他称兄道弟,有些人还巴结他。他在宫中走动,像个飘浮的幽灵。他干笑或咳嗽,总有人会吓得发抖。没人能摸清他的心思,所以人人都怕他。李白和他照面若干次了,领教过他的厉害,也听过关于他的传说。李白厌恶这样的变态权臣,当在情理之中。

《新唐书》说:"白常侍帝,醉,使高力士脱靴。力士素贵,耻之。摘其诗以激杨贵妃,帝欲官白,妃则沮止。"

这段话是想说,玄宗本来是打算给李白一个实质性的官位,由于贵妃阻拦,未能兑现。学者们普遍表示怀疑,认为玄宗不可能让李白参与治理国家。召李白入宫禁,主要是发挥他歌功颂德的才能,经常写诗,偶尔撰旨。时间长了,他也可能像司马相如,到外面做个什么官。

皇上的心思,和李白的心思不对路的。

李白写《清平调》,杨妃原是满心喜欢,高力士却说:赵飞燕是出了

名的坏女人啊,后来自杀身亡,结局很惨的。李白拿娘娘比飞燕,他安的是什么心?

杨妃不高兴了。高力士这番话说到了点子上,大太监名不虚传。漂亮女人用脸蛋不用心的,杨妃转而恼恨李白,君王跟前讲他的坏话。但这事儿有个破绽:杨妃若是恨李白将她比做祸国的、自杀的赵飞燕,岂能说几句坏话就甘休?她要让李白死,李白是活不成的。

赵飞燕这个历史符号,是指向掌上跳舞的,李白写诗,杨妃唱词,包括伴奏的唐玄宗,显然没去考虑飞燕自杀的问题。

也许真相是这样:杨妃听了谗言不高兴,转念一想,又半信半疑。枕边对玄宗说过几句,事后她就忘了。《清平调》一直是宫中的保留节目,她亲自表演时,会想起已浪迹天涯的李白。

李白在皇帝身边,不改酒徒的形象。而玄宗此时,除了对玉环和神仙,别的事很快会厌倦。他这种人,不可能从人性的角度去欣赏李白。皇帝的思维定式,也如同太监。

事实上,李白的长安三年,扮演着弄臣的角色。大诗人萎缩成宫廷诗人。他善于夸张,后人爱戴他,又夸张了他身在宫廷的酒鬼形象。

李白两次到长安,前后六年,没有伟大的诗篇。这使我想起苏轼的"京国十年",也是未能写下传世佳作。杜甫发现了这个规律,慨然说:"文章憎命达"、"诗穷而后工"。

李白闲不住,长安城里玩个够。翰林院数他最自由,有时早晨开大门,看见他睡在台阶上。三年千余日,他自称醉倒八百天。宫中普通的厩马,他称为飞龙马。他是大鹏,是稀有鸟,飞龙马才配他。京城吃喝玩乐,斗鸡走马,他没有不在行的,堂堂李翰林,十处打锣九处有他。四十几岁的人了,用四川话形容,他是年轻人眼中的"老操哥"。

伟大的诗人,干任何事都正常。只要他不是无缘无故地杀人放火。性格有毛病,为人有问题,是艺术家显著的特征之一。面面俱到者,温文尔雅的谦谦君子,则多半是冒牌货。

6

唐玄宗打发李白走人,"赐金还山"——这山野之人,从哪儿来回哪儿去。开元、天宝隐士多,隐士又纷纷弄神通往京城跑,很多人是被赶走的,李白得此殊荣,钱袋又鼓起来了。可他不以为荣反以为耻。为什么呢?因为理想未能实现。唐玄宗设的翰林院,不少士人飞黄腾达,当上大官。李白企盼,傻等,不去学钻营,根本不知道这翰林院原是学习钻营的好地方。他走人很正常,不走才怪。他能做三年供奉,倒说明玄宗有度量。

长安一夜之间成了李白的伤心城市,他卷起铺盖,扛着钱袋。这一年他四十五岁。张良或诸葛亮,看来是做不成了。枉自在翰林院挑灯攻读《贞观政要》。

这是天宝三年的春天。牡丹花又开了,杨玉环在宫中,又要唱他的《清平调》了吧?

诗人心灰意懒,打马回山东。情绪的巨大起伏,孕育着不朽的诗篇。

到任城,他干了两件事:用皇帝给他的钱盖了一座酒楼;又在家里弄了一间炼丹房。从此他把自己托付给美酒与仙丹。

他写诗说:"我本不弃世,世人自弃我。"

又说:"吾将营丹砂,永世与人别!"

不难想象他诅咒发誓的样子。他空前地向往神仙,甩开膀子干起来了,把山中的矿石搬回家,生火烧炼。几百年前的葛洪留下炼丹秘方,从"一转丹"到"九转丹",层次分明。据说吃了九转丹,三天就从凡胎转为神仙了。李白苦练三伏,七七四十九天,不离丹灶一步,一张脸炼成非洲人了,目露精光,眼巴巴望着红黄的矿石炼成灰白的粉末。他宣称:大功告成了!粉末调成丸子,即便不是九转丹,也是六转七转丹。他坚持服用了三天,每天拉肚子,不停地跑厕所。人也拉变形了,只好转服止泻药。他不死心,又跑到齐州找什么高天师,让天师为他举行受道箓的仪式,身体与精神备受折磨,正式成为一名道士。这仪式,当代诗人安旗的《李白传》有详细记载。

在洛阳,李白与杜甫相遇了。

杜甫小李白十一岁,此时已过了而立之年。他十年前就到洛阳考进士,没考中。他也是各地游学,长见识,写诗,已经写下了描绘泰山的传世之作。他曾以洛阳为中心,游吴越,游齐鲁。两个大诗人都在游,现在游到一块儿了。

洛阳号称东都,富庶而繁华,高官大贾云集,是名闻天下的纸醉金迷之地。杜甫以一介布衣,目睹阔人过日子,感觉很不好。听说李白路过洛阳,杜甫赶忙去拜见。

当时李白已是公认的大诗人,而杜甫尚在走向大诗人的途中,写诗很苦:"为人性僻耽佳句,语不惊人死不休。"李白又在宫廷待了三年,全国的大小诗人无不称羡。杜甫显然是李白的崇拜者。而李白刚离开朝廷,郁闷,神思恍惚,满脑子装着神仙。杜甫想跟他游,他同意了。花谁的钱不得而知。这一年李白不缺钱。

闻一多先生描绘李、杜相见说:"我们该当品三通画角,发三通擂鼓,然后提起笔来蘸饱了墨水,大书而特书……我们再逼紧我们的想象,譬如说,青天里太阳和月亮走碰了头,那么,尘世上不知要焚起多少香案……望天遥拜,说是皇天的祥瑞。如今李白和杜甫劈面走了,不比那天空的异瑞一样的神奇、一样的有重大的意义吗?"

这段话,王瑶教授的《李白》一书又加以引用。

我实在不理解,闻一多的激动是怎么回事。李白见杜甫,很寻常的,跟他的许多一般性的交游没啥区别。杜甫显然激动,而李白的反应平淡。激动与平淡皆正常。对李白来说,多一个朋友也不是坏事,并且是合格的崇拜者。——杜甫在他的带动下,写诗歌颂神仙了,不辞辛劳,随他苦寻著名道士华盖君。听说华盖君死了,他们一同悲伤。

两个人游起来了,李白这几年吃得好,面目加丰,杜甫瘦而高。游山东,游河南,在梁园(开封)盘桓。这地方曾是汉武帝时梁王的封地,司马相如在梁王府写下《子虚赋》。李白谈起相如就滔滔不绝,杜甫洗耳恭听。又来了一位诗人高适,河北人,写过"莫愁前路无知己,天下谁人不识君"。三个诗人游,比两个更痛快。喝酒,携妓,纵情山水。李白居首,高适次之,杜甫甘于末位。李白的兴奋总是与神仙有关,而杜甫的兴奋只在眼前:李太白几乎就是神仙。杜甫崇拜李白,最大限度地感受李白,恨不得变成李白。如果说李、杜的这次交游具有某种历史性,那么,这种历史性,仅限于它向我们表明——杜甫的真诚。李白也一样。大诗人全都真诚,对自然,对人事,善于学习,不怕被别人的魅力所吸引。而小诗人则忙于摆谱,囿于他的自尊心。

纵观社会各领域,所谓自尊心,害了很多人。

生命力的强劲喷发,有时需要毕恭毕敬。骄傲与谦虚,有时是一回事儿。

杜甫后来赞美李白,诗句直逼李白的核心处:"白也诗无敌,飘然思不群。"——李白的心思卓尔不群,导致他的诗篇无敌于天下。杜甫还描绘李白:"敏捷诗千首,飘零酒一杯。"没有对李白的生命形态的特殊感受,写不出这种诗句。

杜甫的后半生不停地怀念李白,他形容李白的句子也成了千古绝唱:"笔落惊风雨,诗成泣鬼神。"

而李白写给杜甫的诗,则属应酬。他可能写过就忘了。

三个诗人同游,文坛视为佳话。但也不必过于激动,擂鼓焚香什么的。那一阵,三个男人都是仕途失意,游到秋天散了,各奔前程。高适四十岁以后仕途走大运,和他想要追随的陶渊明刚好相反。《旧唐书》说:"有唐以来诗人之达者,惟适而已。"

高适做的官皆为实职,从地方大员到朝廷重臣,不像李白的供奉翰林,是虚职。这供奉二字,李白现在的体会异于三年前。比之安陆十年体会更深:仕途之难,难于上青天。而天上的神仙又迟迟不下凡。

杜甫回忆李白在开封的情形时说:

"醉舞梁园夜,行歌泗水春。"

有个叫金陵子的妓女,频繁出现在李白的诗中。她可能是金陵(南京)人,长得很漂亮。当时的妓女,素质好,诗词歌舞是必修课,她们的流动性也大,有如浪迹天涯的诗人们。

李白的及时行乐是显而易见的,我们不用为他的品德操心。伟大的诗人,并非一定是道德楷模。屈原、陶潜、杜甫、苏轼是这类楷模,但李白不是。

依我看,才华是第一位的,生命的强度在道德之先。

7

从四十六岁到五十五岁,李白在各地漫游,"一朝去京国,十载客梁园。"他家在山东,常居河南开封,又以河南为中心,游河北、山西、陕西。"酒隐安陆"十年,客居梁园十年,中间则是五年的江南漫游和三年的翰林学士,李白一生的主要轨迹,就在这二十八九年。杜甫说:敏捷诗千首,飘零酒一杯。这诗句对李白的形容非常贴切。飘零是李白的常态,他没有多少家园的概念,虽然他也写诗怀念儿女,但比之杜甫的亲情差远了。四川老家,兄弟姐妹一大堆,他几乎只字不提。这是耐人寻味的,学者们往往语焉不详。兄弟姐妹多,冲淡亲情,包括对父母的感情?而家园感与亲情紧密相连。我所看到的写李白的文字,无一例外地美化他的亲情友情,费力却未必讨好。把握李白之为李白,切忌把他弄得面面俱到。这也是供课堂用的文学史描写古代杰出文人的通病。

古今贤者之贤,不会贤到一条路上去。历史的张力源自个体生命的差异。

李白有过两个一同生活的女人,许氏死了,刘氏走了。史料又提到"再合鲁一妇人",合是男女相合,类似同居。唐代虽然开放,同居却也不多见。这位不要名分的山东妇人,可能一直照顾他的孩子,直到他继娶宗氏后,她便消失了,和刘氏一样。宗氏如同许氏,祖父在武则天时代做过丞相,是名门闺秀,嫁给李翰林,可能双方都有需求。宗氏对李白不错。但她出嫁的具体时间却不大清楚,可能在李白五十岁以后。

李白在客栈度过的时光,远远超过他回家的日子。

他对钱财不在乎,皇帝赐的金银,他拿去盖酒楼,不是想营业,而是方便喝酒。他是堂堂李翰林,酒楼有一定规模的,他走了,酒楼大约交给朋友。也没有朋友替他经营的任何记载。离开长安后,他最大的冲动是成仙,对世间俗物不屑一顾。

有学者认为,名篇《梦游天姥吟留别》写于这一时期。他炼丹,追寻高天师,白日醉酒夜来做梦,醉里梦里,神仙是常客。神仙给他傲视朝廷的精神资本:安能摧眉折腰事权贵。听说山里有个活了两三百岁的女道士,看上去只有四十多岁。他寻找女道士,可谓辛劳到家了,以年近半百之躯,九天踏遍三十六峰,未见她的身影,于是感慨地说:"神仙殊恍惚,莫如醉中真。"他对神仙也是有怀疑的,毕竟寻仙几十年,一个神仙也没见到。问题是:他求仙的冲动为何如此之大?和他的名字、他与生俱来的神秘氛围有关吗?

李白感受夜空的能力无与伦比,他的眼睛比星星还亮。他不厌其烦地形容月亮,造词之多,中外第一。月球上最为醒目的一座环形山,联合国以李白的名字命名。月亮既是神灵,又是他的老朋友:

> 花间一壶酒,独酌无相亲。举杯邀明月,对影成三人。
> 月既不解饮,影徒随我身。暂伴月将影,行乐须及春。
> 我歌月徘徊,我舞影零乱。醒时同交欢,醉后各分散。
> 永结无情游,相期邈云汉。

李白能歌能舞的,他又酒不离手,剑不离身。

他描写关山月,别是一番意境:

> 明月出天山,苍茫云海间。长风几万里,吹度玉门关。

王昌龄遭朝廷贬黜,李白的月亮和别意联系上了:"我寄愁心与明月,随君直到夜郎西。"

而"长安一片月,万户捣衣声",则把女人们思念征夫的情绪融入一片冰冷的月色。

李白有个儿子取名明月奴,却不知是谁生的。

王安石不满意李白写诗,十之八九不离酒和女人。我们看到的现当代选本,则几乎篇篇有月亮。古代诗人咏月,除了中秋的月亮让苏东坡占了去,其余各类"经典情景"之月亮,大都归于李白。

李白迷神仙,他眼中的天空与山脉充满神性。我们今天读他,应该有一种虔诚,对自然,对宇宙,对深不可测的人类的灵魂。

李白是那种有极大抱负的人,他的抱负,差不多涉及当时所有的重大领域。文化上他也自视为千秋人物:"我志在删述,垂辉映千春。"孔子删诗,述而不作,李白要向孔子看齐。有时甚至说:"我本楚狂人,凤歌笑孔丘。"即使他并非胡人,也是汉人中的异类,个性特别突出,自幼饱读汉语经典,却没有读成书呆子。强悍的生命冲动,将经典内化于肉身。他的理想主义和他的七情六欲,奇妙地融合在一起。

中国古代人物,李白式的自由奔放,实属罕见。单从文学的角度看他,显然是不够的。用浪漫主义概括他,总觉得有缺失:他不能济苍生安社稷,于是他就浪漫。这里有个隐形的套子。说来说去,他还是被权力所规定。这种理解模式,源于形而上学的主、客体分离,把生命拆解开来。倒不如动用直觉,尽可能瞄准这个鲜活的、呈喷射状的生命形态。

斗胆说一句:关于李白的评论文章,还是少读为妙。

一再重版的名家选本都是好的:它们经受了时间的考验。大量基础性的工作,让我们这些受惠者对前辈学人心怀感激。

李白的"梁园十年",物质生活不如"安陆十年"。他也不攒钱。唐玄宗给他多少钱,史料不载,大概不会少。他盖酒楼、找神仙花去大半。漫游也是要花钱的,虽然常有官员馈赠。他现在的身份是李翰林,做过皇帝和贵妃的红人。如此身份,官员们摸不清他的底细,宁可高看他。他的一些赠诗,不妨理解为以诗换钱物。后来渐渐不行了,随着李翰林的光环日益减淡,给他资助的人少了,他埋怨说:"故人不相恤,新交宁见矜。"

他游到新平(陕西邠县),几乎身无分文。勉强能填饱肚子,御寒的衣服却成了问题:"长风入短袂,两手如怀冰。"

他游回东鲁,像一头疲于远征的狮子回到它所熟悉的林地。鲁郡有个刘长史,送他一点丝绸,他感恩戴德:"鲁缟白如烟,五缣不成束。临行赠贫交,一尺重山岳!"

挥金如土的李翰林,已经自称贫交了。区区一尺鲁缟,竟然重于山岳。而在韩信的故乡淮阴,他深夜投宿,饱餐了一顿,就把对方比做救济过韩信的漂母:"暝投淮阴宿,欣得漂母迎。斗酒烹黄鸡,一餐感素诚。"

他干大事的理想未能实现,却安慰后辈儒生说:

> 问我心中事,为君前致词:君看我才能,何似鲁仲尼?大圣犹不遇,小儒安足悲。

李白穷困潦倒了,还以大圣自居,令人联想敢与天帝斗的可爱的孙大圣。孙悟空、李太白,同是千难万阻不言败。

李白式的"君子固穷",和孔夫子、陶渊明、苏东坡又有不同。古代杰出文人,其精神伟力的喷发,真是五彩缤纷。

有一位崇拜者,几年来一直在寻访他,追赶他。这人叫魏万,是个年轻人,"身着日本裘,昂藏出风尘。"魏万到开封,李白去了山东。魏万赶到山东,李白又去了江南。魏万花了两年时间,不停地奔波,终于在广陵(扬州)见到五十多岁的李白了,第一印象是:"眸子炯然,哆如饿虎;时或束带,风流酝籍。"

这十六个字的形容,时间上当有前后之别。哆如饿虎的李白,一变而为风流酝籍,中间可能有几天的间隔。魏万初见李白,多半吓了一跳:李白双目射人,张口如饿虎。——大诗人正落难哩。而扬州这地方,他曾散金三十万。从魏万的衣着看,他无疑是有钱人家的贵公子。李白酒足饭饱,衣冠整齐,举止风流,才符合魏万对偶像的想象。

李白这回感动了,写诗表扬魏万:"东浮汴河水,访我三千里。"二人泛舟游秦淮,至金陵分手。李白把诗稿都交给魏万了,让他编成集子。魏万是否呈上一些钱财,没记载。几年后魏万中进士,编成《李翰林集》传世,还写了序言。除序言外,这本最早的集子未能流传后世。李白诗今存九百多首,据说只是他全部诗作的冰山一角。南宋的陆游,常为此扼腕而叹。

李白有一首《赠汪伦》,是表达友情的佳作:

> 李白乘舟将欲行,忽闻岸上踏歌声。桃花潭水深千尺,不及汪伦送我情。

汪伦是宣州(今属安徽)泾县陈村人,桃花潭是宣州的名胜。李白游到宣城,汪伦赶到城里去迎接他,陪他畅游桃花潭。汪伦虽是乡下人,为人却豪爽,不惜钱财如李白。李白要走了,忽见岸上一群人踏歌而来。踏歌:手拉手边走边唱,踏着节拍,泾县一带颇流行。汪伦的歌声尤为响亮。而李白的眼睛更亮:这么多人送他,还带着许多礼物:八匹良马、十捆好布……李白自知这一去,再见汪伦的机会很少了,不禁大为感动,佳句仿佛从天而降。

古代中国的民间，不乏汪伦式的人物。做事凭性情，不会像我们，一件小事儿也要再三掂量。

李白这些年游得很厉害，名声陡起，不单官场文坛，民间已出现以他的名字为招牌的酒肆。在当涂，一位叫纪叟的老人因得了他一首诗，小酒家开成了大酒楼，而沿江两岸，从此挂出了数不清的"太白酒家"、"太白遗风"的招牌。我没去过凤阳，想来今天也这样吧？李白这首让人发了财的诗是描写长江的：

> 天门中断楚江开，碧水东流至此回。两岸青山相对出，孤帆一片日边来。

他在安徽漫游，以宣城为落地点。宣州长史李昭是他的族亲。州府后面有座北楼，是南朝诗人谢朓做宣州太守时修建的，几百年保存尚好。谢朓，谢灵运，是李白心仪的两个诗人。二谢除了诗写得好，仕途也曾得意，并且善于隐居。与李白同时代的诗人王维、高适、孟浩然等人崇拜陶渊明，而以李白的标准，渊明不及二谢：这个陶彭泽隐得太彻底了。

李白登上北楼，立刻给这座古楼重新命名：谢朓楼。不难想象他对州官们讲话的语气，他早年就这样了，如今名播天下，莫非还谦逊不成？官员围着他走左向右的，好像他是领导。北楼改谢朓楼，有幕僚一类的小角色会想：叫我们跳楼啊？谢了，谢了……事实上，州官们习以为常的北楼，一旦遭遇李白神奇的眼睛，马上变成千古名楼：

> 弃我去者，昨日之日不可留。
> 乱我心者，今日之日多烦忧。
> 长风万里送秋雁，对此可以酣高楼。
> 蓬莱文章建安骨，中间小谢又清发。
> 俱怀逸兴壮思飞，欲上青天览日月。
> 抽刀断水水更流，举杯消愁愁更愁。
> 人生在世不称意，明朝散发弄扁舟。

李白此间心情好,灵感如岩浆喷涌,压抑他多年的不称意,病毒般地发作了。天宝三年离长安,算来刚好十年。

太守、长史皆喝彩,幕僚们更是振臂高呼:谪仙,谪仙,谪仙!据说这首诗,一个月之内就传到金陵、洛阳和长安。天下诗人、官员、识字的商贾与庶民,不知此诗者,自觉气索。

当时,文化艺术的传播方式是恰到好处,歪诗传不开的。而眼下的诗人、作家、艺人们,有挖空心思利用互联网的,歪瓜劣枣也能盛传。

李白这一年五十五岁。宣城改变了他的生存境遇,他不再"生事转飞蓬"。城北有座敬亭山,他去看山,发现这座并不知名的山很有意思:看不够。他一生阅人无数,看山无数,"五岳寻仙不辞远,一生好作名山游。"赖有他一双亮得出奇的慧眼,山水之美得以呈现。这美又是千差万别,对应人的形形色色的生存境域。看山,也是借山岳反观内心。他写出了豪放诗作,又给敬亭山留下安静的五言绝句:

众鸟高飞尽,孤云独去闲。
相看两不厌,唯有敬亭山。

若将此诗放进陶渊明的集子,足以混淆名篇。

李白已然抵达艺术创作的巅峰状态,磨难够多了,压抑够长久了,此后若干年,他只消释放内心的巨大能量,好诗定会源源不断地奔来笔底。

生活也不错。盛名之下,朋友竞相邀请,各地官员想必也不会怠慢他。他游历的范围还将扩大。他有足够的能力惊奇"世界之为世界",世界就对他永远新鲜。

然而盛世到了头,乱世猝然降临:权力格局大崩盘,一个将军造反,天下苍生遭难。这将军名叫安禄山。

诗人不得不调整内心的节奏。天下大势改变他的命运走向,他将步入生命的最后苦难。

8

天宝十四年(755年),安禄山在范阳(北京附近)起兵二十万,打朝廷一个措手不及,大军直指长安,一路势如破竹。安禄山是胡人,却是唐玄宗封的唯一的异姓王。他不知足,自恃重兵在手,跟他的骁勇善战的部将史思明联手干起来了,史称"安史之乱",长达八年。叛乱未及完全平息,李白已去世。

这一年的年底,叛军打过了黄河。待在宣城的李白携家人向南逃难。过洛阳,一片凄凉,诗人愤怒地写道:"洛阳三月飞胡沙,洛阳城中人皆嗟。天津流水波赤血,白骨相撑乱如麻。"

天津是洛水上的一座桥。

安禄山在洛阳做起了大燕皇帝。他的军队以少数民族为核心,非常能打,虎狼之师杀入百年不遇刀兵的内地,毁城市,淫妇女,抢金银。次年六月长安沦陷,唐玄宗带杨贵妃逃入四川。中途,军队不满杨国忠,玄宗杀掉他,又赐死杨玉环于马嵬坡,"六军不发无奈何,婉转峨眉马前死",一代佳丽做了政治的牺牲品。

李白对杀人者充满了厌恶,他描写战争场面:"野战格斗死,败马号鸣向天悲。乌鸢啄人肠,衔飞上挂枯树枝。"

李白大事不糊涂,他的人道主义立场是鲜明的。天宝十三年,朝廷第二次向云南用兵,遭到重创,他指责朝廷穷兵黩武,以教训的口吻对统治者说:"乃知兵者为凶器,圣人不得已而用之。"

安史之乱,更蒙受异族侵略的耻辱。他写道:"俯视河洛川,茫茫走胡兵。"

他带着老婆孩子躲进庐山,情绪忽而高亢:"抚剑夜吟啸,雄心日千里。"忽而自嘲:"大盗割鸿沟,如风扫秋叶。吾非济代人,且隐屏风叠。"

李白不是能救国于危亡的济代人,这真是一个痛苦的发现。几十年长剑负身,眼下才是"拔剑四顾心茫然。"赞美江山的大诗人被抢江山的大盗弄得焦躁不安,庐山虽好,却哪有好诗去配她。他紧张关注局势,盼玄宗御驾亲征。

太子李亨跑到甘肃即位,是为唐肃宗,在场的官吏不足三十人。玄宗躲在四川,等于退出了政治舞台,只好承认太子自立。太子手中有兵权。但是玄宗的第十六儿子永王李璘,手里也有兵权,负责长江流域的防务。他沿江东巡,派人到庐山请李白入幕府。这李璘有野心,想趁乱做皇帝。玄宗逃蜀,兵权给太子,李亨相当于全军总司令,而李璘是长江防区司令。

李璘请李白出庐山,说明两点:一是他为日后登基招罗方方面面的人才;二是李白确实名气大。

山里的诗人岂知内幕?永王的使者韦子春三上庐山,终于使李白不顾妻子宗氏的坚决反对,出山了。他很激动,写诗称赞韦子春是张子房一般的人物。

李白入永王幕府,享受很高的待遇,登上了永王东巡的楼船,参加若干军事会议。他亲眼看见,东南一带的百姓,无不拥戴永王,视为救世主。李白诗兴大发:"二帝巡游俱未归,五陵松柏使人哀。诸侯不救河南地,更喜贤王远道来。"二帝指玄宗、肃宗,诸侯则语焉不详。李白这么写诗,要授人以柄的。

楼船观妓,他又写诗说:"摇曳帆在空,清流顺归风。诗为鼓吹发,酒为剑歌雄!"

然而两个月之后,李亨发兵围剿李璘,几场恶战下来,皇帝打赢了同父异母的弟弟。永王逃向大庾岭,被擒。李白逃向浔阳,在陶渊明做过县令的彭泽县境内被抓。

这一年他五十七岁,一把老骨头了。不知士卒绑他时,他是何等模样。

他关进了浔阳监狱,可能关了一年。自知犯了附逆死罪,情绪亢奋,抱怨亲兄弟们不来救他。其实兄弟们在哪儿,他并不清楚。战争时期的监狱,伙食极差,他感觉不到,因为他死到临头了。他每日大呼小叫,狱卒戏弄他,拿这个名人取乐。还有一线生机:向外面传递书信。生死攸关的时刻,名气帮了他的忙,无论军界政界,很多人知道他。御史中丞宋若思,带兵赴河南,路过浔阳,留步见他。宋若思上书肃宗,称李白是军事人才,可用。肃宗不允。李白急得团团转,模仿宋若思的语气又上表说:"臣所管李白,实属无辜……岂使此人名扬宇宙而枯槁当

年!"李白已是死囚,口气还蛮大。这表是递不去的。他高度亢奋,不停的挥笔,仿佛一旦停下,砍头大刀就挥过来了。

所幸他几乎一生亢奋,有能力徘徊在精神崩溃的边缘。

后来击败安禄山的名将郭子仪,又为李白讲情。肃宗让步了。李白死罪可免,活罪难逃:流放到夜郎(今贵州桐梓)。

唐肃宗乾元元年(758年)的春天,五十八岁的李白拖着病躯踏上流放之路。儿子在山东,妻子据说在江西。妻弟宗璟送他上路。五月抵江夏,八月抵汉阳,沿途都有官员招待他,他写诗回报。唐朝官员能接待犯人,不失为官场的一道美景。李白恢复了体力,偕同另一位诗人、巴陵太守贾至游洞庭湖,写诗又昂扬了:

拂拭倚天剑,西登岳阳楼。
长啸万里风,扫清胸中忧。

次年初,李白进三峡。过西陵峡口,辽阔的江面变窄了,两边山壁如削。入冬过巴东县,他弃船登上陡峭的巫山顶,年近六旬的老人,泼墨向石壁:"江行几千里,海月十五圆,始经瞿塘峡,遂步巫山巅……"

李白从浔阳走到奉节,走了一年半。奉节又称白帝城,再向南,夜郎在望了。他忽然接到喜讯:皇帝因册立太子而大赦天下。赦令说:"天下现禁囚徒,死罪从流,流罪以下一切放免。"李白欣喜若狂,掉转船头,顺水向东,写下名篇《朝发白帝城》:

朝发白帝彩云间,千里江陵一日还。
两岸猿声啼不住,轻舟已过万重山。

可叹的是,如此轻快的诗篇,却已接近他生命的尾声。

还江陵,再游洞庭湖。北方还在打仗,安禄山死了,史思明又称帝。南方相对平静。李白不顾年迈,竟然想去从军,未能如愿,征兵的军官不收他。他很失望,写诗对江夏韦太守说:

"学剑翻自哂,为文竟何成!剑非万人敌,文窃四海声。"

他终于承认,手中的诗笔比宝剑更有分量。

有个朋友叫任华,替他作总结,写杂言诗说:
"平生傲岸其志不可测,数十年为客未尝一日低颜色!"

这话说得真好。数十年为客:客居异乡,飘零,辗转,没有家园,未曾一日为主人,永远是人家的客人,有得意,却也不乏冷眼与热嘲。他的傲岸大大刺激了庸人小人,一度导致"世人皆欲杀"的局面。

听说杜甫到处打听他的消息,他流泪了。杜甫在四川写下《梦李白》,和十几年前一样,对他的描述准确而凝练:

冠盖满京华,斯人独憔悴……千秋万载名,寂寞身后事。

他到浔阳盘桓数月,不知道为什么。因为他坐过浔阳的监狱?老婆孩子没消息……

他又滞留金陵,靠朋友的接济度日。没有寻找家人的记载。为喝酒,他把宝剑卖了,标志着他的游侠生涯的彻底结束。

朋友们的馈赠,他幽默地形容说:"各拔五色毛,意重太山轻。赠微所费广,斗水浇长鲸!"

这条长鲸游到安徽去了,当涂县令李阳冰是他的族叔。他生病了,"所费广",也包括他的医药费。病躯一拖几百里,到当涂病转沉重,终于不起。

这是公元762年,李白虚岁六十三,寿同陶渊明。这也是"安史之乱"的最后一年。

民间盛传李白醉酒而死,水中捉月而死,唐人的诗歌,宋人洪迈的《容斋五笔》,都有相关记载。我相信他只要还有一口气在,还会醉酒的。

当涂城外三十里,有著名的采石矶,为长江最狭处,江月和山月交相辉映。李白入水捉月,如同上山寻仙。

9

李白距今一千三百多年。他荣登文学史的宝座,被定评为伟大诗人。他当然是中华民族的骄傲,永远的名人。但是作为个体生命,他头上的那种对杰出人物都有效的普适性光环,常常无助于我们对他的深入理解。源头性的东西被遮蔽了。对生命的原始惊奇让位给课堂上的条条框框。我读过的几本传记,都把他搞得面面俱到:既是大艺术家,又是道德君子,又是进步人士。凡有不符合这个既定标准的地方,要么一笔带过,要么斥为消极。

惊奇生命不易,保持惊奇更难。毛姆写《月亮与六便士》,让我们始终感受到这种惊奇。他笔下的画家以高更为原型,高更是法国印象派大师,与凡·高齐名。画家的野性冲动,令人难以思议:他落难了,快死了,好朋友救他一命,让他住到家中,他却把人家的老婆拐走了,事后又后悔……毛姆盯着这些事儿,动用良好的思想修养、广阔视野以及对生命形态的直觉能力,将一个活生生的艺术家揭示给我们看。意识流小说大师伍尔芙赞叹说:读这本书,就像一头撞在高耸的冰山上,令平庸的日常生活彻底解体!

李白与高更,不无相似处。李白的野性,更多的野在漫游,寻仙,干大事。这个外形并不高大威猛的男人,却留给人活力喷射的印象。他一辈子处于高度的兴奋状态,没发疯,显示出他掌控极端情绪的非凡能力。人们形容执著的人,常说:嚆,他是一条道走到黑!而李白是几条路走到黑。中华文明几千年,这样的人是不多见的,李白是异类中的异类。想想他晚年让魏万看到的那双眼睛,跟早年一样,"双目炯然"。有些精神病人具有这样的特征。压力太大,一般人承受不起的。李白的生命冲动,也是人生的极限运动。而在儒家文化控制下的老百姓,群体相对平庸,所以才一代又一代对李白津津乐道。

就生命的巨大冲力而言,李白之于中国人,称得上高山仰止。苏轼可能比他更丰富更完美,却未必比他的冲劲更大。

李白经常处于幻觉状态,写诗极尽夸张,但夸张是我们的感觉,他本人则属寻常。他写道:"白发三千丈"、"燕山雪花大如席"、"黄河之水天上来"……他的许多好诗,和寻仙有关。"不敢高语声,恐惊天上人",是他实实在在的感受,他写实,和浪漫无关。学者们责备他迷神仙,言重了。

李白单纯。他不复杂。他写那么多求职信,多达十余次强烈要求见同一个官吏,正好表明他的单纯。如果他复杂,他会变着心思去揣摩。事实上，官场那一套，他至死弄不清。他形容自己说："时人见我恒殊调，闻余大言皆冷笑。"可见他大言不惭，秉性不改。

如果李白复杂，那么他在长安做翰林，应该向高力士这样的政治人物学习，必要时，为高力士脱靴洗脚。

即使李白当上有实职的大官，他也多半不会像苏东坡，巴心巴肝为老百姓谋幸福。他还要醉酒、找神仙、别出心裁干他的所谓大事儿。有一点我们能想象：他不会做贪官与庸官。做贪官没理由，做庸官没劲。

堂吉诃德浑身披挂与风车战斗，李白向官场，风格相似。他若生在唐太宗时代可能要好一些。所谓开元盛世，其实危机四伏，各利益集团牢牢把持自己的地盘，异质性的东西很难插足。李白生不逢时，杜甫比他更惨。不过，幸亏他们一生碰壁，才碰出了伟大的艺术。韩愈说："李杜文章在，光焰万丈长。"

可惜针对李白，迄今为止，似乎没有一本高水平的文学性传记。

传记类作品，在国外，尤其在西方，从十九世纪到现在，一直是受读者青睐的图书品种，催生了不同档次的名家。比如我们熟悉的罗曼·罗兰、茨威格、欧文·斯通、莫里亚克。欧文写凡·高、写弗洛伊德是广为人知的。茨威格写的《三大师》，则列入中学生读本，他对巴尔扎克、狄更斯、陀思妥耶夫斯基作了令人信服的、既深刻又生动的描绘，它揭示出：文学的深层意义，就是对生命本质的无穷探索。

在社会生活日益趋同、人的模式趋于单一化的今天，文学的意义是寻觅个体差异。

不仅针对李白。古代各类人物，都有待重新探索。传记类作品，有大量需要开垦、需要精耕细作的处女地。

前面提到李白没心没肺，与其说是损他，不如说是逼近他。他二十几岁出蜀，对家乡的亲人们置若罔闻。若以孝道衡量他，他显然是不合格的。不必为他隐讳。为尊者讳，妨碍我们逼近尊者。孝与不孝，是个次要问题，李白的意义是自由，是不可抑制的生命力。皇权下的中国人最缺这个。而缺啥想啥，所以普通百姓都喜爱他，品读他，虚构他。他摆脱了世俗的羁绊，为后人留下不朽的诗篇。

毕加索对亲人冷漠，对情人冷酷，却为人类留下五万件艺术品……

根据魏万的记载，李白早年在四川，曾"手刃数人"。他为何杀人？

杀的又是什么人？卷帙浩繁的史料,仅寥寥数语。李白杀人,至今是个谜。他少年学剑术,自视为侠客,可能打架斗殴,也可能路见不平拔刀相助。文学专家偏重后者,不知理由何在。联想他的性格,他出剑不会犹豫。他舞剑,如同他的狂草书法。宝剑沾过人血了,此后数十年,他从"拔剑四顾心茫然",到"乃知兵者为凶器",他是无可争议的人道主义者,遣责暴力。他不是那种以各种理由杀人、一生嗜血还要冒充仁慈的所谓侠客。影视剧若把他弄成武林高手,将滑天下之大稽。

李白的山水诗,通常给人留下浪漫的印象。把他标志为浪漫主义诗人未尝不可,但我自己,宁愿不用。中国人喜欢贴标签,贴完就万事大吉、八方叨唠。这种思维的固化倾向,绵延千年,妨碍对诗人的源头性的领悟。细想李白这个人,他对天地人神的感觉,远不是浪漫二字所能概括的。比如他看一座山,和现代旅游意义上的看山,根本是两回事儿。他"热爱祖国山河",却是具有极强的个性特征,离开个性谈热爱,爱是空泛的、平均化的,热度仅如温吞水。神灵、鬼魅与山峰云霞飞禽走兽搅和在一块儿,对李白来说,这些都具有实在性,难分虚实。他针对感觉写实,而我们误以为他在浪漫,在想象,在形容,调动文学手段去对付山川。——理解李白,这是关键处。

眼下使用频率最高的现实一词,却需要认真考查,现实不是一成不变,它会产生位移,会延展或收缩它的地平线。对古人,神灵是现实的;对上世纪八十年代的中国人,理想是现实的,甚至比现实更为现实。1955年萨特携波伏瓦访问中国,讲过一句很有意思的话:中国最直接的现实就是未来！

但愿中国人的现实感,不要越走越窄,驱逐神性,嘲弄理想。没有神性和理想照耀的世界是不可想象的,生命的丰富、生活的广阔都无从谈起。一味追逐金钱,会追到麻将桌上去,所谓现实,将收缩为两张桌子:饭桌与牌桌。大人打牌小孩儿上网,小小的"瘾头"将生命吸空,这类场景之多、之常态化,无异于瘟疫流行。

品读古代文人,是追忆我们的祖先曾经有过的丰富性。并且尽可能把这种丰富性带到当下。

文学史称一些诗人为伟人,而我们应当知道,伟大诗人的伟大究竟源于何处。也许可以这么说:他们的伟大,源于我们的贫乏,贫则思变,贫则向往。

举几个小例子,再来瞧瞧伟大的李太白吧:

他求仕失意,就说:"大道如青天,我独不得出。"

他想念长安了,说:"狂风吹我心,直挂咸阳树。"

他邂逅神仙,其状亲密:"仙人抚我顶,结发受长生。"

他与朋友推心置腹,一诺万金:"三杯重然诺,五岳倒为轻。"

他描绘儿时对月亮的印象:"小时不识月,呼为白玉盘。又疑瑶台镜,飞向青云间。"

他炫耀长安三年:"昔在长安醉花柳,五侯七贵同杯酒。"

他夸耀自己的才华:"兴酣落笔摇五岳,诗成啸傲凌沧州。"

读李白的诗,真有天花乱坠狂风吹沙之感。他的诗集,到中唐贞元年间,已是"家家有之"。这说明唐人离他近,不像晋末之于陶潜,反而相隔遥远。中晚唐诗人,宋朝诗人,大都受益于他。包括宋词之所谓豪放派,亦在他身上吸取营养。例子多如二十年前的满天星,不消细说。对他的整体评价,龚自珍有一段话:"庄、屈实二,不可以并,并之以为心,自白始;儒、仙、侠实三,不可以合,合之以为气,又自白始也。"

这话是说,李白有能力让异质性的东西统一起来。

李白律诗少,他"薄声律",如同苏东坡。诗句长短不一,类似宋词。唐朝律诗大盛,李白在风气之外。自由人用自由体,再说他写诗,远不及杜甫刻意和辛苦。他已经开始填词了,一首《菩萨蛮》,一首《忆秦娥》,见于各类选本。唐宋名家词,开篇就是他。《菩萨蛮》上片云:

平林漠漠烟如织,寒山一带伤心碧。
暝色入高楼,有人楼上愁。

句子浅显而意蕴悠远,旅人愁思得以赋形。古人以此作画无数。

李白自由奔放,写诗大刀阔斧,不过大诗人都有例外的,他的名作《长干行》,笔触细腻,婉转生情。长干是地名,在南京秦淮河以南,为山岗间的一片平地,错落着恬静的村庄。诗写商妇情怀:

> 妾发初覆额,折花门前剧。郎骑竹马来,绕床弄青梅。
> 同居长干里,两小无嫌猜。十四为君妇,羞颜未尝开。
> 低头向暗壁,千唤不一回。十五始展眉,愿同尘与灰。
> ……

这首不用多说,大概所有的男女都会喜欢。

李白自称秉承《诗经》中的"大雅",其传世之作,却更亲近"国风"和古乐府。犹如他羡慕司马相如,却一生傲岸,与认真做好御用文人的相如相去甚远。

他的好诗大都明白易懂,虽然学者们指出他有用典过多的毛病。他确实读过大量经典,熟悉千年掌故,他是李白,他要炫耀的。好在各类选本的注释明白晓畅。名家纷纷注李白,而我们读注,也是一种享受。国学中的训诂学历来发达。游国恩教授牵头编撰的四卷本文学史,分析李白的艺术,十分到位。

唐代大诗人,有两位不喜欢李白,一是元稹,二是白居易。北宋的王安石贬李最激烈。南宋的陆游挺身而出,捍卫李白,隔代质问王安石。到现当代,众所周知的,是毛泽东推崇"三李":李白、李贺、李商隐。文坛巨子郭沫若,写《李白与杜甫》,上世纪七十年代流传甚广。他用阶级分析法,抑杜扬李,为后人所诟病。但书中的一些重要考证,至今已成定论,比如李白生于中亚碎叶。郭老此作,也促使成千上万的年轻人捧读李太白。在我的记忆中,包括我哥哥在内的许多上山下乡的知识青年,为获此书要大费周折。

李白的诗,难以编年的形式编成集子,因为不少名篇的写作时期难下定论。他一生马不停蹄,从城市到乡野,何时写何诗,他自己都弄不清。除非派人跟着他。

他给后人留下了许多谜:身世之谜,死亡之谜,作品之谜……

而最大的谜,是他的生命本身。犹如一座活火山,六十年持续喷发。肉身化作冲天的火山灰,千年万年不落下。

建议国家设重奖,请出高人,为我们解开李白的生命之谜。

2007 年 2 月 14 日

杜 甫
(盛唐 712—770)

杜甫是中国的苦难诗人,集个人、国家、民族的巨大苦难于一身。本文只追问一个问题:杜甫的那双眼睛,为何能细看人世间那么多的苦难?

1

唐代诗人中,有一个人好像一直是皱着眉头生活的,这个人名叫杜甫。他瘦而高,拄着一根拐杖,走路慢吞吞,活像人们形容的老朽。他的眼睛是向下的,有时还半闭着,看上去昏昏欲睡。这双眼睛却能看见普天下的倒霉事儿,好比观音菩萨能看见人间的苦难。所不同的,是观音菩萨法力无边,她能含着动人的微笑救苦救难,而杜甫,只能眉头紧锁,把无边的苦难写进他浩如烟海的诗作中。

他有一首诗,叫《茅屋为秋风所破歌》,开篇就说:"八月秋高风怒号,卷我屋上三重茅。"秋日里的天高云淡,杜甫不写诗。阴风刮起来了,灵感却随风而至。人霉水都塞牙,秋风欺负他,卷走屋上的三重茅草。

> 茅飞渡江洒江郊,高者挂罥长林梢,下者飘转沉塘坳。南村群童欺我老无力,忍能对面为盗贼,公然抱茅入竹去……

杜甫真是霉到家了。成都这座草堂,全家人靠它遮风挡雨。秋风萧萧,小孩儿抢得茅草嘻嘻哈哈,他干瞪眼,"唇焦口燥呼不得"。茅草多半是化做柴火了。阴风方去,黑雨又来,多日失眠的老人雪上加霜。

> 布衾多年冷似铁,娇儿恶卧踏里裂。
> 床头屋漏无干处,雨脚如麻未断绝。

娇儿恶卧,老棉絮蹬出大窟窿。杜甫彻夜听漏雨,狼狈相可想而知。时值"安史之乱",杜甫避乱于成都。长夜沾湿,忧家忧国,憔悴诗人盼天明。胸中的诗句源源流出,应和着、抵挡着欺负人的绵绵秋雨。结句陡起,喊出中国读书人的豪言壮语:

> 安得广厦千万间,大庇天下寒士俱欢颜,风雨不动安如山!呜呼,何时眼前突兀见此屋,吾庐独破受冻死亦足!

这首诗,堪称杜甫本人的素描,涵盖一生。

此间他又写《楠树为风雨所拔叹》、《枯棕》、《病橘》等,单看诗名,已知心境。

他是中国的苦难诗人,集个人、国家、民族的苦难于一身。

依我看,苦难二字,比现实主义这类词语更能抵达他。

他未能活满六十岁,死在洞庭湖里的一条破船上。他饿了几天肚子,据说是猛吃牛肉撑死的。郭沫若先生考证说,那是病牛,牛肉有毒。如果此说成立,那么杜甫既是撑死的,又是中毒死的。

本文只想追问一个问题:杜甫那双眼睛,为何能看见那么多的苦难?

杜甫字子美,河南巩县人,有不同于普通百姓的家族荣耀:西晋名将杜预是他的远祖,武则天时的显官兼名诗人杜审言则是他祖父。他在家人的影响下,牢牢记住了这两个名字,一辈子向人夸耀。中国人的家族意识浓厚,杜甫的家族意识又浓于一般人。理解他的内心世界,这是一把钥匙。浓郁的家族氛围,弥漫了他的童年。弗洛伊德讲:童年的经历将影响人的一生。

杜甫之于家族,也许和李白正相反。李白的家族意识是隐形的,或可称作潜意识。

杜甫的母亲崔氏,也出自名门望族,生下杜甫没两年,患病死去。

不过,她在天堂会看见,她历经磨难的儿子将是如何的出类拔萃。

杜甫早年丧母,却有不少散居各地的舅舅。他写诗颂扬:"贤良归盛族,吾舅尽知名。"可见他的舅舅们大都出色。

而在父系这边,有个叔父名叫杜并,是杜审言的次子,十六岁那年干了一桩大事:用短刀猛刺陷害父亲的仇人,当场被人活活打死。那仇人伤重不治,临死哀叹说,早知杜并是孝童,他也不跟杜审言结仇了。杜并的生命停止在十六岁,声名却在杜氏宗亲中代代相传。杜甫到晚年,仍以是杜并的侄子为荣。

这件事,冯至先生的《杜甫传》有详细记载。冯至是现代著名诗人,他写杜甫,不乏出色的地方。不过,他认为家族故事对杜甫只有消极影响,"对于杜甫的发展不但没有多少帮助,反倒可能起些限制作用。"是什么成就了杜甫呢?冯至转而说到社会,以社会决定论锁定杜甫。这个关键处,冯至先生的结论显然欠思考,抹掉了杜甫之为杜甫的个体特征,让我们只见林子不见树。

这类常见的、针对历史人物的宏大叙事,遮蔽了若干年。

我倒是觉得,家族的背景,对杜甫的成长举足轻重。

杜甫年幼多病,母亲去世了,父亲忙着做官,他寄居洛阳的姑母家。病弱的孩子看世界,和健康小孩儿不一样的。洛阳,武则天执政时改称周都,经营它二十余年,繁华仅次于长安,胡人、外国人随处可见。胡人在街头活蹦乱跳,寒冬互相泼冷水,欢度他们的泼寒节;跳得忘形时,裸体狂叫,汉人为之侧目,政府出面干预。

杜甫大约五六岁,牵着姑母的手上街,东张西望,一惊一乍。他是容易受惊的男孩儿,到郾城看了一回公孙大娘的"剑器浑脱舞",终身不忘。年轻漂亮而又健壮、又充满野性的公孙大娘,是享有盛名的宫廷舞蹈家,她着戎装,巡回各地表演,在中原刮起了大漠雄风。她本人是有鲜卑血统的。汉人看胡人跳舞,犹如欧美白人看黑人狂欢。

有"草圣"之称的张旭,看公孙大娘跳剑器浑脱舞,悟出神韵,草书才大为长进。

杜甫看见了什么呢?

过了五十年,他写诗回忆说:"观者如山色沮丧,天地为之久低昂!"

可能是因为公孙大娘节奏太快,动作太野,杜甫受了惊吓,小脸蛋失色,以己度人,觉得围观者个个沮丧,天地也为之久久低昂。

这首著名诗篇,带出了杜甫的身心特征。学者们大都一掠而过,不予深究。

杜甫生活在姑母的温情中。可能在三岁时,他和姑母的儿子同时染上疫病,姑母尽量多地照顾他,儿子却丢了性命。杜甫隐约有点记忆,长大后别人提起,讲述细节,他泪流满面,刻骨铭心。姑母去世,杜甫为她守制居丧,视同亲生母亲。他看待世界的温和的目光,和早年的这些记忆是分不开的。我们在今天,既要看到社会,更要看见人性。

杜甫七岁写诗,九岁练大字,废掉纸笔无数。他具有乖孩子的那种勤奋,和李白神童般的勤奋有区别。明朝人胡俨,在内阁见过杜甫的书法,形容为"字甚怪伟"。而杜甫在诗中议论书法:"书到瘦硬始通神。"

瘦硬二字,倒像杜甫自己的风格。人们形容杜诗,通常说:沉郁顿挫。不硬不瘦,何来顿挫?

赖有姑母的悉心照料,杜甫的身体一年年好起来,性格也随之开朗。他晚年追忆说:

> 忆昔十五心尚孩,健如黄犊走复来。
> 庭前八月梨枣熟,一日上树能千回。

杜甫对记忆有高超的复制能力,这不是谁都能做到的:时间长了,许多人的记忆会走样,感觉会变形。杜甫自幼多病,才有对健康的特殊敏感:健如黄犊走复来。这首诗,写的是从病弱的童年向健康的少年过渡的那种欢欣。

一日上树能千回!我们这代人小时候也这样的,可惜现在……中学生小学生,一日上网能千回。

冯至阐释这首《百忧集行》说:"他的精神和他的身体随着他处的时代健康起来了。"这话令人费解。时代挤走了杜甫姑母的身影,而我们已经知道,这位姑母如果稍稍偏点心,杜甫命都不在了,哪里还谈得上健康?至于所谓健康时代,我们到后面不妨睁大眼睛细看,它究竟是怎么个健康法。

杜甫从小衣食无忧。他的家庭,虽然父辈不如祖辈,但在社会上还拥有特权,享有尊严。比如免赋税、免兵役,逢节日遇大事,亲友纷纷上门。家庭朝着破落的方向,却是慢慢显形的,杜甫没啥感觉。父亲去世前,一切都不错。他不是一个破落户子弟,心里没有这种阴影。鲁迅小时候为父亲的病跑当铺,感受到莫大的羞辱,家道中落,从小康走向困顿,一辈子印象深刻。杜甫没有类似的经历。童年,少年,青年,他过着中等人家的生活,至少感觉上是这样。家族传说给予他自豪感和荣誉感,姑母给予他脉脉温情。他的物质环境和精神环境,应该说是比较清晰的。他有一份异样的母爱,覆盖在他咿呀学语时母亲施与他的温存之上。他的"身体记忆"有双重母爱。

他长成了温文尔雅的小伙子,在洛阳结交名士,出入豪门。李龟年这样的头号宫廷音乐家,他见过很多次,后来写诗说:

岐王宅里寻常见,崔九堂前几回闻。
正是江南好风景,落花时节又逢君。

公孙大娘的剑器舞,李龟年的歌声,当时俱为顶尖级的艺术。杜甫有幸近距离感受,对他日后锤炼诗歌,多有裨益。

二十岁,弱冠之年,他将离开温暖的家,漫游天下。唐代士子漫游成风,"游"出见识,也"游"来前程。据说当时的考官,要看考生名气的,有名人或政要推荐的考生,考官将优先考虑。学子都是诗人,诗人们都在漫游。有钱人家的孩子,通常能远游。穷人的儿子,游的范围小,除非他有边游边结交富贵朋友的本事。帝国交通发达,物质丰盛而价格便宜,也给诗人漫游提供了方便。

杜甫第一次漫游,游到江南去,游了四年,求仕的目的并不明确。他有财力支撑,不管是来自父亲,还是来自姑母或舅父们。这一点与李白相似,虽然他远不及李白阔气。临行前,父亲和姑母可能叮嘱过他,他频频点头,可是一旦上路,游出去了,异地风物扑面而来,他会应接不暇、忘乎所以的。面容清瘦的小伙子,清澈的目光投向江南水乡。只身远游,将故乡远远抛在身后。目的不明确,感觉正好向世界敞开。白天在路上,夜里在床上,各种新鲜事儿纷至沓来。他游到苏州,游到绍兴,游到金陵,对世界充满好奇。他写诗并不多,我们无从捕捉他诉诸文字的丰富的感觉。求官,写诗,尚未形成强烈的主观意志。如果杜甫二十岁就一门心思想做大诗人,那么他多半会成为小诗人。我依稀觉得,他是三十几岁落魄之后,才形成了上述两种意志。其实这正好。大诗人的出现,应该是丰富的感觉在先,强烈的意志在后。

立志太早,势必封杀感觉。

而眼下各艺术门类,意志铺天盖地,感觉一片萧条。人人都在求异,结果却是趋同。

可惜我们无从进入年轻杜甫的感觉世界。我们只知道,他读过了很多书,带着一颗备受母性呵护的温柔的心,漫游在温柔的江南。

这四年,研究杜甫的专家们往往一笔带过。苦难诗人的生命中的欣悦,被轻描淡写地打发了。

四年后他回巩县,参加了一次科举考试,没考中。他不在意,打点行装又上路。这一次漫游齐赵,现在的山东与河北。他和司马迁、和李白一样不考虑成家,相信好男儿志在四方。

这似乎表明:他上次游吴越感觉蛮好。

2

杜甫后来写诗回忆:"放荡齐赵间,裘马颇清狂。"他行头不错,像个官僚人家的子弟。此间他父亲迁奉天(陕西乾县)县令,继续做他的后盾。齐赵山水雄浑,民风粗犷,杜甫也为之一变,骑马打猎纵酒。据说他的酒量不同寻常,他直接描写喝酒的诗不多,是因为这类好诗被李白占了先。他写《饮中八仙歌》,表明他自己就是出色的酒徒。酒徒观酒徒,方能入木三分。李白是剑客,杜甫是射手。他箭法不一般,有诗为证的。他打猎的地方是在山东益都的青丘一带,茫茫野地,狐兔出没。他和朋友纵马驰骋,豪兴大发的时候,弯弓射月。从冬天到初夏,他盘桓青丘半年之久,狩猎的兴奋连接着野地的神秘与空旷。有时睡在草丛中,半夜醒来,满天繁星大如斗。

所有这些体验,无不构成诗意的元素。陆游总结说:功夫在诗外。伟大的诗人,他的生活是个整体,没什么可遗憾的。

杜甫二十五岁登泰山,写下平生第一首传世佳作:

岱宗夫如何?齐鲁青未了。造化钟神秀,阴阳割昏晓。
荡胸生层云,决眦入归鸟。会当凌绝顶,一览众山小。

历代诗人写泰山,此诗公认第一。泰山绵延横跨齐鲁,好个"青未了",没有比这更贴切、更舒服的文字了。诗名《望岳》,在古代,山之高而尊者称岳,泰山为五岳之一。决眦:裂开眼眶,形容归鸟飞来之势。

诗无达诂,但注释是必要的。我手头这本山东大学选注的《杜甫诗选》,由冯沅君、萧涤非等名家牵头,注释非常精当,品读再三,如饮好茶。

此后数年,杜甫仍在齐赵漫游,年谱上是空白。

两次漫游,七八年的时间,杜甫的生活细节令人费猜想。犹如考古工作,凭借一鳞半爪就要忙一阵的,还得展开想象。杜甫这几年,文学史一般概括为"裘马清狂",这也挺好。持批评态度却没有必要。大诗人过点好日子,让我们这些伟大艺术的受益者能为他感到欣慰。何况,没有好日子,哪来坏日子?如果杜甫生下来就遭遇兵荒马乱,他会觉得世界本来就是这个样子。缺乏生活的幸福感,对苦难的敏感会大打折扣。

从二十岁到二十九岁,杜甫恣意漫游,年轻人朝气蓬勃,感受着帝国的繁荣:

忆昔开元全盛日,小邑犹藏万家室。
稻米流脂粟米白,公私仓廪俱丰实。
九州道路无豺虎,远行不劳吉日出。
齐纨鲁缟车班班,男耕女桑不相失。

当时,山东的丝绸天下第一。商贾不绝于道路,诗人们随意远行。豺虎既指野兽,又喻剪径的歹人。全国治安状况良好。男人乐于躬耕,女人栽桑养蚕,家是完整的家,没有突如其来的城市化让大批农民年复一年辗转异乡。

从此诗看,年轻杜甫的心境是非常阳光的。

帝国浓重的阴影,尚未进入他的视野。未入仕途,很多事他也不知情。

这近十年的时间,杜甫身边大约有过女人,他不大可能是处男。唐代妓女多且素质高,琴棋书画是竞争手段。如果杜甫碰上一位红颜知己,他该怎么办呢? 可以设想,他不会带回家:婚姻需要父母之命媒妁之言。李白娶谁自己做主,杜甫不可能这么干。

杜甫二十九岁回老家成亲,夫人姓杨,杨什么不清楚。她父亲的名字倒传下来了:杨怡,官居司农少卿,政府管农业的副职。由于两个因素,杨怡的名字流传至今:首先他是官员,其次他是男人。

即使在唐代,即使是杜甫的妻子,杨氏也未能向我们亮出她完整的名字。

杜甫自立门户,在洛阳偏北的首阳山下开辟了几间窑洞。杨氏为他生儿育女,家庭生活充满了温馨。窑洞冬暖夏凉,布置考究,杜甫参与了开辟"土室"的全过程,包括挥锄挖洞。洞前有个宽敞的坝子,摆酒待客,小孩儿嬉戏,夫人含笑忙碌。杨氏的年龄,当比杜甫小十几岁吧? 她也算大家闺秀,我们不妨推测她长得漂亮,皮肤又白又细腻,两条长长的玉臂,一头浓密的乌发。——"香雾云鬟湿,清辉玉臂寒。"温情脉脉的丈夫,漂亮而贤惠的妻子,各自都有官员父亲的支撑,不愁日常用度。这样的生活,持续了三年光景,杜甫的幸福可想而知。晚年在成都,在夔州,他经常写诗回忆。姑母和继母在他婚后不久相继去世,他为她们守制居丧,撰写祭文、墓志铭。杜氏大家族,他无疑是文采最好的。为此他受到长辈的夸奖、平辈的尊敬、晚辈的仰慕。他不无自豪地说:"诗是吾家事。"可见写诗是家学的重要内容。他在山东写下的《望岳》,已经在洛阳流传,也许传到了长安。

远祖杜预、祖父杜审言的坟墓都在首阳山下,杜甫与光荣祖先的英灵同在。温馨的窑洞也是精神家园。

杜甫婚前婚后的生活,我认为是重要的。可是冯至先生认为不重要,用批评的语气说:"他又回到一个礼教家庭的气氛里,生活无从展开。"

怎么才算生活展开呢? 是安史之乱提前到来吗?

作为个体生命,幸福总是好事。不能为了凸显杜甫的苦难,而将他的幸福打入冷宫。不仅冯至,当代众多学者也轻视杜甫的幸福生活。这么做,其实费力不讨好。苦难扎根于幸福,犹如冷色来自暖色。

生活的落差,带来感觉的丰富……

天宝二年(743年),三十二岁的杜甫再度漫游了。有家无业,毕竟显不出男儿本色。父亲老了,不可能给他永久支撑。他自己也着急,求官的意志变得明朗。他游到洛阳去,一待就是两年。熟悉的城市忽然变得陌生了,他和李白相遇,写诗抱怨说:"二年客东都,所历厌机巧。"

这话有点蹊跷。杜甫为什么抱怨洛阳呢?

洛阳达官贵人多。长安的显贵们,大都在洛阳有府第,因为皇帝常到洛阳。碰上灾年,全国粮食歉收,皇帝就带着他庞大的官僚集团住到洛阳来,自称食粮天子。洛阳四通八达,不愁物质供应。天下士子奔前程,首选长安,其次便是洛阳。杜甫第三次出游,目标锁定洛阳,求仕的动机似乎不言而喻。童年、少年时代的美好都市,一下子全变了。人有多重面孔,城市也一样。杜甫奔走官府,怀揣父亲给他的那点钱财。他看见了口是心非,目睹了尔虞我诈。官场的常态,对他却是震撼。失望和厌倦随之而来。恰好李白过洛阳,杜甫慕名拜见,交上朋友之后,针对东都洛阳发牢骚了。

此时的李白刚从朝廷出来,人称李翰林。才高,名气大,怀揣玄宗御赐的金子,走路高视阔步。三十四岁的杜甫跟随四十五岁的李白,难免有些紧张。他竭力弄懂李白,渴望跟李白游。按常理,李白虽然在皇帝身边不甚得意,但是到民间摆谱,却有足够的资本。然而李白不能用常理推断的,这个身材不高的男人永远目光向上,越过了金銮殿,朝着神仙。杜甫年龄小,质量也小,被李白所吸引,不由自主跟他游。唐代读书人,谁跟谁游可不是一桩小事儿。杜甫若是夹带了一点私心,希望跟李白游出名气来,是可以理解的。

李白仰望着神仙,杜甫仰望着李白。李白到哪儿,杜甫跟到哪儿,无论到开封附近采瑶草,还是渡过黄河,到山西王屋山寻找著名道士华盖君,不闻仙人长啸,却听野兽咆哮。听说华盖君死掉了,两个大诗人,几乎抱头痛哭。不久,高适加入进来,三个诗人一块儿游,骑马佩剑,游

到剑侠出没的宋州(河南商丘)去。杜甫很激动,用李白的口气写诗:

邑中九万家,高栋照通衢。舟车半天下,主客多欢娱。
白刃仇不义,黄金倾有无。杀人红尘里,报答在斯须。

所谓通都大邑,就是指宋州这类城市,州县常住人口加流动人口,数字巨大。舟车川流不息,各种口音都有。令人吃惊的,是杜甫笔下的杀气。李白自诩杀过人的,剑术了得。杜甫显然是用李白的眼光打量宋州。

寻仙,杀气,迷李白……此时的杜甫丢失自我了。

这种短暂的丢失,是为了赢得更丰富的自我。个体生命,往往暗藏这类诡计,近乎本能地朝着生命的更高形态。观察一群小孩儿玩耍、年龄小的追随年龄大的,很能见出端倪。一切优秀人物,都会经历丢失自我的过程。所以优秀人物会总结说:三人行必有吾师;谦虚使人进步;学习学习再学习……杜甫迷李白,与眼下追星族的瞎起哄是两码事儿。

秋天,三个男人到山东单县的叫做孟诸的湿地打猎。杜甫后来感慨:"清霜大泽冻,禽兽有余哀。"几年后高适从军,并成为著名的边塞诗人,他打猎的手段,想必不会输给李杜。

李白有一首《秋猎孟诸夜归》,其中说:"鹰豪鲁草白,狐兔多鲜肥。"杜甫替禽兽悲哀,而李白只知秋天的野味鲜美。旷野夜幕四垂,升火烤狐兔,李白大约是享用腿肉,吃得满嘴流油。杜甫、高适尊他为大哥。他也不客气,拿了就吃。月亮升上高天,酒气弥漫开去,三个音容迥异的男人醉醺醺上马,扬鞭驰往宋州城。

这样的日子,我辈是只能追慕了。以人类目前的处境看,再过一万年,此景也难重现。二十年前我尚能背着一杆枪在林子里转悠,现在,不可能了。

就生存的张力、生命的喷发而言,古人似乎拥有更多的可能性。科技进步,全球化,究竟会给人类带来什么,尚需拭目以待。达尔文说:进化本身就意味着退化。活生生的生命,流光溢彩的个体,现在确乎少见。将来可能越来越少见。生活的统一模式抹掉差异……行文至此,我亦唏嘘。我是在水泥房子里,写茫茫大泽中的李白杜甫,黯淡的目光投向那熊熊火光。也许唯一值得庆幸的,是尚能对伟大的生命展开想象。再过若干年,当人造物与互联网进一步覆盖这个可怜的星球,连想象都会失去凭据。

次年初,高适先告辞,游江南去了。

李白杜甫游至山东,在齐州(济南)分手。李白继续寻找神仙,而杜甫心忧前程。他转而投奔另一个姓李的男人:李邕。此人时任北海(山东益都)太守,名望在李白之上。开元天宝年间,李邕是全国名气最大的人物之一。他年轻时就冒犯过武则天,现在接近七十岁了,白发银须,声如洪钟。他的文章写得好,书法的名气盖过张旭和颜真卿。他认识的达官与名流成百上千,随手题字,润笔丰厚。他挥金如土,帮助过无数的穷朋友,每到一地,据说都能引起轰动。李白也曾拜谒他,写诗发牢骚。而见过皇帝之后,李白对李邕的兴趣减淡了。李白飘然寻仙踪,杜甫步他的后尘拜见李邕。

杜甫跟随李邕游起来了,从齐州城游到大明湖中的历下亭,同登鹊山湖对面的新亭。李邕大杜甫几十岁,地位名望更不用说,可他仅仅因为杜甫的一两首诗就高看杜甫,与之漫游,谈诗论文。单凭这一点,就表明李邕的心态很年轻,不拿架子。这是古今中外优秀男人的共同特征。其实,拿架子很不划算,僵化、固化、老得快。——这也是古今中外善于摆谱的男人的共同特征。

李邕把酒论诗,历数当代诗人,从崔融说到苏味道(苏东坡的祖宗),佩服杨炯的雄健,批评李峤的华丽。杜甫紧张地期待着。李邕终于提到杜甫的祖父杜审言,称杜审言不错,风格既雄健又和雅。杜甫听得汗毛都竖起来了,避席,趋前,拜谢。

这段游历,对杜甫强化诗人意识,有推波助澜的作用。

天宝初年杜甫从二李游,历时一年多。求仕的意志和诗人的角色意识同步增长。二者又混为一团,难分彼此,受难者与大诗人即将登场。这几乎一目了然,奇怪的是,涉及杜甫的文章,鲜有在这个层面上展开的思考。

天宝四年(745年)的秋天,杜甫与李白再度相逢于山东,一起到兖州寻访道人隐士。杜甫还是小弟弟兼仰慕者,但自信心有所增强了。他写《赠李白》,道出另一种感受:

秋来相顾尚飘蓬,未就丹砂愧葛洪。

痛饮狂歌空度日,飞扬跋扈为谁雄?

李白炼丹,杜甫也炼丹。别后重逢,炼丹是重要话题。杜甫自称愧对炼丹老祖葛洪,含有从此洗手不干的意思,也规劝李白。杜甫对李白傲岸的生存姿态,并不赞同。飞扬跋扈,此处指狂放不羁,不含贬义。

二人在山东揖别,从此天各一方。

时间显示出李白的分量。盛唐人物比比皆是,像李邕,更是堪称一流,但杜甫对李白的怀念,远远超过对李邕。李邕毕竟是官场中人,享有盛名,这盛名却是附加成分多。杜甫怀念李白,乃是杰出的个体,本能地受到另一个杰出个体的强烈吸引,是生命对生命的最高礼赞。

李白赠诗一首,《鲁郡东石门送杜二甫》,其中说:"飞蓬各自远,且尽手中杯。"杜甫排行老二,故称杜二甫。李白人称李十二。一个人丁兴旺的大家族,其热闹景象可想而知。李白是远离家族的一只孤雁,杜甫则负有家族的使命。

李白对杜甫,是否有大致相等的怀念,这并不重要。不必把李杜的友谊搞成双向对等。

杜甫下一个人生目标,锁定京城长安。

3

唐朝诗人,不到长安非好汉,既为求官,又为长见识。八世纪中叶的长安,乃是超一流的国际大都市,吸引胡人、朝鲜人、日本人、印度人、阿拉伯人。全城由110个"坊"组成,坊是方形建筑群,各有名称。坊与坊之间,交叉着笔直的街道。东西两市为繁华商业区,城北是皇宫所在地,高官的府邸如众星拱月。著名的朱雀大街纵贯南北,有考古专家说,它宽达一百四十二米,可供数十辆四马高车并驾齐驱。这么宽的大街,古今第一。长安人家,几乎家家户户有院落,富人弄风景,穷人栽蔬菜。街市永远热闹,各色人等川流不息:和尚、道士、游侠、艺人、权贵与草民、良家女和烟花女……诗人们到了长安,才知道什么叫大千世界。

杜甫在长安,一般称为长安十年。梦想与苦难紧紧交织。

初到长安,他的活动区域主要是城北,出入豪门,气宇轩昂。后来逐年南移,四十多岁移至城郊少陵一带的穷人区,自称少陵野老。他本来有个进身的好机会,因为唐玄宗已经发现了他的才华,可是有人从中作梗,导致他仕途不畅。他生活中的一系列苦难,和这个人有极大关系。

杜甫到长安,作了两手准备,一是参加朝廷的考试,二是结交达官贵人。汝阳王李琎是唐玄宗的侄子,杜甫能到他府上走动,多半有某种背景。何人举荐却无据可查。杜甫的袖袋里,可能有几封举荐信的。他进京献诗《赠特进汝阳王二十韵》,前提是要踏进王府的门槛。二十韵,恰到好处,三十韵长了,十韵又短了。这是献诗的技术问题。唐朝风气如此,杜甫没啥难为情的。毋宁说他急于要敲开几道朱门。狂傲如李白,被皇帝召到长安,第一个动作,也是把他的得意之作《将进酒》呈给三品大员贺知章。

唐宋文人,其实很善于做自我宣传。好诗写给人看,求名求利不觉汗颜。文人羞羞答答,是明清以后的事。

杜甫写《饮中八仙歌》,不失为一张精心打造的名片,笔下要么是高官,要么是名人。

> 知章骑马似乘船,眼花落井水底眠。汝阳三斗始朝天,道逢曲车口流涎,恨不移封向酒泉。左相日兴费万钱,饮如长鲸吸百川……李白一斗诗百篇,长安市上酒家眠,天子呼来不上船,自称臣是酒中仙。张旭三杯草圣传,脱帽露顶王公前,挥毫落纸如云烟……

此诗一韵到底,奔放,自由。杜甫到长安感觉良好,可见一斑。他写的八个人,各得两句、三句、四句不等,唯有李白得四句。而把贺知章放在汝阳王和左相李适之前面,并不犯官场忌讳。这似乎表明,盛唐的统治,确有某些宽松。曲车:酒车。移封:改换封地。传说甘肃的酒泉,城下有泉味如酒。《旧唐书》记载张旭:"每醉后,号呼狂走,索笔挥洒,变化无穷。"

中国人没有狂欢节。唐人狂放如此,也未能形成覆盖全社会的传统。眼下各类洋节在都市流行,独缺狂欢节,不知道是什么缘故。

唐人的狂放,说到底还是特权阶层的事。诗人有文化优势,以诗入仕,优势又变成特权。而庶民草民,衣食无忧就谢天谢地了,狂不起来的。

所谓唐帝国,不能单看人口、物价和城市规模,市井小民的精神状态,也许是更为重要的指标。

杜甫在长安的头两年,日子尚能对付。他住客栈,有时进入某个贵族的豪宅,待上十天半月。他献诗,换来吃住,吃得好也住得舒服。他手中有钱时,还跑到赌馆碰运气。赌了好几次,惭愧了,写诗为自己辩解说:"有时英雄亦如此。"可能他还逛青楼,却不似李白写在明处。他是常在城北富豪区走动的人,有些朱门敲不开,门槛高了,他进不去。他也不计较,踅入高墙之间的窄巷抹抹胸口。反正这些事儿没人知道。辗转朱门,似乎也是人之常情。想想谪仙李太白吧,吃过权贵多少苦头?

高官显贵虽多,却没人从骨子里欣赏杜甫,进而施以援手。欣赏他并帮助他的贵人还没有出现。老天磨砺他,先把他的命运交到小人手里。

天宝六年(747年),杜甫参加了科举考试,却陷入一个弥天大谎。科举考试史上最荒唐的一次,让三十七岁的杜甫碰上了。天下学子奔长安,竟然全军覆没。那个身居朝廷要职的小人,倒向玄宗贺喜:"野无遗贤。"——乡野的人才都进了官府,一个不剩。那玄宗年事已高,又与二十多岁的丰腴佳人杨贵妃朝夕厮磨,空前的肉体化,大脑迷糊。盛世君王的角色意识让他听谗言十分顺耳。皇帝迷糊,贤臣奸臣俱清醒,可是这种时刻,贤臣往往不敌奸臣。为什么?

一般说来,贤臣总是希望唤醒皇帝,而奸臣则充分利用皇帝的迷糊,施以催眠术,引导天子干蠢事儿。

封建社会的权力格局,这三种角色,绵延数千年。

杜甫作为普通考生,当然不知内情。他急了,改变策略,精心构思,写歌颂皇帝的大赋投进"廷恩匦"。——这是一种广纳民间贤才的箱子,设于武则天时代。唐玄宗如同汉武帝,一看大赋高兴了,传令下来,让杜甫参加集贤院由丞相亲自主持的考试。杜甫喜出望外,信心十足赴考,笔试面试顺利过关,仕途在望了。考官祝贺他,考生恭维他。回客栈他一面喝美酒一面等消息,街上但凡响起锣鼓声,他就以为是报喜的队伍来了,箭一般射出去。

过了十余天,箭步改蹒跚,热望化为泡影。

又是那个小人,把杜甫的命运玩于掌股之中。杜甫的试卷呈给他,他看都不看,随手扔掉了。

小人名叫李林甫,时任右丞相。李林甫并不认识杜甫。他也不大识字,以错别字知名于盛唐官场,闹过无数笑话。他视读书人、尤其视文人为天敌。文人满口圣贤书,动不动就说什么苍生为重社稷为重,李林甫最讨厌了,他是凭着野兽的直觉行事的,恨不得把朝堂变成黑社会,架空皇帝,他做黑老大。官场一切小人,都有黑道人物的生存特征。张九龄、严挺之、李适之、李邕、房琯……这些文人兼高官,全都被李林甫搞掉了。李邕是他派杀手杀死在北海任上,做过左相的李适之则被他逼死在宜春。他迫害仕途上的文人,又防止民间的文人进入仕途,双管齐下,收效显著。皇帝正昏睡呢,他杀一批整一批堵一批,皇帝听汇报,睁一只眼闭一只眼。要等到安禄山谋反,起兵二十万杀向朝廷,这皇帝老儿才会从龙椅上弹起来。

凶神恶煞的李林甫,却是逢人三分笑,说话比蜜甜。成语"口蜜腹剑",来自他在人生舞台上淋漓尽致的表演。有证据表明,唐玄宗也是被他推进杨玉环的怀抱的。杨玉环原是寿王妃,天生丽质,李林甫想办法让玄宗迷上她。他从不读书,二十岁踏上仕途,从一个部门跳到另一个部门,献媚后宫,插足东宫(太子宫)。他培植的党羽,成活率惊人。几十年为非作歹,在玄宗的眼皮子底下混成了大魔头。老天安排另一个奸臣杨国忠收拾李林甫,巨额家产充公,所有子孙流配……本文以几百字打发他,实在不过瘾。这种小人的榜样,败类中的佼佼者,真该用几十万字来瞄准他,辨认他的弹跳空间,摸清他的生存路数,阐释并定位他。

只有"恶"被定位了,"善"的领域方能向人们显现……

杜甫考试考不中,集贤院的兴奋又昙花一现。

他陷入巨大的苦闷。

这一年的秋天长安多雨,杜甫霉到家了,衣服被子生了霉,下床便是青苔,出门踏水凼,积水中还生出小鱼。他卧病一百天,瘦得皮包骨头。身体坏透了,心情糟透了,如果不是牵挂老婆孩子,真想一蹬腿飘然西去。他快要死了,脑子里却有诗句晃动,发出阵阵哀声:"疟疾三秋孰可忍?寒热百日相交战。""饥卧动即向一旬……君不见空墙日色晚,此老无声泪垂血。"

而长安的富人们,正忙着欣赏雨中秋色。曲江,渭水,画船争艳。有车族有马族,很多人预料到来年的通货膨胀,跑到洛阳去了,成千上万的穷人哭饥号寒。所谓健康时代,百姓的生活原来不堪一击。

杜甫的富朋友,和李白有钱有势的朋友一样,患难时踪影全无。倒是一位叫王倚的普通朋友,把大病初愈的杜甫接到他家去,花钱请医生买补品,使他慢慢康复。

病榻上的杜甫,终于看见这几年自己在长安的真实身影:

朝叩富儿门,暮随肥马尘。
残杯与冷炙,处处潜酸辛!

大病一场,跟死神照过面了,巡视周遭的目光会产生变化。这几句诗,道出多少文人的辛酸。

杜甫的"沉郁",大约起于此时。下沉,沉积,过渡到沉静,携同忧郁、忧思、忧愤。仕途险恶人情冷暖,心凉了,转化为灵感的热能,诗语顿挫。

弗洛伊德把艺术定义为欲望的升华,殊不知,苦难也会升华。

杜甫的父亲可能死于这一时期。无人传消息。囊空如洗。他到山中采药,弄到街头叫卖,也卖给一些富朋友,避开他们嘲弄的眼神,坦然接过几个小钱儿。献诗,卖药,劳心又劳力,却是为了活下去。他从富人区走到贫民窟,眺望巍峨的大明宫兴庆宫,看看身边衣不蔽体苍蝇乱飞的流浪汉。他已经知道,什么叫饥寒交迫,他熟悉贫穷的所有细节。他自嘲饿不死,十天一顿饭也捱过来了。长安城里他四处转悠,挎着宝贵的药篮子。是否摆过地摊,我们不得而知。

渭水上有座桥,称咸阳桥。士兵们为皇帝开拓边疆,一拨又一拨从桥上走过,刀枪指向远方的西域。杜甫几番站在桥旁,目睹军队走过。

他想看什么呢?他可不是壮军威,为唐军出征叫好。他看见的,是撕心裂肺的送别场面:

> 车辚辚,马萧萧,行人弓箭各在腰。耶娘妻子走相送,尘埃不见咸阳桥。牵衣顿足拦道哭,哭声直上干云霄……边庭流血成海水,武皇开边意未已。君不闻汉家山东二百州,千村万落生荆杞;纵有健妇把锄犁,禾生陇亩无东西。况复秦兵耐苦战,被驱不异犬与鸡……信知生男恶,反是生女好。生女犹得嫁比邻,生男埋没随百草……

耶通爷。武皇:汉武帝,代指唐玄宗,唐人诗中常用。山东:华山以东,代指全国。唐置州郡近二百。犬与鸡:秦兵自古耐战,所以被朝廷调来调去,无异犬与鸡。

天宝年间,唐军疯狂开边:鲜于通攻南诏(云南西北部),大败,死六万人;高仙芝远征大食(阿拉伯),带去的数万人全军覆没;安禄山强攻契丹,又死六万人。朝廷不甘心失败,大募新兵,连抓带骗送往军营。《资治通鉴》说:"于是行者愁怨,父母妻子送之,所在哭声震野。"

盛唐离乱唐只一步之遥。这一步,却留给历史学家一连串的大问号。

杜甫写《前出塞》九首,直接追问统治者了:"君已富土境,开边一何多?"杜甫一眼看透皇权的要害处,追问它的逻辑,它的运行模式。

第六首铿锵有力,传为名篇:

> 挽弓当挽强,用箭当用长。射人先射马,擒贼先擒王。
> 杀人亦有限,立国自有疆。苟能制侵凌,岂在多杀伤!

杜甫和托尔斯泰不同,并不反对一切形式的战争。他与李白同:乃知兵者为凶器,圣人不得已而用之。国土够大了,为何年复一年搞扩张?以御敌为由,搞先发制人,这是强盗的逻辑。

《资治通鉴》载:"天宝八载,哥舒翰以兵六万三千,攻吐蕃石堡城,拔之,唐军卒死者数万。"

此间杜甫激愤,诗语高亢,却不像喊口号。大诗人能掌控情绪的节奏。他在咸阳桥徘徊,回到简陋客栈写诗。

他盯上人间的苦难。

天宝十年以后,过了四十岁的杜甫,在长安的日子小有起色。郑虔、岑参、高适等人相继来到长安。郑虔有诗书画三绝的美誉,又是百科全书式的人物,却有人告他私撰国史,终身仕途不畅。两人常对饮,各发各的牢骚。郑虔的书画,曾受到玄宗的高度赞赏,可他官职卑微,有时饭都吃不饱。当初李邕一幅画能卖天价,郑虔为何卖不出去?只因他官小,又受过严重处分,能买画的达官贵人他攀不上。他画马送给杜甫,杜甫卖药请他喝酒。

长安的小酒馆,两个才华横溢的男人借酒浇愁。

岑参加入进来,方移至酒楼畅饮。岑参是与高适齐名的边塞诗人,在军中任职,境遇比杜甫、郑虔好。年近半百的高适官运更好。朋友们给杜甫资助,帮他在长安南郊的少陵原上盖起房子,结束了京城流浪的日子。这位饱受权贵和客栈老板白眼的诗人,终于有了自己的家,欣喜之情藏不住,动不动就自称"少陵野老"、"少陵布衣"。他与岑参、高适等人同登大雁塔,后世文人传为佳话。大雁塔当时叫慈恩寺塔,共七层,高达六十四米,是长安的标志性建筑。

杜甫把家人接到长安,可见他对未来信心大增。妻子杨氏,此时不到三十岁,大儿子宗文五岁,小儿子宗武未满周岁。杜甫曾回过洛阳,时间很短,却让妻子有了身孕。杨氏到长安,面呈喜色,宗文宗武蹦蹦跳跳。

杜甫对自己这些年的辛酸遭遇只字不提。

好男人都这样。

然而家里用度紧张,杨氏心中有数的。有钱买米无钱买盐,赊借是常事。偏偏这一年,绵绵秋雨又来了,一连下了六十多天,米价暴涨,很多人家顾不得御冬,抱着棉被换米吃。杜甫不得不筹划,将妻儿送往奉先(陕西蒲城)投靠亲戚。

老婆孩子走了,家里变得空荡荡。杜甫深夜守着孤灯,写下一封又一封求职信。杨氏临走时,几番欲言又止,他心里何尝不清楚?"贫贱夫妻百事哀"，杨氏自从跟了他，七年了，没享几天福，却少有怨言。为前程，为家人，杜甫什么不能干呢？

盼星星盼月亮，盼来朝廷一纸任命，派杜甫到河西县担任县尉。到长安这么多年了，这可是破天荒头一遭。县尉系实职，专管衙役、捕快，大致相当于现在的公安局长兼刑警队长。唐代县尉多由进士担任，京畿县尉职位尤重。县尉有油水的，灰色收入数不清，捉人放人都能搞钱。

杜甫获此殊荣，却断然拒绝，为什么？

因为高适当过县尉，感触多，辞职了。高适写诗说：

拜迎长官心欲碎，鞭挞黎庶令人悲！

长官面前，县尉是趴在地上的孙子，可他挥鞭猛抽老百姓，顷刻间又变成豺狼虎豹。

杜甫宁肯要饭，也不向黎庶挥鞭。

高适也一样。

中国古代文人，慈悲心肠是共同特征。所谓人文关怀，底层关怀，不是一句空话。文人读书多，有修养，目光能穿越各阶层，越过集团利益，投到百姓身上。虽受穷受苦，不改其志。历代文人做官，多有建树，多为良吏，这个现象值得深思。在今天看，人文领域向各级政府输送人才，其宝藏之丰，只会超过自然科学，而不是相反。欧美诸国，先例甚多。法国现任总理是诗人，德国前任总理是哲学教授，而美国的总统、要员多出自具有悠久人文传统的耶鲁大学……

杜甫不做县尉，是他漫长的求仕生涯中的小插曲，却足以令我辈对他的大品行肃然起敬。

杜甫采药度日。朝廷的任命，像吹过去的一阵风。

穷就穷吧……

天宝十二年(753年)的春天，杜甫在长安享受了一次视觉盛筵：他亲眼目睹一大群宫中丽人游曲江，踏青芙蓉苑。不知是偶遇，还是专程赶去看热闹。三月三为上巳节，宫中佳丽鱼贯而出，曲江边上姹紫嫣红。杜甫写下七言排律《丽人行》：

> 三月三日天气新,长安水边多丽人。
> 态浓意远淑且真,肌理细腻骨肉匀……

杜甫离佳丽近,皮肤都看清了。杨玉环和她的三个姐姐走在丽人队伍前边,佩环摇动,酥胸半裸。不难想象,一辈子忠君、又只身待在长安的杜甫,眼睛会睁得很大。杨玉环天姿国色,杜甫"惊艳",是说得过去的。诗人钟情山水,而女人之美又在山水之上。可是我手上的几本书,都说《丽人行》是讽刺诗,揭露贵妇们的奢华。"态浓意远淑且真"这一句,注释俱云:这是说反话。

类似的导读,实属多余,好像我们看不懂似的。

杜甫接着描绘丽人们的服饰、她们吃腻的驼峰、迟迟伸不下去的犀牛角镶饰的筷子。笔锋一转,写杨国忠:"后来鞍马何逡巡,当轩下马入锦茵……炙手可热势绝伦,慎莫近前丞相嗔!"

天宝十一年李林甫死后,杨国忠继任右丞相。丽人踏青先走一步,他骑马随后赶来,大模大样的,下马直趋众佳丽。锦茵:锦绣的地毯,指贵妇小憩之地,有帐篷,供丽人们补妆换衣。炙手可热:唐代长安人的市井语,属中性词,流传至今,含贬义。

杨国忠是玉环堂兄,他和玉环的三姐虢国夫人有暧昧关系。《旧唐书·杨玉环传》有载。

杜甫这首诗,感觉是复杂的,有讽刺的成分,但够不上讽刺诗。杜甫善于写实,也包括感觉的真实。他写诗未必主题先行,他会忠实于自己的第一印象。换句话说,他有良好的艺术直觉。

次年杜甫得了一个小官职:兵曹参军,从八品,保管军用仓库的钥匙,被军官们呼来呼去,开门锁门。好处是有点俸禄,他不用去卖药了。门前喝酒,仓库里读书,倒也自在。余下一些银两,准备带给老婆孩子。

天宝十四年的秋末,杜甫赴奉先探亲,半夜从城里出发,天寒地冻,百树凋零。凌晨路过骊山,遥望华清宫,想象玄宗与杨氏兄妹正在宫中。《旧唐书》说:"玄宗每年十月幸华清宫,国中姊妹五家扈从。每家为一队,着一色衣。五家合队,照映如百花之焕发。"

皇家哪有萧瑟秋天,皇家的冬天也是春天。

杜甫赴奉先,心情想必是愉快的,长安十年流浪,毕竟跻身仕途,少陵原上有个家。他骑马,昼夜兼程,耳边回响着华清宫的音乐。

漫天飞雪夜归人,多么兴奋！进柴门却听见哀嚎声:他最小的儿子刚刚饿死。

杨氏痛哭,四邻抹泪,他这做父亲的,老泪纵横心如刀割。

草草安葬了幼子,杜甫在奉先写诗,五百字一气呵成。《自京赴奉先咏怀五百字》,这是中国诗歌史上的丰碑。

> 杜陵有布衣,老大意转拙。许身一何愚,窃比稷与契。居然成濩落,白首甘契阔……穷年忧黎元,叹息肠内热!

稷与契:尧舜时代的两个贤臣,后稷教农民稼穑之术,契协助大禹治水。濩落:大而无用。契阔:勤苦。

诗从志向入手,忧国忧民。四百字以后,才写到幼子饿死:"老妻寄异县,十口隔风雪。谁能久不顾？庶往共饥渴。入门闻号咷,幼子饿已卒……所愧为人父,无食致夭折。"

范仲淹名言:"先天下之忧而忧",与杜甫乃是一脉相承。这在儒家精神中,堪称光辉夺目的核心价值。

中年丧幼子,杜甫却能看到自己是特权阶层的人,比失去田地的农民、到远方打仗的士兵强多了。他都这么悲惨,平民百姓又将如何？"默思失业徒,因念远戍卒。"

透过杜甫的身影,我们看见了托翁,把自己世袭的土地分给穷人。《安娜·卡列尼娜》中的列文,就是托翁化身。

杜甫对皇帝的忠诚,沉痛而坚决:"葵藿倾太阳,物性固难夺。"可是同样坚定的是他伟大的民间立场:"彤庭所分帛,本自寒女出。鞭挞其夫家,聚敛供城阙!"

意象改变印象,城里的大明宫、城外的华清宫都变味儿了。

纵观中国封建史,聚敛这类词,真令人感慨万端。巧取豪夺招数之多,之富于想象力,诗人们只能瞠目结舌。庶民小民在温饱线上挣扎,因其数字庞大,每次都是聚敛的主要对象。

由此可见，眼下传播最广、最能激动人心的和谐二字，分量有多重。杜甫针对长安骄奢淫逸的权贵们，发出怒吼：

朱门酒肉臭，路有冻死骨！

这首咏怀长诗，像是打开了一道巨大的闸门，杜甫瞄准苦难的声音一发而不可收，惊天动地。

长诗末尾他写到："忧端齐终南，澒洞不可掇。"忧端指愁绪，它和终南山一样高。澒洞：广大弥漫貌。

李白被称为谪仙人，而杜甫则像上帝派到人间的苦难使者。他的忧思当即被验证：天下大乱已在北中国拉开了序幕。安禄山想当皇帝，在范阳（北京附近）起兵二十万，铁骑杀向洛阳和长安。安史之乱持续七年多，战乱结束，唐帝国的人口从五千多万降至一千多万，近三千万人命丧黄泉。

4

安禄山是胡人，生得高大肥硕，体重三百三十斤，"腹垂过膝"，时常显得笨手笨脚，对人憨笑。他是唐玄宗封的唯一的异姓王，身居三镇节度使，手下兵力是唐军的三分之一，并且胡兵胡将多，骁勇善战。他的一举一动，表明他对皇帝绝对忠诚。他拜杨玉环为干娘，出入后宫，跪献奇珍异宝。玄宗亲切地叫他"禄儿"，以拍打他的超级大肚子为乐。

唐朝数州为一镇，节度使总揽军政大权。

右相杨国忠却不喜欢安禄山，两人常在皇帝面前闹别扭。杨国忠看出安禄山想谋反，屡次提醒玄宗，玄宗不听。杨国忠动员太子李亨和左相韦见素进谏，玄宗还是不听，认为杨国忠和安禄山搞不团结。杨国忠固然是奸臣，却不似他的前任李林甫是百分之百的奸臣。安禄山谋反，这件唐代最大的祸事，他始终清醒，令人诧异。《资治通鉴》的相关记载很详细，笔者读罢掩卷而叹：如果杨国忠和安禄山并非政敌就好了，玄宗听了他的话，三千万条性命可保平安。

问题出在玄宗。这老皇帝迷糊得非常厉害了。迷神仙,迷谗言,迷杨玉环的玉体。他在位数十年,统治天下麻木了,甚至厌倦了。如同一个长期不患病的人,对疾病似乎并不反感。或如一位安全行驶超过十万公里的司机,可能由于"死亡本能",潜意识趋向一场交通事故。总之,唐玄宗的麻痹思想值得研究:动用包括存在论、心理学、精神分析在内的诸手段瞄准他,而不是仅仅依赖教条甚多的历史学。

安禄山反,也是事起仓促。他本打算等到皇帝驾崩再起兵,有两个高级幕僚怂恿他,刺激他的野心。此二人,名字怪怪的,一个叫高尚,一个叫严庄。二人合力,为安禄山制造当皇帝的幻觉,于是,安禄山也迷糊了,提前造反,不顾他的儿女还留在长安。他率军杀奔洛阳,得知儿子被腰斩,女儿被赐死,竟大恸:"我何罪?而杀我子!"为报仇,他当即杀了一万唐军降卒。铁骑所过之处,见城屠城,烧房子,淫妇女,抢珠宝,侵略者欢天喜地。城市与乡村,大路小路,"茫茫走胡兵"。

史思明也是胡人,干瘦,精明,擅长军事。一胖一瘦两个大魔头,横扫半个中国。仅三十三天,洛阳沦陷。

初,河北二十四郡纷纷亮白旗。首先奋起反击的,倒是以书法知名的平原(今山东平原县)太守颜真卿,对来势汹汹的叛军全然不惧,七千勇士殊死抗敌,并传檄诸郡,共筑长城。《资治通鉴》称他"首唱大义"。唐玄宗闻讯,狂喜,在宫中跌跌撞撞,大呼颜真卿的名字。

然而六月八日潼关一破,二十万唐军全线溃败,皇帝在长安待不住了,逃往四川。出京城狼狈之极,杨国忠跑到街上买来一块粗面烧饼,他一阵狼吞虎咽。嫔妃子孙抓饭吃,抢饭吃,老玄宗坐地长叹,涕泪交流。走到马嵬坡(陕西兴平县境内),禁卫军哗变,杀杨国忠,肢解其体;以钝器猛击左相韦见素头部,脑血迸流,侥幸逃脱性命。"六军不发无奈何",玄宗赐死杨玉环,一代佳丽吊死在佛堂内,红颜苦挣扎,裙裾随风起,宛如变调的《霓裳羽衣曲》。

杜甫一家人,于天宝十五年的暮春加入逃难的滚滚人流。西北黄土地,百万难民经不起一点风吹草动,望风而逃,今日向北明日向南。杜甫跌入荆棘丛,摔伤了腿,爬行艰难,老婆拉儿子推,半天前进一百米。眼看落入胡兵手,幸亏一个侄子,骑马奔出老远了,又返身寻他救他。如果侄子只顾逃命,杜甫凶多吉少。

一家人在陕西境内乱窜,小女儿饿得大哭,惹来猛兽长啸,所幸难民人数多,猛兽也踌躇。夏季雷雨大作,山洪又来了,很多人往树上爬,有胆小的,数日不下树,担心洪水突然袭来。杜甫与杨氏拖着二男一女,泥泞中连滚带爬,到鄜州(今陕西富县)的羌村,群山环抱,惊魂稍定。

玄宗"幸蜀",跑到成都去了。皇权悬空,太子李亨急于上台,在宁夏灵武称帝,是为唐肃宗。杜甫既已安顿家小,闻讯后立刻启程向北,只身走延安,欲出芦子关(陕西横山附近),投奔灵武。

战乱显忠诚,"葵藿倾太阳",杜甫走荒山过野岭,挥剑开路,躲避豺狼,跟猴子争野果。奔向君王的力量如此之大,为国,为家,也为一己之前程。

杜甫千辛万苦,白天走小路,半夜潜入官道急行军,还是被胡兵捉去,押送长安。他又老又瘦又脏,头发胡子白且乱,叛军审问他,审不出一个所以然。他官小,名气小,没人认识他。而王维、郑虔等人反因知名度高,羁押在洛阳吃尽苦头。

叛军关他一段时间后,把他放了。

杜甫困在长安,不敢出城。时在九月,长安沦陷近百日,大屠杀已经过去了,劫后的京城惨不忍睹,到处都能闻到尸体的气味儿。断垣残壁下,曲江渭水中,头颅、断肢横陈,肿胀尸身漂浮。大屠杀发生在炎夏,艳阳照着成千上万的尸体,街巷堵塞,渭水不流。胡兵杀汉人,连婴儿都不放过。腐烂的尸身臭气熏天,胡兵又驱使汉人清扫战场。城北的皇宫禁苑、富人区,死者堆成山,从妩媚的小姐、娇生惯养的后生到仪表堂堂的老贵族。

胡人杀富人更过瘾,用大批骆驼运送珠宝,送往范阳老巢。

唐玄宗出逃时,只带了少许亲信:皇帝的行踪要保密。王公贵族,消息欠灵通的,未及逃走,落入叛军魔掌。长安这一劫,杀掉多少皇室宗亲高官大贾,史料没有确切数字。胡人以此威慑长安百姓。但事实上,几十万长安人没有被吓倒,抵抗运动迅速展开,袭击侵略者,骚扰占领军,下毒,放火,散布官军的胜利消息……为唐军名将郭子仪的大规模反攻作呼应。

杜甫大半个冬天躲在没人住的房子里,春日入夜溜出去,沿曲江潜行。忆及京都繁华,哭声陡起,又急忙捂紧嘴巴。

杜甫写下著名的《哀江头》:

少陵野老吞声哭,春日潜行曲江曲。江头宫殿锁千门,细柳新蒲为谁绿?忆昔霓旌下南苑,苑中万物生颜色。昭阳殿里第一人,同辇随君侍君侧……明眸皓齿今何在?血污游魂归不得。清渭东流剑阁深,去住彼此无消息……

此诗哀悼杨贵妃,不是讽刺、更不是揭露杨贵妃。注家偏要曲解,委实莫名其妙。杨玉环葬于渭水之滨,而玄宗远在剑门关内,彼此无消息。后来白居易写《长恨歌》,哀怜相仿佛,显然受到《哀江头》的影响。清朝学者喻守真说,两首诗可以互读。

杜甫又写《哀王孙》,对落难的皇家子孙满怀同情,但诸多杜诗选本不取。把杜甫眼中的苦难加以分类,有失公允。国家民族遭劫难,富人的死,一样值得哀怜、哀悼。

杜甫忧思广大,能看见普天下的苦难。品读他,这是一个要点。

唐军与叛军激战于陈陶,丞相房琯指挥的四万人几乎全部战死,杜甫悲愤之极,写下《悲陈陶》:"孟冬十郡良家子,血作陈陶泽中水。野旷天清无战声,四万义军同日死。群胡归来血洗箭,仍唱胡歌饮都市。都人回首向北啼,日夜更望官军至。"

四万良家子,从早晨拼杀到黄昏,鲜血染红了河流。而群胡得胜回城,唱胡歌饮美酒,腰间利箭,像血洗过一样。

妻子儿女在鄜州,生死未卜,杜甫写《月夜》,铁石心肠的男人读了也会辛酸:

今夜鄜州月,闺中只独看。
遥怜小儿女,未解忆长安。
香雾云鬟湿,清辉玉臂寒。
何时依虚幌,双照泪痕干?

虚幌：薄窗帘。杜甫这首名作，写妻子杨氏在羌村的感受，闺中一词，却透出他的无限爱怜。贫贱夫妻共患难，彼此的思念皓如明月。

《春望》，则是忧家忧国的经典之作：

国破山河在，城春草木深。
感时花溅泪，恨别鸟惊心。
烽火连三月，家书抵万金。
白头搔更短，浑欲不胜簪！

杜甫困长安近一年，情绪起伏，血脉贲张，写诗十余首，一半是名篇。他写苦难，发哀声，却并不令读者颓唐沮丧，表明他内心的强大。妻离子散，身陷叛军，东躲西藏，饱一顿饿一顿，非但没有击倒他，反而激发他滚烫的灵感。诗写得那么好，表达如此深沉，技巧一派天然。这个病歪歪两鬓斑白的瘦弱老男人，能量之大，谁能测量？

再说安禄山。这千刀万剐的狗东西，谋反之初就遭报应：儿子安庆宗，女儿荣义公主，两家人在长安被处死，几十口剁成肉酱。狗头军师严庄，灭三族，两百颗脑袋满地滚。安禄山起兵不久腹背就长恶疮，奇痒难忍，抓破了，臭不可闻，巨大的躯体像个垃圾桶。视力又急剧下降，不辨人与树。他在洛阳称帝，接受百官的朝拜，恶疮发作，双目突然失明，宦官李猪儿只得匆匆宣布退朝。百官大惊失色：这可是古今未闻的凶兆。安禄山朝思暮想的那张龙床，却根本躺不下去。于是每日狂怒、咆哮，挥舞斧钺追赶部下，将部下砍成两段，然后仰面狞笑。高尚、严庄、李猪儿都遭他毒打。他儿子安庆绪认为有机可乘，指使李猪儿，将一柄利刃捅入安禄山肥猪般的身体。

安禄山发兵进攻他的义父唐玄宗，没想到死在自己儿子手上。他想当皇帝，儿子比他更想。那李猪儿，十岁就跟着他，伺候他，据说弄得一手好菜，把他养到一百七十公斤……

后来，史思明也是被他儿子杀死的。

恶有恶报。

而所有这一切，只为一把龙椅。安史之乱导致三千万人丧生，尸体堆起来,超过珠穆朗玛峰。安禄山史思明,都是绝顶聪明的人,只因私欲无限膨胀,带给全国血光之灾。

罗素曾形容拿破仑说:这个人,不过是拥有让人死掉的聪明……在今天的法国,维克多·雨果的声誉,远远胜过拿破仑。

杜甫享有的声誉,应当在秦皇汉武之上吧?

这话题后面再谈。

唐军在郭子仪的带领下,接连打胜仗。肃宗李亨从灵武迁到凤翔,离长安很近了。杜甫心情激动,初夏溜出城西的金光门,奔向皇帝。他步行数日,昼夜疾走,穿过唐军与叛军对峙的地带,从一座山偷偷爬到另一座山,耳听豺狼叫,眼见鬼火明。时隔多年后,杜甫想起这一幕还心惊胆战。

他麻鞋破衣拜见天子,很快被封为左拾遗,是为谏官,又称言官,专门负责向皇帝进言、讲真话。这是一个相当重要的职位。朝廷人才奇缺,像个草台班子。杜甫机会来了,只要认真干,揣摩皇帝的心思,几乎不愁升迁。

丞相房琯打了败仗,他的政敌趁机诬陷他,告他贪污。战争时期,丞相是不能贪污的,肃宗下令查办。杜甫刚上任就碰上这档事儿,经过缜密调查,认定房琯冤枉,于是上书给皇帝,言词铿锵如他的诗作。皇帝大怒,转而查办他,幸亏有人讲情,才勉强保住官职。

官场恩怨纠缠,杜甫不知深浅,挺身而出,将好好的前程毁于一旦。皇帝从此对他印象不好。这位一生忠君的臣子,却于政治隔膜,不懂官场的所谓游戏规则,壮怀激烈,"致君尧舜上,再使风俗淳"。他的失败,和李白大同小异。

任左拾遗百余日,忽然无事可干。他被冷处理,没资格进言了。于是想到亲人——

八月,杜甫告假探亲,皇帝恩准。

> 皇帝二载秋,闰八月初吉。
> 杜子将北征,苍茫问家室……
> 东胡反未已,臣甫愤所切。
> 挥涕恋行在,道途犹恍惚……

从凤翔到鄜州羌村,六七百里山路,杜甫写诗,题为北征。全诗七百言,仅次于晚年写的《壮游》。苍茫问家室,意境浑阔,映照"忧端齐终南,澒洞不可掇"。杜甫一生写了三首长诗,有如三条波澜壮阔的大河。

杜甫仍是步行,无马可骑,只是麻鞋换成了布鞋,一袭青袍权作官袍。日行数十里,他可能走了二十多天。与亲人阔别近一年半,路上的心情可想而知。有个仆人跟着,年龄小他一半,却苦于追赶他,上气不接下气,还追不上。走过的村庄人烟稀少,野狗争尸,乌鸦乱飞。"夜深经战场,寒月照白骨。"可是官军毕竟打回来了,收复两京指日可待。

杜甫逃出长安时,不是急于回家,而是奔向皇帝,可见他求仕的意志是何等坚决。眼下官职在身,回家也让妻子高兴。杨氏带着三个孩子待在山沟里,她太苦了。

差点在凤翔获罪那一层,他将瞒下。

杜甫走累了,拄杖小憩,迎着初秋的山风掉下几滴眼泪,却又展露笑容,掉头追赶落日。

群山绵延,杜甫瘦而高的身影渐行渐远……

《羌村三首》,记录这次赴羌村与家人团聚。

> 峥嵘赤云西,日脚下平地。
> 柴门鸟雀噪,归客千里至。
> 妻孥怪我在,惊定还拭泪。
> 世乱遭飘荡,生还偶然遂。
> 邻人满墙头,感叹亦歔欷。
> 夜阑更秉烛,相对如梦寐。

描绘乱世的亲人重逢,杜甫这首诗,平实而感人。一句"妻孥怪我在,惊定还拭泪",包含了千言万语。"相对如梦寐",传达出隐而不露、欲诉还休的酸楚。

《羌村三首》都是上乘佳作,其二云:"群鸡正乱叫,客至鸡斗争。父老四五人,问我久远行。手中各有携,倾榼浊复清……"榼:酒器。杜甫在羌村待了两三个月,写诗有渊明之风。

长安收复,老皇帝新皇帝相继返京,外逃的官员也纷纷回来,七零八落的统治阶层又抱团了,又开始新一轮的倾轧。邀功,挤兑,陷害,百态纷呈。

　　杜甫举家迁长安,过了一段安稳日子。他官小,没人来挤对他。王维、岑参、郑虔等人与他同在两省(门下省、中书省)任职,诗酒酬唱,不亦乐乎。战争还在继续,安庆绪把帝位让给史思明,史思明斗志高涨,几次和郭子仪战成平手。而杜甫在京城痛饮美酒,有当代学者就批评他不关心人民。这位学者的言下之意是:如果换成他,每一分钟都会想着苦难中的人民,不喝酒,不娱乐。然而情绪有起伏,有其自身的规律,杜甫若是按照他的公式生活,早都痛苦死了。我们最后读到的,只有羌村三首,没有"三吏""三别"……

　　杜甫的好日子一晃而过。李林甫、杨国忠死了,朝廷又冒出一个宦官李辅国,把持朝政排除异己。杜甫被视为房琯一党,贬到华州(陕西华县)任司功参军,管礼仪庆典,医疗教育。似乎权力大,其实不然,那华州原来是没人去的穷山沟,办公桌上蝎子爬,苍蝇蚊子满天飞。积压了几个月的公文堆到杜甫手上,使他冲到山崖边发狂大叫。

　　叫完了,清扫办公室,赶走蝎子和苍蝇,埋头工作。

　　史料记载,杜甫在华州的工作卓有成效。

　　洛阳也收复了,杨氏带着孩子回洛阳老家:首阳山下那几间窑洞。次年初,杜甫把华州的事务大致理顺,向州官请了假,千里迢迢赴洛阳,住了不到一个月,又匆匆返回。

　　可是战局多变,三月,史思明再次攻破洛阳城。相州(河南安阳)大会战,六十万唐军全线溃退,每过一地,抢掠民宅,州官县官止不住。杜甫正在返回华州的途中,目睹了大混乱。唐军为补充兵员,又到处抓人,六十岁的老妇不能免。河南陕西,抓得鸡飞狗跳,十室九空。

　　杜甫身为政府官员,自以国家大局为重,可是他的眼睛,无法忽略民间的苦难。相反,他看得很细,完全是设身处地,感受百姓所感受到的一切。毋宁说,苦难对他的吸引,大于山川美女。这个悲天悯人的伟大的男人,他的眼睛所承受的苦难,古今中外,罕有其匹。

5

杜甫过新安县,发现小孩儿也被官府拉去当兵。他发出疑问:"中男绝短小,何以守王城?"中男指十六岁以下的男孩儿,王城指洛阳。全县的男孩儿被集中起来,连夜送上前线,其中不乏十二三岁的肥男或瘦男。"肥男有母送,瘦男独伶俜。"一片哭声中,杜甫安慰几个瘦男说:"莫自使眼枯,收汝泪纵横。眼枯即见骨,天地终无情。我军取相州,日夕望其平……况乃王师顺,抚养甚分明。"

抚养分明之类,即使明知是谎话,杜甫也只能这么说。儿童上前线,哭死也没用,除了安慰,他还能说啥呢?

从新安到潼关的路上,杜甫碰上一幕,更是触目惊心,于是写下《石壕吏》。

暮投石壕村,有吏夜捉人。老翁逾墙走,老妇出看门。
吏呼一何怒,妇啼一何苦!听妇前致词:三男邺城戍,
一男附书至,二男新战死。存者且偷生,死者长已矣。
室中更无人,惟有乳下孙。有孙母未去,出入无完裙。
老妪力虽衰,请从吏夜归。急应河阳役,犹得备晨炊。
夜久语声绝,如闻泣幽咽。天明登前途,独与老翁别。

邺城即是相州。河阳,今河南安阳市。唐军败于相州战役,退至河阳拒敌。

杜甫写实,一向洗练,画面逼真。老翁急切跳墙,老妇慌张出门。官吏捉人,老翁逃走了,以为躲过一劫,殊不知老妇也被带走。"吏呼一何怒,妇啼一何苦!"十个字,写尽情态。这老婆婆,勇气令人生敬意,这敬意却饱含苦悲。她的三个儿子,两个刚刚战死,为老伴她挺身而出,到军中去做饭,庶几可免一死。中国传统女性,真足以用伟大来形容。老杜只是写实,甚至有点不动声色。老妇跟官吏走了,干瘪的身影没入茫茫夜色。这情景,凸显官吏狰狞、老婆婆昂首挺胸的无尽辛酸。跳墙老翁回家的情形,杜甫不著一字,却尽在字里行间。

诗人天明登前途,独与老翁别……

太阳出来,太阳落下,杜甫从一个村落走到另一个村落。村落凋零,诗人憔悴。

按唐代颁布的律令:"六十为老。"杜甫后来未能活到六十岁,是因为他心中苦难太多——为抵御苦难,调动了太多的生命能量。

他又看见白发苍苍的老头上前线了:

> 四郊未宁静,垂老不得安。子孙阵亡尽,焉用身独完?投杖出门去,同行为辛酸。幸有牙齿存,所悲骨髓干。男儿既介胄,长揖别上官!老妻卧路啼,岁暮衣裳单……

诗名《垂老别》。

子孙都死光了,老头活着还有什么意思?事实上,他为老妻活,躲不过兵役才出此豪言壮语。投杖出门去,拐杖没用了,他将拿起刀枪。他穿上了厚厚的甲胄,拱手别上官,却突然意识到,天冷了,寒风刺骨,哭倒在路旁的老妻衣裳单薄。官在上妻在下,老头在中间慷慨激昂。

他越激昂,我们越是辛酸。

笔者行文至此,心里翻波涌浪。

《新婚别》,又是别样一番凄凉:

> 兔丝附蓬麻,引蔓故不长。嫁女与征夫,不如弃路旁。
> 结发为君妻,席不暖君床。暮婚晨告别,无乃太匆忙!
> ……
> 父母养我时,日夜令我藏。生女有所归,鸡狗亦得将。
> 君今往死地,沉痛迫中肠!誓欲随君去,形势反苍黄。
> 勿为新婚念,努力事戎行。妇人在军中,兵气恐不扬。
> 自嗟贫家女,久致罗襦裳。罗襦不复施,对君洗红妆。
> ……

兔丝:蔓生植物,依附别的植物生长,喻妇女出嫁依附丈夫。蓬与麻俱为低矮的草本植物,兔丝附生其上,自然长不高。久致罗襦裳:很长时间才置办成丝绸的嫁衣。

新婚的丈夫赴死地,新娘脱下嫁衣,洗去红妆,其坚决,透出天地为之低昂的悲怆。

读这样的诗,才知道什么叫生离死别,什么叫荡气回肠。

杜甫写苦难,笔底往往有豪气。豪气贯穿苦难,方有沉郁顿挫。豪气来自他的性格,他的遭遇,来自文化赋予他的非凡力量。读杜诗,不宜囿于形式,如格律之类。不懂他的内心,他的生命特质,一切都无从谈起。

白居易读懂了他,苏东坡读懂了他,所以才千方百计为庶民小民细民谋幸福。他们承先启后一路走来,竭尽全力,拓展良知与美感的空间,构建堂堂正正的中华文明。

何谓精神家园?这就是我们的精神家园。但愿今日,不要让它荒芜才好。

杜甫不唱高调,不避苦难,不走过场。他手中,既有望远镜,又有显微镜,更有透视镜。他没有观音菩萨救民于水火的无边法力,其大慈大悲,却如出一辙。

杜甫从河南走到陕西,悲悯人世间,他自己,也即将开始一生中最为遥远的大迁徙。

乾元二年(759),关中大旱,杜甫辞去了华州的职务,拖着一家人远走秦州(甘肃天水)。灾年物价高,他在华州那点俸禄,不足以养活六七口人。尽管他工作出色,但华州姓郭的刺史总是挑他的毛病,不涨工资还扣钱。朝廷又是那样,小人嚣张,新皇帝斗老皇帝……杜甫感到一种从未有过的失望。这一年他四十八岁。辞官意味着,他不复留恋仕途。他有个从弟在秦州,听说那边雨水充沛,庄稼长势不错,他就举家迁徙。此举带有逃难的性质,他可能打算从此务农。秦州是边陲重镇,位于六盘山支脉陇山的西侧,汉族与少数民族杂居,人口众多,听上去像个世外桃源。杜甫是这么盘算的:他能采药,宗文、宗武能下地,丰收了,不用上皇粮。杨氏善持家,一家人抱团,乱世活下去。杜甫想到了诸葛亮和陶渊明,写诗赞美这两位乱世高人。

在秦州住了三个月,筑居却不成,温饱难测。杜甫又听说同谷(甘肃成县)的土地更肥沃,盛产薯芋,填满全家人的肚子没问题,还有拔不完的鲜竹笋,采不尽的野蜂蜜……于是再迁两百里之外的同谷。岂知到了同谷,才发现不是那么一回事儿。天寒地冻,山里没吃的,全家拾橡子充饥,拼命挖一种叫黄独的野生芋。写信邀请杜甫到同谷的什么县令,见过一面就躲起来了,和秦州那个从弟一样。

杜甫贸然走他乡,过于相信亲朋,全家陷入困境。零下十几度,他穿不暖睡不暖,每天凌晨出发,带着二十岁的大儿子,进山挖黄独。苦苦挨了一个月,眼看有人要饿死,杜甫和妻子紧张商议,决定长途跋涉,到天府之国成都。

他写诗感叹说:"无食问乐土,无衣思南州。"

一家老小又上路了。时在十二月,最寒冷的日子。

他沿途写诗,一直写到剑阁。

这一年里,杜甫从洛阳返华州,从华州到秦州,从秦州到同谷,从同谷向遥远的成都进发,几千里折腾,受冻挨饿,却是写诗最多的年份。秦州三个月,他写了八十多首诗。他辗转漂泊,遣兴抒怀,详细记录边塞风物、羌胡习俗,每到一地必写诗。我们不禁想问:究竟是什么东西支撑着他?换成其他人,愁都愁死了。也许是因为他见识过了天南地北的各种苦难,所以对自己的遭遇并不在乎。他的精神承受力异乎寻常。他是皱着眉头的乐天派,对后世读书人影响深远。自己居无定所,还牵挂散落各地的兄弟们:

露从今夜白,月是故乡明。
有弟皆分散,无家问死生。

杜甫一连三夜梦见李白,于是怀疑李白死了,写《梦李白二首》:"死别已吞声,生别常恻恻。江南瘴疠地,逐客无消息。"

杜甫想念李白,一如念叨亲人。此人是个利他主义者,并且毫不勉强。为什么这样?研究他,应当刨根问底。

杜甫一家人,走了整整一年才走到成都。当时的成都,号称十万户,实际人口在二十万左右。繁华仅次于扬州,民间有"扬一益二"的说法。成都又称益州。安史之乱,扬州也遭到破坏,而成都远离战火。唐玄宗曾经往那儿跑,现在杜甫对它寄予莫大希望。

次年春,成都西郊浣花溪畔的草堂落成,这就是著名的杜甫草堂,眼下在成都,与纪念诸葛亮的武侯祠齐名。

有个表弟叫王十五的,在蜀中做官,他资助杜甫。高适在离成都不远的彭州做刺史,也常来草堂走动。杜甫有了一些朋友,朋友们赠树送花,草堂收拾得很舒服,一派勃勃生机。杜甫这个人,一旦有了喘息之机,快乐就来照面,诗心随之萌动。且看他描绘春雨:"好雨知时节,当春乃发生。随风潜入夜,润物细无声……晓看红湿处,花重锦官城。"

陶渊明懂得植物的"朦胧的欣悦",杜甫也懂。诗人总像是自然的情人,细腻地欣赏她体会她,不会去算计她掠夺她蹂躏她。汉语的自然二字,深藏祖先智慧,它的源头性的含义为:是它本来所是的那个样子。这在当下的重要性、紧迫性不言而喻。

草堂邻近乡村,杜甫写道:

> 清江一曲抱村流,长夏江村事事幽。
> 自来自去堂上燕,相亲相近水中鸥。
> 老妻画纸为棋局,稚子敲针作钓钩。
> 但有故人供禄米,微躯此外更何求。

棋局:棋局。敲针:用石头或小锤子把针弄弯曲,制作渔钩在锦江钓鱼。

杜甫在成都,靠朋友资助度日。老妻幼子皆自在,不复为柴米操心、因饥饿啼哭。何谓好日子?眼下就是好日子,一家子,一个都不少,还有吃有穿,有庭院,有"锦江春色来天地",有"无赖春色到江亭",有"细雨鱼儿出,微风燕子斜"……

一位崔县令前来草堂拜访,杜甫喜出望外,写《客至》:

> 舍南舍北皆春水,但见群鸥日日来。
> 花径不曾缘客扫,蓬门今始为君开。
> 盘飧市远无兼味,樽酒家贫只旧醅。

肯与邻翁相对饮,隔篱呼取尽余杯。

细读杜甫这些在成都写的诗,真为他感到高兴。大难不死有后福,幸福只在粗茶淡饭间。谢谢他的朋友们,左邻右舍、王县令、朱山人、不期而至的崔县令、高刺史,多亏他们的馈赠,诗人得以安居,为后人留下不朽的诗作。"花径不曾缘客扫,蓬门今始为君开。"想想他洒扫庭院、竖着耳朵听敲门的模样吧。诗人如此幸福,我们几乎眼含热泪。

请看他的《江畔独步寻花七绝句》之二:

黄四娘家花满蹊,千朵万朵压枝低。
留连戏蝶时时舞,自在娇莺恰恰啼。

这位黄四娘,身份不详。唐代尊称女人,通常用娘字,有些还用大娘,比如善舞的公孙大娘。称呼排行,则为男女皆用的尊称。后世沿用,比如怒沉百宝箱的江南名妓杜十娘。

杜甫一生崇拜诸葛亮,在成都,自然要拜访武侯祠。他写《蜀相》,令其他赞美诸葛亮的诗人望尘莫及。

丞相祠堂何处寻?锦官城外柏森森。
映阶碧草自春色,隔叶黄鹂空好音。
三顾频烦天下计,两朝开济老臣心。
出师未捷身先死,常使英雄泪满襟。

老杜闲居草堂两年多,佳作有如锦江春水。他加以总结,自己做自己的评论家:"为人性僻耽佳句,语不惊人死不休。老去诗篇浑漫与,春来花鸟莫深愁……焉得思如陶谢手,令渠述作与同游。"浑漫与:非常随意。莫深愁:写诗有如花自开鸟自啼,不用发愁。陶谢手:陶渊明谢灵运的运思手段。

值得注意的是,北方战乱未停,杜甫避居西南,心情格外闲适。他是个老实人,感觉到什么就写什么,他是写实派,更是感觉派。诗人忠于自己的艺术直觉,而不是后人套给他的某些公式。不直接写战乱,不等于他没有牵挂,有《恨别》为证:"洛城一别四千里,胡骑长驱五六年……思家步月清宵立,忆弟看云白日眠……"杜甫自视为洛阳人,他怀念三个弟弟和一个妹妹,大白天在床上看云,天空中布满亲人们的身影。

成都府尹兼剑南节度使严武,也到草堂来看他。这可是西南地区最大的官了,杜甫率领全家恭迎。严武小杜甫十四岁,很喜欢杜甫的诗。而当初杜甫在凤翔挺身营救房琯,严武是看在眼里的。以他地位之高,却待杜甫如兄长。两人对饮,言语投机。严武三十六岁,杜甫五十岁,一个踌躇满志正当年,一个白发萧然历尽沧桑,却显得神态安详。严武赠金,杜甫笑纳,连客套都免了。严武也写诗,常派人接杜甫到府中喝茶,尊杜甫为老师。杜甫坐在马车上,夹着腿,悠悠穿过成都的街区。这腿,走过千山万水的。

成都草堂这两三年,是杜甫生命中最后的好时光。

严武不调走就好了,这样的日子会持续下去。

6

朝廷又乱起来了,朝廷不乱,好像它就不是朝廷。宝应元年(762)二月,唐肃宗患病,四月,唐玄宗病死。肃宗因父皇的死病情加重,他宠爱的张皇后、宠信的李辅国趁机作乱。这两个人原系死党,眼看皇权悬空,私欲在原有的基础上又急剧膨胀,必欲除掉死党大权独揽而后快。皇后与太监斗,各下狠招。张皇后联络越王李系,准备对李辅国下手,岂料消息走漏,太监动作更快,带兵冲进肃宗寝宫,当着皇帝的面,拖出皇后及越王,将其处死。宫中的嫌疑犯,一口气全杀光,肃宗被吓死在龙床上,追玄宗去了。太子李豫战战兢兢走向那龙椅,是为唐代宗。

宫廷大地震,瞬间波及全国,影响无数人的命运。六月,严武调任京兆尹,兼管修建两个皇帝的陵寝。为皇帝建坟墓,可谓荣耀之至了,朝廷盛传,严武把这件大事干下来,就会当丞相。然而给皇帝修墓,也潜伏着不为人知的危险。严武年轻,欣然赴任。七月起程,杜甫送他,一直送到绵州,写诗说:

"公若登台辅,临危莫爱身。"

杜甫送走严武,自己却不能回成都了。成都府少尹徐知道发动兵变,把严武留下的官印抢走,自封府尹兼剑南节度使。少尹系副职,徐知道想正职想得发疯了,如同藩王想做皇帝,皇后想做皇太后。朝廷任命高适为成都新府尹,徐知道像个病毒似的发作了,他却不知道,念头一动死期到:仅仅过了一个月,他又被部将李忠厚杀死。这个取名忠厚的家伙,比徐知道更疯狂,杀戮成都百姓,血染长街。据杜甫描述,李忠厚有个嗜好,边看杀人边饮酒,谈笑风生。

八月下旬,高适平乱得胜,进入成都。

杜甫七月底住到梓州(四川三台县)去了。梓州李刺史请他去避乱,估计跟严武有关系。严武的好朋友,官员们都乐于接待。

李刺史调走了,章刺史继任,对杜甫也不错。杜甫一家人客居梓州。

十月,唐军与叛军在洛阳北郊决战,双方二十万人投入战斗,杀得天昏地暗。唐军胜,追杀穷寇,叛军败走范阳老巢,史思明的儿子史朝义吊死在河北滦县的树林中。安史之乱告结束,历时七年多。安禄山史思明,分别被安庆绪史朝义杀死,这四个人,都想做帝王,顾不得什么父子不父子,终于携手去见阎王。

大乱像飓风般刮过去了,留下了统计数字:唐帝国每十个人当中有七个消失了。

龙椅害人。

而拖着老婆孩子东奔西走躲避战火的杜甫,为我们留下伟大的诗篇:《闻官军收河南河北》。

> 剑外忽传收蓟北,初闻涕泪满衣裳。
> 却看妻子愁何在,漫卷诗书喜若狂!
> 白日放歌须纵酒,青春做伴好还乡。
> 即从巴峡穿巫峡,便下襄阳向洛阳。

后世学者对此诗赞不绝口。它能打动每一颗流浪的心。

可惜封建时代的学者们,几乎从不追问权力。杰出如司马光,写下洋洋数万字的"安禄山之乱",却不能越过皇权展开强有力的思考。封建权力的本质未能得到揭示,悲剧就要重演。

读书人的话语空间萎缩到注六经、摇头晃脑念古文吟诗作赋。唐宋以后,诗歌的博大雄浑几近绝迹。诗与思不接轨,末路自会呈现。

杜甫为何喜若狂?因为他压抑得太久了。年过半百不算太老,青春做伴好还乡,想到还乡,他把十年前就挂在嘴边的老字扔掉了。一般认为青春作春光解,白日对春光更工稳。

学者指出,诗中连用六个地名,不觉得堆砌。此无他,盖因气韵贯穿所至。

杜甫还乡心切,可是严武又回到成都做府尹了,写信邀请他,令他左右为难。和妻子商量,决定还是去成都。

浣花溪畔的草堂,经战乱面目全非,杜甫回家动手收拾,全家忙了几天,严武派人相助。杜甫写"两个黄鹂鸣翠柳,一行白鹭上青天",情绪蛮好。他收拾庭院的时候还说:"新松恨不高千尺,恶竹应须斩万竿。"也许随口吟出,却被后人广泛引用。

不过,老吃闲饭心里也不踏实,杜甫到严武手下做了检校工部员外郎,挣钱养家。"杜工部"的称号由此而来。由于严武向皇帝上表举荐,杜甫身佩御赐的绯鱼袋。按规矩,上班要佩戴这东西,于是很多急于进身的年轻人看他不顺眼:这糟老头子神气个啥呀?

吐蕃军又作乱,一度攻陷长安,兵犯四川,严武忙于军事,杜甫却在他的政府里受尽窝囊气。仗打完了,严武回成都,杜甫提出辞职。严武同意了,让杜甫回草堂歇着。反正有他在,杜甫一家人的生活能维持下去。

没过多久,严武竟然暴病身亡。

三个月前,高适也病死了。包括房琯在内,三个能帮助杜甫的高官,在很短的时间内相继死去,对杜甫是个意想不到的沉重打击。一家人怎么活下去?国难到了头,家难无时休。草堂前一棵两百年的老楠树,居然被川西坝子上的风刮倒。秋风它得寸进尺,欺到房顶上,"卷我屋上三重茅,茅飞渡江洒江郊……南村群童欺我老无力……"

此间杜甫写诗,哀声不绝。他考虑迁徙,像一只经验丰富的老候鸟。

765年的5月,正是蓉城群芳吐艳的时节,杜甫一家人又出发了。

他打算坐船先到夔州(奉节附近),再向荆州。

船过眉州(今四川省眉山市)、嘉州(今四川省乐山市)、渝州(今重庆市),孤舟千里,顺江而下,走了四个月。眉山乐山风光好,他多半滞留过,却没有留下一首诗,可见心情郁闷。他瞄准郁闷写诗,留给我们的是千古名篇《旅夜书怀》:

> 细草微风岸,危樯独夜舟。
> 星垂平野阔,月涌大江流。
> 名岂文章著?官应老病休!
> 飘飘何所似?天地一沙鸥。

这首诗是杜甫的自画像。叹息的声音是巨大的,如明月掷入大江。古人针对这类大情绪发明了一个词,叫浩叹。

杜甫在夔州待了两年,没钱,走不动。他种地卖药糊口,全家总动员,能填饱肚子,只是不停地换地方,两年搬了五次家。大儿子宗文非常能干,养了六十多只乌鸡。杨氏种莴苣,却长出一地野苋菜。杜甫醉后骑马逞能,从白帝城驰下三峡之一的瞿塘峡,坠下马来,很多人上门探望,令他感动不已。

他写《负薪行》,描绘当地风俗:

> 夔州处女发半华,四十五十无夫家。更遭丧乱嫁不售,一生抱恨长咨嗟。土风坐男使女立,男当门户女出入。十有八九负薪归,卖薪得钱应供给……若道巫山女粗丑,何得此有昭君村?

杜甫缓得一口气,投入生活的热情立见高涨。

他在夔州写了四百多首诗,各种体裁都有。也许他自知年老体衰,下决心和死神赛跑。七言、五言、律诗、古体诗……他空前地锤炼诗歌形式,用不同的形式瞄准内心的节奏。他说:"老去渐于诗律细",内心波涛汹涌,形式就是内容,呈现为大器浑成的状态。后世学杜诗者易得皮毛,是因为刻意将形式剥离开。没有足够的人生体验,单靠格律走诗途,如何走得畅通?

杜甫的博大精深,是一生磨难所至。"文章千古事,得失寸心知。"此间佳作如云:《秋兴八首》、《咏怀古迹五首》、《最能行》、《壮游》……最具代表性的,是被誉为"古今独步,七言律诗第一"的《登高》:

风急天高猿啸哀,渚青沙白鸟飞回。无边落木萧萧下,不尽长江滚滚来。万里悲秋常作客,百年多病独登台。艰难苦恨繁霜鬓,潦倒新停浊酒杯。

诗写于重阳节。渚:水泊中的小洲。落木:落叶。多病:杜甫此时患多种疾病,所以停酒了。他患糖尿病、肺病、风痹,牙齿半落,耳背眼花。据说写完此诗后,左耳完全失聪。他完成了自己的"命运交响曲"。

受苦受难如杜甫,古今中外艺术家,找不出第二个。荷尔德林疯掉了,兰波、策兰自杀了。杜甫活着。

真不忍心提他的疾病。

768年初,杜甫下决心说:"正月中旬,定出三峡!"

他把辛辛苦苦开辟出来的四十亩果园送人了。

一家老小上船,顺江东下。送行的夔州朋友多达数十,有人还是刚认识的。杜甫默念:永别了,朋友们。

两行浊泪是悄悄抹去的。

千里江陵一日还……

杜甫投奔江陵的一个从弟,安顿家小。为生计跑官府,求个一官半职,可他太老了,没人理他。门都不让进。

宗文给他叔父杜观写信说,连糠菜粥都吃不上了。杜观不露面。本来说好在江陵会合的。

英雄末路。杜甫写诗,念叨阮籍的名字。阮籍名言:世无英雄,遂使竖子成名!

英雄不停地逃难。移居公安县,也是投奔朋友,但是公安治安太差,大白天抢人。杜甫再移衡州,即今之衡阳。

这匹老马识得路途。有趣的是,杜甫一生爱马。李白自比鲲鹏。

鲲鹏扶摇上高天,瘦马艰难行大地。

登岳阳楼,颤抖的手写下中国人永远传诵的诗篇:

> 昔闻洞庭水,今上岳阳楼。
> 吴楚东南坼,乾坤日夜浮。
> 亲朋无一字,老病有孤舟。
> 戎马关山北,凭轩涕泗流。

浮:极言五百里洞庭湖气势宏伟,仿佛整个宇宙浮于其上。戎马关山北:唐军仍与吐蕃军激战于陇右、关山一带。

洞庭气势,尽在此诗。哗哗流淌的忧国泪,使"祖国"一词,矗立在后世中国人的心中。

衡州的故人韦之晋到潭州做刺史,杜甫又奔潭州(长沙),希望在他手下谋一份差事。两个儿子没工作呢。杨氏带着七八岁的小女儿到佛堂祈祷。

然而韦之晋忽然病死了。

杜甫仍未绝望:潭州有他的舅舅,有崇拜他的诗剑双绝的年轻人苏涣。诗人住下来了,忙着开荒种菜、种粮食、打听何处能采药。十几年颠沛流离,他很有经验了。战乱死了那么多人,他全家平安。清明节,偕同苏涣、宗文泛舟湖上,杜甫幽默地说:

"春水船如天上坐,老年花似雾中看。"

他已经看不清花色了,五颜六色连成片,这也挺好。船在波中摇晃,仿佛置身云端。

过了一个月,潭州骤起兵乱,兵马使和刺史打起来了,全城百姓仓皇逃走,杜甫一家人卷入其中。

到衡州找到那条船,可能就是出三峡时坐的。船体还算坚固,几个月前托付给衡州的朋友照看。老夫牵老妻,儿子扶小妹,上船等于回家,飘向耒阳县。偏遇七月大洪水,船停在小岛旁,离耒阳城四十里。县令曾得他一封书信,派人寻找他,送来几十斤牛肉和几坛美酒。杜甫已饿了五天,仅存的一点食物都分给儿女了。牛肉味道不正,管它呢,全家人欢天喜地,还围着酒坛子肉盘子跳舞。过了几天,耒阳县令又派人找他,却只见洪水不见船。县令闻讯大哭,在城北二里处垒起一座坟,纪念他爱戴的苦命诗人。

其实杜甫还没死。他的老船漂在湘江上。他还想回洛阳,走长安。但是腹中疼痛,吃什么拉什么,服药就像吃毒药,大汗不止,忽热忽冷。风痹严重,他已经站不起来了。他咳嗽不止。江风怒号,船身剧烈摇晃,他伏枕写下最后一首诗:《风疾舟中,伏枕书怀三十六韵,奉呈湖南亲友》。

这个人,至死还牵挂亲友。更牵挂他的国家:战血流依旧,军声动至今……

7

杜甫活了五十九岁,却好像活了两百岁。他一生经历,几乎浓缩了个体生命所能经受的全部苦难。所幸他三十三岁前生活幸福,加上后来断断续续的好时光,总有两三年吧。他受苦受难二十余年。他是苦难的象征,令人联想到钉在十字架上的耶稣。他享有诗圣的称号,他又是迎着苦难不低头的圣人。

没人懂得他的内心世界。所有的努力,只是靠近他而已。

唐朝那么多帝王,和他一比,分量都会减轻。他广大的慈悲,他永远的坚忍,他日月般闪耀的才华,使他成为全人类的共同财富。1962年,他诞辰一千二百五十周年,世界上许多国家都在隆重纪念。这使我想起近两年,雨果的生日,塞万提斯的生日,欧洲几百个城市纷纷举行各种活动缅怀伟人。而我们好像把杜甫忘了。希望在他一千三百年(2012)的诞辰日,全国都来纪念。

纪念杜甫,记住苦难。

冯至先生说得好,杜甫半生流离,却从未停止歌唱。我读杜诗的印象是:每到沉郁之处,就有一股力量令人昂起头来。这力量来自于孔子、屈原、司马迁……也来自广袤的大地,来自生机勃勃的山水、不屈不挠的民间——毅然从军的老头,半夜离家的老妇,新婚送丈夫上前线的烈女子,都给了他力量。

伟大的诗人在大地之上……

想想他的那双脚吧,徒步不下十万里。

想想他的眼睛,投向多少村落,多少带血的城郭。

法国人爱戴雨果,是因为法国人懂得雨果。雨果写《悲惨世界》,写《巴黎圣母院》,写《海上劳工》,为劳苦大众呕心沥血。雨果八十岁生日,几百万巴黎市民从他窗下走过,向他致敬,为他祝福。法国人能充分理解他们的文化伟人,这一点,今天的中国人尚有差距。单看影视剧,皇帝像走马灯似的,龙袍龙椅龙床,太监与后妃,圣旨和下跪……为商业利益而刺激某些本已淡化的民族心理。李白杜甫,我们看不到。

文学传记,同样令人忧虑:某知名出版社面向青少年推出一套世界名人传记,中外各十余本,洋洋大观。我有个爱看书的青年朋友却抱怨说,实在读不下去,宁愿无聊,宁愿睡觉!这事令我震惊。名人、伟人,被处理成温吞水,鲜活的生命被装进条条框框,年复一年败坏读者胃口。传统文化名人,除了一张标签,就是一堆乏味的文字。我找来几本翻了翻,作者各有姓名,语言风格惊人相似,不可逆转地朝着平均化。

把传统带到当下,是个巨大课题。有大量拓荒性的工作需要展开。

杜甫的诗散佚大半,今存一千四百多首。名篇近百,大都质朴无华。他生前名气不是很大,不如李白。他自己说:"百年歌自苦,未见有知音。"他写诗苦,推敲字句,安顿典故,讲究格律。晚唐诗人贾岛孟郊学他的模样,为一个字斟酌半天,勤苦可嘉,佳句有限。杜甫的好诗有如喷泉,"无边落木萧萧下,不尽长江滚滚来"。

李杜诗篇,当时有争论的,持反对意见的还占了上风。诗人尚在世,人们宁贬不褒,倒是杜甫,对李白尽极赞美。杜甫这种赞美,也隐含了一个前提:李白的作品同样不为时人看好,李白名气大,主要来自他的三年供奉翰林生涯以及举止、行动异常。稍后的韩愈针对这个才说:"李白文章在,光焰万丈长。不知群愚儿,哪用故谤伤?蚍蜉撼大树,可笑不自量。"

过了四十年,白居易动情地说:"天意君须会,人间要好诗。"——杜甫领会了天意,为人间留下好诗。

白居易一生关注底层,显然受益于杜甫。

王夫之对杜诗的评价,可能具有代表性:

"无论诗歌与长行文字,俱以意为主。意犹未尽。无帅之兵,谓之乌合。李、杜所以称大家者,无意之诗,十不一二也。"

这话是说,意蕴贯穿方为好诗,贯不穿,便是乌合之众。

凡艺术创作,均在此列。

杜诗意境浑阔,他本人,像一台停在半空的巨型搅拌机,国难家难,连同他的天赐伟才都搅进去了。我读《北征》及《咏怀五百字》,这种感觉尤其突出。而形容这种感觉,还得用他的诗句:荡胸生层云;气蒸云梦泽……所谓大境界,今人当知晓,下点工夫是值得的。

《赠卫八处士》云:

> 人生不相见,动如参与商。今夕复何夕,共此灯烛光?少壮能几时,鬓发各已苍。访旧半为鬼,惊呼热中肠。焉知二十载,重上君子堂。昔别君未婚,儿女忽成行……明日隔山岳,世事两茫茫!

写人世沧桑、朋友离合,可能没有比这更好的诗了。处士:未曾出仕的读书人。卫八是谁不详。参与商:二星名,此起彼入,永不相见。

人生许多经典情态,杜诗都有经典描绘。

所谓喜怒哀乐,杜甫胜人一筹,感受更为深切。所以他的生命的长度,堪比两百年。

单凭喜怒哀乐,尚不足以步入艺术的炽热地带。靠什么激活感受?靠读书。杜甫意识到这个,说:"群书万卷常暗涌。"

读书,越过了知识层面,方能"常暗涌"。求知只是第一步。读书的深层诉求是修炼,是丰富生命。今日之中国,阅读每况愈下,我们真是愧对杜甫,愧对一切先贤。大学生、硕士生、博士生,如果他的知识仅限于专业领域,拒绝人文修养,那他等于没文化。

生存的技能,思考生活的能力,两者不可偏废。

而一旦偏废,必将导致欲望、意志的恶性循环,不利于全社会的健康成长。

杜甫"以事入诗",诗中常带叙事,古代一些学者很不以为然,有人用嘲弄的口吻说:"杜诗切于事情,但不文尔。"文即文饰、文采。这话令人想到司马相如,相如就很有文采,他写辞赋,是写给帝王看的。学者待在书斋里,却喜欢操官腔,以隐形的权力向艺术施压,模仿权贵指手画脚。这类人衍生千年,改头换面,花样百端,释放变异病毒的能量,如同眼下的"红包批评家"。好在群愚儿搅扰一时,搅不动长远。陶渊明、杜子美,一个冷落几百年,一个冷落几十年,可他们还是传下来了,剔尽权力、时尚等附加成分,好诗得以凸显自身。这是中国人的幸运:拥有一长串光辉的名字。

杜甫写羌村,写"三吏""三别",显然不考虑皇帝的趣味。忠君和艺术,有个分界线。所谓艺术家的良知,是说他忠于自己对生活的感受,包括变形的感受。生活怎么来,他就怎么迎上去。在这个层面上思考,会发现"现实主义"显得有些空泛。杜甫是此时此地的,他是印象、感觉、追忆。称他写实派,不如称他印象派感觉派。他笔下的真实画面,逼真到了梦幻的地步:写出来的场景,总是通向更多的场景。所谓凝练,对生活高度概括,已然跨入抽象艺术的领域,杜甫的诗,是具象中见抽象。我读卡夫卡,读海明威的中短篇小说,有类似体验。举《石壕吏》为例,它通篇用白描,简单明白,却叫人读不够,原因何在?窃以为,它是浓缩了一场做不到尽头的大噩梦。

杜甫的诗又被称为诗史,晚唐孟棨说:"杜逢安禄山之乱,流离陇蜀,毕陈于诗,推见至隐,殆无遗事,故当时号为诗史。"

但杜诗首先是诗,其次方为史。诗是自足的,不必到别处寻找根据。如同思想是自足的,不必跑到思想之外去寻求根据。"思想就像一条鱼,人们却以它在岸上存活时间的长短来衡量它的价值"(海德格尔语)。何谓思想?不妨读读海氏——这位举世公认的、从德语来到汉语中的哲学大师。

伟大的诗篇,乃是思想的近邻。在杜诗中,我们闻到了思的气息,追问的气息。他活得执拗而坚决,诗与思天然接轨。

中国封建社会,缺的不是历史记录,而是照耀生活的思想之光。把杜诗当史书读,是扔了西瓜捡芝麻。

艺术不是别的,艺术就是深入,盯着看。杜甫一生盯着民间,从个体到民族,从眼前到天边。"盯"有两层意思,一是看得细,二是弄清对象的来龙去脉。

人的眼睛,不看这个,就会去看那个。有些人的眼睛专看名车豪宅,对贫穷的爹娘都看不见。看穷人影响生活情趣——有人这么坦言。

伟大的杜甫,您的在天之灵作何感想?

2007年2月17日

白居易
（中唐 772—846）

杰出的爱情诗篇《长恨歌》，与白居易的情爱缺乏症是有联系的。白居易放大并深化了中国古典诗歌中的男女之情，对后世影响深远。他用《新乐府》恶斗形形色色的权贵，在今天看是太浪漫了。浪漫却有结果：他把唐朝的精英艺术拉向平民……

白居易

杜甫去世后两年，白居易出生了。和杜甫一样，白居易也是河南人，父亲也做过县令。杜甫中年遭遇安禄山之乱，白居易早年碰上李希烈之乱，个人命运，受到不同程度的影响。李希烈等属地方军阀，割据河南十郡，并不足以为祸全国。不过，他在中原兴兵割据，却说明李唐王朝对国家的控制力减弱了。胡人造反，吐蕃进犯，军阀作乱，三种不稳定因素，加上朝廷宿命般的内耗，导致唐帝国走向衰败。从衰败到灭亡，历时一百多年，这疾病缠身的巨人，咽气也不容易。

白居易活了七十六岁，贯穿"中唐"始终。他死后，为他写墓志的李商隐，则已被称为晚唐诗人。他生前曾与元稹齐名，称"元白"，元在前白在后。元死了，他又和刘禹锡齐名，称"刘白"。两人齐名的风气，可能盛于此时，一直波及宋朝文坛。

元稹与白居易为同科进士，元才高，自负，名气大。他的名声却也来自他的风流韵事：一介穷书生，将花容月貌的贵族少女崔莺莺给吸引住了。由于门第悬殊，爱情颇折腾，他把这件事写成小说《莺莺传》，当时叫传奇。作者化名张生，与崔莺莺在普救寺爱得死去活来，其中有一段佳人翻墙过来幽会的描写，可谓惊心动魄："待月西厢下，迎风户半开。隔墙花影动，疑是玉人来。"元朝戏剧家王实甫演绎成杂剧《西厢记》，而曹雪芹用贾宝玉的口吻赞叹：真是好文章。

男欢女爱推到极致，当然是好文章。我记得《西厢记》中有这类句子："手儿相携，脸儿相偎，腿儿相挨。"这已经是性爱描写了，但读上去并无"黄兮兮"的感觉，倒是佳人情态婉转动人，类似南唐后主李煜的名句:"画堂南畔见,一向偎人颤。奴为出来难,教君恣意怜。"

元稹和莺莺,由于种种变故,未能花好月圆。《莺莺传》却影响极大。礼教下的少女,白日端庄,入夜娇喘吁吁奔情郎,换了一个人似的。这样的故事谁不爱看呢?由于细节的无限差异,故事会显得新鲜。

元稹另娶韦氏,崔莺莺嫁给别的男人,普救寺的颠鸾倒凤成追忆。元稹托红娘传话,想见她,她拒绝回应。这可能是真事,却因符合悲剧要素,更为吸引人。

白居易常拿这事儿跟元稹开玩笑吧?

两人一生交厚:官场的朋友,文坛的知音,私生活趣味相投。白居易对男女之情的敏感,不比元稹逊色。元稹写情色小说《莺莺传》,白居易写什么呢?

我们先来看文坛。

中唐文人如雨后春笋,韩愈、杜牧、柳宗元、韦应物等,和元白同时代,形成全国性的文坛。文人既当官又搞创作,两者并行不悖,都是尽力而为。李白、杜甫受到尊崇,纯正的艺术呈现压倒优势。文章不是写给皇帝看的,也不是踏入官场的敲门砖。写什么和怎么写,是作家自己的事。文坛长期处于自足的局面,与官场市场关系不大,审美,成为一种源远流长的生活方式。好作品传播迅速,覆盖面非常广。杜甫的诗集"家家有之",李白大约也相似。而李杜以下,更有一支庞大的、装备精良的队伍。唐朝被称为诗的国度,所谓高雅艺术,乃是今人所言,诗歌在当时,具有相当广泛的社会基础。国民素质之高,可见一斑。

白居易把诗歌拉向平民,适当降低它的高度,使之在民间扎下根来。他是有意这么做,写大量的诗,又辅之以理论。他的成功,带动当时,波及后世。

《新唐书》为他立传,百分之八十的篇幅讲他的官场际遇,剩下的部分才谈及他的艺术。这使我想起听导游讲苏轼,重点讲苏轼官有多大。白居易官至刑部尚书,一如苏轼官至礼部尚书,但诗人就是诗人,官大官小能说明什么呢?

白居易苦涩的仕途体验,亦如苏轼。历代大诗人,官运亨通者寥寥。这是一个值得反复追问的大问题。官场好手,于诗意就隔膜,两者互相排斥,价值形态迥异。文人大都失意,却并非失意在先为文在后,文人坚持他的价值观才会失意。辨析这个绵延两千多年的历史现象，不能倒果为因。

白居易为官四十多年，是好官和清官，他不敛财，几度受穷，这在高官中是罕见的。他努力向杜甫看齐，能看见民间的苦难，并且越看越细。同时他也享有官员的生活水准，蓄妓醉酒弹琴畅游，如同北宋的文坛领袖欧阳修。

本文注重两点：一是白居易异乎寻常的平民化倾向，二是他的至性至情。后者也包括男女之情。《长恨歌》《琵琶行》如此出色，不玩味可惜了。

由于河南兵乱，白居易离开家乡新郑，跟随母亲远走江南。辗转吴越，寄居亲戚家，可能有几年光景。又向北到过邯郸、太行，史料记载不多。他写诗说："田园寥落干戈后，骨肉分离道路中。"这段漫长的颠沛流离的生活对他影响不小，深入心灵，埋下种子。至于将长出什么树，开出什么花，他自己并不清楚。人的意识犹如海上的冰山，露出水面的，只有八分之一，很多事都在暗中进行着。由此我揣测，白居易长达几十年的底层关切是由来已久。他生于官吏世家，父亲忙着做官，他长期和母亲在一起，因避乱远走，几年间连父亲的面都见不着。这一点，颇似杜甫。他后来钟爱杜诗，想必与性情有关。李白是由父亲来塑造的，而杜甫、白居易的精神环境，则弥漫着母性的温情。母性总是趋于仁慈，目光也细腻。

兵乱结束，白居易回家乡，过上完整的家庭生活，细节无考。父亲由巩县令迁徐州别驾，举家搬到符离。十六岁，白居易到长安，干谒苏州人顾况。顾况是名诗人，又做着官。这人挺有趣，玩味白居易三个字，笑着说：长安米贵，居不易也。白居易却有准备，拿出一首诗呈上。顾况一看，表情变了，改口说：你有这样的才华，在长安待下去，问题不大……

白居易这首诗，就是我们所熟悉的《赋得古原草送别》："离离原上草，一岁一枯荣。野火烧不尽，春风吹又生。远芳侵古道，晴翠接荒城。又送王孙去，萋萋满别情。"

小小年纪，写下传世佳作，令人诧异的，是诗中的苍凉美感。少年流浪的身影,隐于字里行间。

这件事还说明两个问题:其一,白居易不是随随便便到长安,他才华初露,并且有了证明才华的作品;其二,顾况能欣赏后辈,并能当面改变态度。这种事古代多,今天少。

白居易在长安住下,顾况带他到朋友圈中,每次都提到他的诗作。好诗不胫而走,少年天才很得意,写诗更起劲。可他又发现,好诗不易得。写诗和手艺活有不同。比如一个木匠,做了一把漂亮椅子,接下来做椅子,八九不离十。好诗却像好梦,像佳人,可遇不可求。一晃三年过去,他十九岁写的诗,反不如十六岁。这使他陷入苦闷,重新打量这门艺术。他在长安住旅舍,像杜甫那样从事干谒活动,身上揣着家里给的钱。唐朝读书人,大都这么干,风气绵延两三百年。白居易不大游,可能因为早年的离乡背井。二十岁左右,他游过几个地方,时间不长。

白居易在长安待了多久,没记载。他在京城取得的一点名气,对他日后考中进士有无帮助,我们也不得而知。他回老家用功,非常辛苦,"夜课赋,昼课书,间又课诗,不遑寝息也。以至于口舌生疮,手肘成胝。"课:攻读,用作动词。胝:老茧。

二十七岁他通过乡试,二十九岁再赴长安,全国几千名考生,录取四十名进士,白居易位居第四。三年后又参加吏部"拔萃科"考试,录取的人数更少,他榜上有名。进士考诗赋,拔萃科考判词,他两手都硬。

仕途摆到他脚下。按规定他从县尉干起,到长安附近的周至县赴任。这是唐朝进士的第一顶官帽。县尉捕盗,催赋税,直接与小民打交道,既培养基层经验,又练就铁石心肠。

稍后我们会发现,白居易是怎么当县尉的。

元稹与白居易同科登第,中状元,娶京兆尹的女儿做老婆,将崔莺莺抛到脑后。元稹长得像他自己所描绘的张生,风流倜傥,《莺莺传》满城皆知,他当年的艳史并未影响他踏入豪门。莺莺恋旧情,郁郁寡欢,躲在长安的某个角落哭泣。倒是白居易放不下这件事,几次提起,元稹谈笑带过。显然,为前程计,他不会再见莺莺一面。普救寺偷情那一年他二十三岁,莺莺十六七岁。眼下他将近三十岁,迎娶的新人像当年的莺莺。他春风得意。古代男人的三件得意事:金榜题名时,洞房花烛夜,他乡遇故知,元稹占了两件。他家里又穷,不难想象他大翻身的模样。偷情故事使他赚足了名头。他从一个大家闺秀的娇躯,过渡到另一个名门少女的玉体。莺莺在什么地方哭,他不爱去打听。

才子加得意,往往加出轻浮来。元稹到后来,为官有劣迹,不知与他的得意劲有没有某种内在联系。

白居易的性格趋于沉静,沉静中见热烈。读他的作品,容易留下这印象。外表也不错,因为"拔萃科"考试,相貌粗俗者进不得考场。在长安,他和元稹如影随形,如果他长得难看,反差大,会写诗自嘲的。两个外省青年在京城的富人区随意走动,骑肥马,坐轺车(一种轻便小马车),拥佳丽,羡煞多少土生土长的长安人。

白居易有过一个名叫湘灵的红颜知己,多年后仍难以忘怀。我查湘灵的资料,吃惊地发现,她似乎被什么人做了手脚,藏起来了。历史隐匿她,好像她见不得人似的。可是白居易至少为她写过三首诗,《冬至夜怀湘灵》说:"艳质无由见,寒衾不可亲。何堪最长夜,俱作独眠人!"一年三百六十夜,冬至夜最长。湘灵漂亮,诗中写得明白。两人曾经同床共枕,热被窝里交颈眠,也是写在明处的。分开的原因不详,也许父母不同意。双方都在思念、痛苦,并且旷日持久。

《寄湘灵》又说:"泪眼凌寒冻不流,每经高处即回头。遥知别后西楼上,应凭栏杆独自愁。"

白居易牵肠挂肚的漂亮女子,竟然被藏起来了,我找半天找不着。手上五六个白诗选本,没有怀念湘灵的一首诗。显然没资格入选。这倒奇怪了:白居易的情感体验,看来是不值一提。他三十五岁写《长恨歌》,四十多岁写《琵琶行》,写《井底引银瓶》,那么投入,那么感人,非谙情事者,哪能至于此?为什么把诗人的爱情打入冷宫?他的人民性值得放开喉咙讴歌,他的人性就需要做手脚加以遮掩吗?

须知在唐朝,婚前婚后的男女情,只要是真情,都会受到尊重的。类似十九世纪浪漫的法兰西。

这事也怪元稹,他是知情者,又会写小说,如果他写个短篇《湘灵传》,既是白居易和湘灵的缠绵悱恻的爱情记录,又能见证文坛盛传的元白佳话。《湘灵传》传入市井,流布后世,王实甫将其改编成《西厢记》的姊妹篇也未可知⋯⋯

白居易的人性、"人之大欲",我们只能猜测,而人民性俯拾即是。

且看他如何当县尉。

周至县离长安一百三十里,百姓穷,县令凶。白居易身份微妙,虽为下级,却有进士头衔,有京城背景——元稹在朝廷担任左拾遗。县令对他颇客气。县令姓甚名谁,本文略去,他就是区区一县令,封建时代权力网中的一个小结点。他有官场伎俩,对新来的县尉,客气与官腔并用,他毕竟是上级嘛。

白居易将作何反应呢?

他上任之初,就写了一首诗《观刈麦》:

> 农家少闲月,五月人倍忙。夜来南风起,小麦覆陇黄。
> 妇姑荷箪食,童稚携壶浆。相随饷田去,丁壮在南岗。
> 足蒸暑土气,背灼炎天光。力尽不知热,但惜夏日长……

饷田:给刈麦的丁壮送饮食。

白居易一生崇拜两个人,除了杜甫,便是陶渊明。此诗展现的田园风光,历历在目。南风一起,小麦就黄了,田埂上走着健壮的农妇、活泼的小孩儿,迤逦向南岗。渊明自己便是躬耕的农人,视劳作为寻常。而白居易是官员,是旁观者。如果他悠悠然,将裸露在烈日下的脊背也视为风景的组成部分,那他就成了县令一类人。一句"力尽不知热,但惜夏日长",道出农人的坚韧与辛酸:累得筋疲力尽了,还珍惜着夏日里长长的天光。风景变得忧郁,诗人是恨不得将目光化作清风,拂过这些汗流浃背的劳苦人……

> 复有贫妇人,抱子在其旁。右手秉遗穗,左臂悬敝筐。
> 听其相顾言,闻者为悲伤。家田输税尽,拾此充饥肠。
> 今我何功德,曾不事农桑。吏禄三百石,岁晏有余粮。
> 念此私自愧,尽日不能忘。

曾:竟然,唐人常用。输税:纳税。中唐征税,改粮为钱,农民苦不堪言。

诗人细看,我们细读。粗读辜负了他,一掠而过则不如不读。

贫妇抱着孩子,拾麦穗充饥,白居易很惭愧。这绝非唱高调,有他后来的政声为证:做苏州太守,因病卸任,几十万苏州人哭送他。县尉是九品官,一年俸禄,除三百石粮食外,另有职分田两顷五十亩,钱一千九百一十七文。与贫妇相比,真是天上地下。观刈麦,他整天不能忘,酒肉无味,于是写诗表达。

二十世纪九十年代,有一位杰出的摄影家侯登科,随麦客们南北迁徙,坐货车、拖拉机,爬运煤的火车。他拍下无数的麦客劳作的照片,自己却患上绝症,几次昏倒在麦田里……

古代文人的良知,并非后继乏人。五十年代常用的人民性,是个伟大的发现。

白居易这么写诗,县令不高兴。农民苦,堂堂县尊是不看的。他看什么呢?他专看上级的脸色,如同今天的某些官员。上级是京兆尹,姓韦,不知道是不是元稹的岳丈。京兆府辖郊县二十三,周至县为其一。史载:白居易任县尉那几年,有三任京兆尹是横征暴敛的酷吏。

县令看上级脸色,当然希望白居易看他的脸色行事。然而白居易却跑到田里看农夫,动动恻隐之心也罢了,还写诗自责,并传入京城。县令露出狰狞本相,强令白居易抓人,鞭打交不出钱粮的农民。双方拧上了。白居易郁闷之极,病倒了。县令倒来探病,恩威并施,提醒他病愈上班,该干的工作还得干下去。

办法都是想出来的,白居易在病床上开动脑筋:既不得罪上级,又不欺压农民。对他来说,仕途刚刚开始,来日方长哩。生病是个好办法,而最好的办法就是不断生病。

上级看出他装病,却忌惮他的京城背景,不便拆穿他。鞭打农夫的事交给其他人,交给一帮悍吏。白居易乐得清闲,以病人的口吻吟诗说:"敧枕不视事,两日门掩关。始知吏役身,不病不得闲……"

此事表明:白居易既有立场,又有策略。

作为优秀的知识分子,他不会给自己找理由,名正言顺地执行上级命令。这个乍看不起眼的细节,却说明大问题。京畿二十多个县尉,没几个像白居易这样。一般人宁可装糊涂、悄悄抹掉良知,也不愿抗命装病得罪上级。他们总会找到安慰自己的理由:农民历来就苦嘛,孔圣人也讲过,耕也,馁在其中也!农民不晒太阳,莫非让我们这些人去呀……

鲁迅写《狂人日记》,惊呼:历史原来是吃人的历史!

鲁迅这句被无数次引用的话,却需要细心考察,看清"吃人"的全过程、它的标准样式和诸多变式。

白居易对当时的政治有大抱负,曾在京城一口气写下七十五篇《策林》。杜甫"穷年忧黎元",白居易比杜甫强,心忧黎民能落到实处。装病搪塞是暂时的,总有一天他会一跃而起。

县令不管他了,还劝他游山玩水,说是对他的身体有好处。

白居易乐了,挥笔写诗:"一为趋走吏,尘土不开颜。辜负平生眼,今朝始见山。"

山名太白,李太白当年盘桓过的。白居易称县尉"趋走吏",可见他有趋走的体验。下乡逼农户,他皱着眉头,眼里只有尘土,哪来的山清水秀?现在好了,他终于能看见太白山了。"平生眼"是说:他有一双能让山水活跃起来的诗眼。

不仅是自然风光,更有人事、情事。

白居易在周至县,身边没女人。他三十多岁了,情爱之躯处于休眠状态,夜里的习惯动作是抱着枕头。怀念湘灵。回想元稹绘声绘色描述那崔莺莺。以他此时官俸,蓄妓有困难,寻花问柳或可应付。我猜测,他对男女之事很敏感,却不大可能是烟花巷里的常客。他写女人,并无猥亵之态。在徐州做官的父亲,好像不怎么操心他的婚姻大事。也许放权给他,让他自己处理。

三十五岁,白居易形单影只。而元稹早就做了父亲,从描绘崔莺莺,转而形容娇妻与爱子,羡煞这位大龄青年——白居易到长安,两人要见面的。大龄青年打马回去,一百多里路,花红草绿蝴蝶乱飞,他心里的情愫却不能释放。他有性苦闷。情爱缺失。后来蓄妓成瘾,此间可见端倪?

工作不想干,妻子没着落,他把大量的时间花在交游上。两个好朋友:一个叫王质夫,山东琅琊人;一个叫陈鸿,贞元年间的进士。这两个人,因白居易而青史留名,又促成并见证了《长恨歌》。

《长恨歌》是贯穿一千多年的文化事件,影响了唐宋传奇,元明杂剧,清代戏曲、话本、小说以及现当代的戏曲和影视剧。唐玄宗,杨贵妃,因之而成为家喻户晓的人物。

这桩大事,却由一次闲谈而起。

离周至县城不远,有座仙游山,山上有个仙游寺。白居易、王质夫、陈鸿,三个男人游寺,枯树下晒太阳,喝茶,倾听鸟鸣;又喝酒,谈古论今。时在元和元年(公元806年)十二月。三人已属旧交,彼此很随便。谈起几十年前的安史之乱,谈起唐明皇杨玉环,十分感慨。据陈鸿记载,王质夫对白居易说:"夫希代之事,非遇出世之才润色之,则与时消没,不闻于世。乐天深于诗,多于情者也,试为歌之,如何?"

这段话含有三层意思:其一,玄宗和玉环的爱情悲剧,大诗人方能润色书写,使之流传,否则就要失传。其二,白乐天不仅诗写得好,而且多情,经历过缠绵悱恻的男女情事。其三,试为歌之,写出来的东西能否传世,还是个未知数。

白居易答应了。朋友的期待,对他是鼓励。此时他的才华与名望,并不成正比。中唐文坛,他还不算名播天下的大作家。他的才华需要作品来证明。证明给谁看?除了文坛,还有朝廷,而朝廷就在百里之外。皇帝和他的大臣们,都是诗歌的内行。

另有一层:多情男子正患着情爱缺失症。

如果这一年他忙着谈恋爱,那么他可能推辞,也可能写出来质量一般。人是缺啥想啥,生活中缺了风情,正好在想象中加以弥补。

而我们已经知道,白居易是怎么样来弥补的,他写下的,又是什么样的诗篇。中国历代爱情诗,《长恨歌》至少是传播最广、艺术最见功力的。至于它的内容是否健康、唐玄宗与杨玉环的遇合算不算爱情,我们稍后再来辨析。

长诗写了多久,没记载。也许几天,也许几十天。成诗的时间,可能在807年的春天。陈鸿、王质夫先睹为快。那激动不难想见。杰作问世了。它的影响力无疑会波及朝野,传于后世。陈鸿和元稹一样擅长写传奇,连夜写下《长恨歌传》,同时见证了两件大事:白居易的佳作由来,玄宗玉环的恋爱细节。

品读佳作之前,我们先看佳人。

杨玉环的父亲曾在蜀中做官,她也在蜀中长大。盆地温润的气候,对这位绝代佳丽的容颜有帮助。她有三个姐姐,估计都漂亮。十七岁,她嫁给玄宗的儿子,寿王李瑁。不用说,杨玉环贵为王妃,是杨家列祖列宗的荣耀。一家人开始飞黄腾达,从蜀地迁到长安。她和寿王过了几年,熟悉了京城,也习惯了王府的生活。顺便提一句,她父亲曾给她一个官僚家庭的环境,她从小养尊处优,性格单纯。李白为她写过三首《清平调》,杜甫则于《丽人行》中描绘杨氏姐妹:"意浓态远淑且真……"

唐玄宗也缺女人。后宫佳丽三千,皆不入他的眼。而这三千佳丽已经是花中选花了,后宫女子多达四万。皇帝郁郁寡欢,太监高力士暗中侦察,发现了寿王妃杨玉环。如何发现的?《长恨歌传》说:"时每岁十月,驾幸华清宫,内外命妇,熠耀景从。"有封号的女人称命妇,无论她是宫内的,还是宫外的。宫内如嫔妃,宫外如公主、王妃等,后者还包括因丈夫做官而受封赠的,比如郡君、县君、夫人。总之,所有这些女人,都在皇帝考虑的范围之内。华清宫多温泉,当时称长汤。皇帝泡过澡,赐命妇们沐浴,大小太监穿梭忙碌。然而选出来的女人,皇帝不满意:"顾前后左右,粉色如土。"

于是,"诏高力士潜搜外宫,得弘农杨玄琰女于寿邸"。

潜搜,可能表明两点,一是不便明令搜寻,二是让"外命妇"们处于日常状态下,举止随意,姿态纷呈。

杨玉环于万紫千红中脱颖而出,玄宗一看,呆了。这一年他接近六十岁,杨玉环二十三岁。阅美无数的男人,把她视为汉武帝百般宠爱的、具有"倾城倾国貌"的李夫人。玄宗一向自比武帝,各方面要比个高低:开边、迷神仙、拥有绝代佳丽。

玉环入皇宫,先做女道士,道号太真。这是唐玄宗的障眼法,免得百官议论。陈鸿说,杨玉环第二年就被"册为贵妃",今人王汝弼先生则认为是几年以后。从年龄看,王的说法更可信。

杨贵妃登场了,中国四大古典美女,按年代顺序她排在大轴的位置上。她究竟美到何种程度呢?陈鸿是这么写的:"鬓发腻理,纤秾中度,举止娴雅。"——头发好,皮肤细,胖瘦适度,举止娴静而又妖娆。玄宗额外赐长汤,名曰华清池。杨妃入浴,"既出后,体弱力微,若不胜罗绮。光彩焕发,转动照人,上甚悦"。丰腴女人泡过热汤,侍女扶她出水,浑身娇无力。有趣的是:她接下来容光焕发转动照人。皇帝大约目睹了全过程,这方面他经验丰富,天下男人居第一。转动照人有后文的,从入浴到侍寝,堪称杨妃三部曲:娇无力呈现一时之美,它自身会变化,灵肉意义上的双重变化,朝着夜里的刚柔并举。以无力衬托有力,恐怕是白居易和陈鸿不约而同的小把戏。两人深于情事,而情事指向它的生理基础:性事。两者妙通,臻于极致时,则难分情与性。

杨妃善舞,跳《霓裳羽衣舞》,李白见过,如痴如醉地加以描绘。这舞曲,据说是玄宗梦里得来,观月宫仙女跳舞,记下了舞蹈动作和曲谱。杨妃之前有梨园妓女跳过,可她跳得最出色,仙姿与血肉激情完美融合。除了天生丽质,除了懂音乐善舞蹈,她还"敏其词",有良好的文学修养。

杨妃受专宠,看来理由充足。

冰肌玉骨,又有火焰般的热情。平日里娴静,端庄,言语行动可人,却又能妖娆百态,风流万端。

她于开元二十八年入宫,到天宝十四年安史之乱,前后十几年。封贵妃十年,与玄宗"行同辇,止同室,宴同席,寝专房"。她享受的待遇,叫"半后服用",皇后规格的一半。而事实上,皇后成了名义上的皇后,和皇上同房的资格都被取消了。

玄宗晚年的身体状况如何,史料没有详细记载。估计是不错的。他不乏艺术细胞,更与杨妃两情相悦,氤氲调畅。从治国的角度看,他是纵欲耽美色;从身心的角度看,则为灵肉和谐,阴阳平衡。他与杨妃的性爱,当有研究价值。不大可能年复一年如狼似虎。他也经不起。杨妃怜惜他,缠绵多于折腾,情话胜过动作。十几年,时间够长了,唐玄宗的身子骨,尚能经受天下大乱。

杨妃受宠,杨家人鸡犬升天。这要怪皇帝,不能怪她。历代皇帝都是这么干的。杨妃在玄宗的生命中如此重要,家人、族人不沾光,倒会令人觉得不真实。

堂兄杨国忠,于天宝十一年,继李林甫之后当上右丞相。这是大家熟悉的奸臣。他与安禄山,彼此视为眼中钉。安禄山造反,打出清算杨国忠的旗号,试图赢得民心,扰乱军心。叛军势如破竹,玄宗仓皇逃走。

逃至马嵬驿,羽林军哗变。带头的将军叫陈玄礼,声称杨国忠反叛,将其砍成几截;又将御史大夫魏方进杀死,将名声不坏的左相韦见素击成重伤。杨妃的姐姐以及几个小孩均遭追杀。这叫赶尽杀绝,既然杀了杨国忠,杨家人就一个都活不成。陈玄礼逼到皇帝跟前了,叫他交出杨玉环:"国忠谋反,贵妃不宜供奉,愿陛下割恩正法。"玄宗说:"朕自当处之。"陈玄礼是太子李亨的人,所以他敢逼皇帝。

玄宗转身入驿门,拄杖而立,很长时间一言不发。当皇帝四十几年,却被属下逼:不交出他心爱的女人,自身也难保。无论他作出何种选择,杨妃都是死路一条。

他不甘心。《资治通鉴·安禄山之乱》说:"上曰:'贵妃常居深宫,安知国忠谋反?'高力士曰:'贵妃诚无罪,然将士已杀国忠,而贵妃在陛下左右,岂敢自安!'"上指皇上。

杨玉环是非死不可了。高力士引她到佛堂,"缢杀之",用一根白色丝带套在她的脖子上。玉殒香消,年仅三十八岁。有记载说,她的面容身段和她做寿王妃时几无异。而气质风度胜于当年。

杨妃死,六军发。走到扶风郡,军队又要起哗变,玄宗声泪俱下,拿出成都刚刚进贡的十万匹好布安抚将士,方逃过一劫。过了一年多,玄宗返回长安,再走马嵬坡,杨妃尸身已腐烂,身边香囊犹存。

玄宗回长安不久也死了。当了皇帝的儿子软禁他,他怀念杨妃,请来道士招魂,千方百计要见她一面。两情隔阴阳,相思万般苦,玄宗撒手人寰追她去了。

时过五十年,白居易所面对的,就是上述这个爱情故事。

对他来说,时机正好。他投入到故事的细节当中,张开身上的每一个毛孔,感受这桩罕见的爱情悲剧:皇帝与他的妃子,相爱竟如此深切。

> 汉皇重色思倾国,御宇多年求不得。杨家有女初长成,养在深闺人未识。天生丽质难自弃,一朝选在君王侧。回眸一笑百媚生,六宫粉黛无颜色。春寒赐浴华清池,温泉水滑洗凝脂。侍儿扶起娇无力,始是新承恩泽时……

句子凝练而朴素,是白居易一贯风格。他叙事,看上去不动声色。

所谓大手笔,通常是这样的。再三掂量过的情境,让语言与之对接。也许修改过若干次。《长恨歌》的整体布局很清晰,而清晰得来不易。杨妃回眸,六宫失色,有如皇帝君临天下。权力顶端的男人,享受绝代佳人,这仿佛无可争议。春寒赐浴,暗指温润的裸体,"水滑洗凝脂",激发读者的无穷想象。凝脂滑腻,蓄势待发的身体,将华清池中的泉水染出色情模样:不说肌肤滑,倒说水滑。分寸又极好,不失士子品位,上呈朝廷,下播民间。白居易找到了属于他自己的语言喷射点。

罗兰·巴特说:人体最具色情之处,就在衣饰微敞的地方。

杨妃的色情处,在她出水的那一瞬间。白居易给出了一个看不见的裸体。他玩弄推出又隐匿的把戏,充分调动语言的弹性功能。

　　春宵苦短日高起,从此君王不早朝……

他省略了若干年,笔锋直插马嵬坡:

　　渔阳鼙鼓动地来,惊破霓裳羽衣曲……翠华摇摇行复止,西出都门百余里。六军不发无奈何,宛转蛾眉马前死。花钿委地无人收,翠翘金雀玉搔头。君王掩面救不得,回看血泪相和流……

鼙鼓:骑兵用的小鼓,代指安禄山叛军。花钿:嵌珠宝的金属头饰。委地:胡乱散落在地上。翠翘、金雀:钗名。玉搔头:簪名,汉武帝的李夫人喜欢用玉簪搔头,宫女仿效,故名。

一句宛转蛾眉马前死,哀怜之情跃然纸上。事起仓促,那激情充沛的绝妙身体,仿佛死于某种旋律。宛转既是身姿,又是她的留恋、她突如其来的绝望。白居易让我们体验佳丽之死。她诚然有过错,然而根源不在她,诗人显然比后来的某些学者更清醒。他一向为女子鸣不平,如同为人间鸣不平。诗人,首先是不折不扣的人道主义者。佳丽呈现为价值,犹如鲜花盛开。鲜花猝然凋零,触目惊心。什么样的眼睛能够视若无睹?

鲁迅说,悲剧是把有价值的东西毁灭给人看。

此间的君王,亦在哀怜的照拂之下,他哀怜杨妃,诗人又哀怜他。

清初戏剧家洪昇写《长生殿》,把杨妃的死描绘得十分感人。她不哀求,死得很从容。其中有句台词,杨玉环指着陈玄礼说:"你兵威不向逆寇加,逼奴自杀!"洪昇紧接着咏叹:"当年貌比梅花,梅花,今朝命绝梨花,梨花。"洪昇笔下的杨玉环,死在一棵梨树下。这源于《长恨歌》:"玉容寂寞泪阑干,梨花一枝春带雨。"

牡丹、梅花、梨花,三种名花的韵味儿相加,方可配杨玉环。而李白、杜甫、白居易,三位顶尖大诗人,不由自主地,要为杨妃写诗。杨妃的死讯传到长安时,杜甫在曲江边吞声哭泣。悲剧就是悲剧,诗人们不因杨国忠而谴责她。

白居易写玄宗的追思之苦,足以感动任何朝代的任何正常人:

归来池苑皆依旧,太液芙蓉未央柳。芙蓉如面柳如眉,
对此如何不泪垂?春风桃李花开日,秋雨梧桐叶落时。
西宫南内多秋草,落叶满阶红不扫……夕殿萤飞思悄然,
孤灯挑尽未成眠……鸳鸯瓦冷霜华重,翡翠衾寒谁与共?
悠悠生死别经年,魂魄不曾来入梦……

香魂飘散一年多,玄宗未曾梦见她,如果白居易写实,倒有几分奇怪。日有所思夜有所梦,似乎不足为凭。川西坝子有句老话:亡人越望越远。也许思念太多,入睡反无梦。再一层:阴间可能有阴间的规矩,阳世没法通约。

于是,道士忙碌开了,四川邛崃人,名叫吴通幽。他有本事往返于阴阳界,扮演爱情使者的角色:"排云驭气奔如电,升天入地求之遍。"原来杨玉环居于海上仙山:"中有一人字太真,雪肤花貌参差是。"

接下来,杨玉环的反应,令人目不忍睹。白居易想必是泪流满面:

闻道汉家天子使,九华帐里梦魂惊。揽衣推枕起徘徊,
珠箔银屏迤逦开。云鬓半偏新睡觉,衣冠不整下堂来。
风吹仙袂飘摇举,犹似《霓裳羽衣舞》。玉容寂寞泪阑干,
梨花一枝春带雨。含情凝睇谢君王:一别音容两渺茫。
昭阳殿里恩爱绝,蓬莱宫中日月长……临别殷勤重寄词:

词中有誓两心知;七月七日长生殿,夜半无人私语时。
在天愿作比翼鸟,在地愿为连理枝。天长地久有时尽,
此恨绵绵无绝期!

一句重寄词,说尽杨妃无限深情。长生殿在骊宫中,大概是杨妃生前寝宫。连理枝:两棵树,而枝叶连生。

朱东润《中国历代文学作品选》称:此诗对玄宗玉环的生离死别,"寓有同情之意"。用同情二字带过,真是何其匆忙。我读到的选本大致类似,学者们隐约有个倾向:剔尽同情,让讽刺的主题更为明确才好。他们不感动,拒绝相信皇帝和他的妃子会有爱情。

一日夫妻百日恩,十年恩爱又如何? 唐明皇杨贵妃的爱情,民间是相信的。正襟危坐的教授们,也许私下同样相信。唐明皇也是凡人,他爱杨贵妃,和普通男人爱美女有什么本质性的区别吗? 白居易并未暗示他单重肉欲。相反,他与杨妃,倒是灵肉并重。男女趣味相投,十余年耳鬓厮磨卿卿我我,学者教授却来指出:这不是爱情。

一首《长恨歌》,仅仅对李杨悲剧"寓有同情之意"——此话妨碍我们深入体验杰出的爱情诗篇。如果这类导读完全正确,阅读带来的感动就有问题。

白居易岂止是同情,他投入之深,胜过历代描写爱情的诗人。这钻石般的爱情超越时间,地老天荒不能磨损。

古代写爱情的好诗本不多,白居易惨淡经营方有杰作,学者们一面高喊他的名字,一面又把他的代表作分割成双重主题,煞费苦心要抽掉爱情……自己跟自己闹折腾,真是不嫌累。

《长恨歌》传到长安,白居易名声大振。元和三年(809)他双喜临门:朝廷封他为翰林学士;一位姓杨的女士对他青眼有加。他从小小的周至县尉,一步跨到皇帝身边,这使他有机会在政治上施展抱负。这也是像他这样的读书人的头等大事,他雄心勃勃。

所谓中唐,意味着盛唐不再,读书人格外缅怀开元、天宝的好时光。由于文化传承,有良知的读书人对盛世之为盛世,记忆更鲜明,理解更深刻。文化巨人的目光,无一例外是投向长远,身为朝廷官员,则尽可

能将权力引向利国利民。然而盛唐气象一经打破,颓势不可阻挡,皇权削弱,权臣必然互斗,党争必然激烈——这是封建社会权力格局的既定模式。有良知的读书人,他是身在历史的进程中,不可能跳到历史之外,他要奋斗,要沮丧,要绝望,要重振旗鼓,宿命般陷入循环。

白居易的青壮年,身处贞元、元和年间,前者二十一年,后者十五年,政局相对平稳。后来的几任皇帝,年号就短了。

白居易居翰林学士,这翰林不同于李白的供奉翰林。不久,除为左拾遗。当初杜甫奔凤翔,曾担当此职。元稹以状元的身份出任的也是左拾遗,却被权臣挤走。白居易当上了,既光荣又惶恐,他说:"授官以来,仅将十日,食不知味,寝不遑安。惟思粉身,以答殊宠。但未获粉身之所耳。"

左拾遗职重而位轻,朝廷有意这么安排,免得谏官因顾忌既得利益而不敢讲话。白居易在满朝的高官中,人微而言重,寝食不安盖因此。他深知元稹被挤走的内情,也知道杜甫为房琯事件而得罪唐肃宗。讲真话不成问题,问题在于:因几句真话而丢掉职位,不利于同朝廷的邪恶势力作斗争。这里,策略被推到醒目的位置。白居易做了足够的心理准备。左拾遗进言有两个渠道,一是上奏章,二是面君廷诤。沽名钓誉之辈,往往选择廷诤,言辞一套又一套,专来虚的,明里暗里巴结权贵。白居易则密进奏章,直接向皇帝讲话。

当时的官场,认为他不懂潜规则。

白居易任左拾遗三年,干过几件大事。他是讲究策略的,不然当不了这么久。杜甫当谏官,仅仅三个月。

有个太原人叫王锷,营将出身,因战功调京城,又外放做广州刺史,敲诈商家,借征税大刮地皮,经营七八年,家资巨万。他仗着资产雄厚,在长安大造宅第,挖地洞修夹墙储藏金银财宝。他在广州遥控,命令常住京城的儿子每天设宴,款待朝廷高官。高官大都乐意来,又吃又拿,赞美王锷父子。王锷大名动京师,皇帝对他印象很深。王锷拿巨额家产换名声,他想做什么呢?想做丞相。白居易对这事早有察觉,下决心挡王锷的官道。他以微贱的从八品,对抗有钱有势的三品大员。朋友劝他识时务,否则将自找没趣,他不听,写奏章呈给唐宪宗:

"臣窃有所闻,云王锷欲除平章事,未知何故,有此商量。臣伏以宰相者,人臣极位,天下俱瞻。非有清望大功,不宜轻授。王锷既非清望,又无大功,若加此官,深为不可……或恐万一已行,即言之无及。伏惟圣鉴,俯察愚衷。谨具奏闻。"

清望指廉洁奉公的声望。白居易这个奏章,不给王锷留面子。敢与皇帝商量,则表明谏官非虚职,确有商量的空间。时机抓得正好:朝廷正在动议,皇帝正在考虑。

白居易干成了。王锷当丞相的事搁了下来,一搁六年。六年后,这条以吞吃民间财产而富甲天下的大鱼如愿以偿,当了一年宰辅,却病死了。他儿子则由于钱太多而招致强盗袭击,也死了。

这件大事,很能说明白居易的。宪宗也不是昏君。事后的舆论对白居易不利。王锷恨他,亲王锷的官员中伤他。宪宗却不能独裁、我行我素,他的想法因势而变。历代所谓明君,都有能力控制形势。宪宗不是不想做明君,他做不到。

皇帝看白居易不那么顺眼了,这是后话。

白居易做翰林,当谏官,幸福的婚姻同步展开。他已经是著名诗人了,出有车宴有妓,名流结交名流。京城有一位杨汝士,让白居易认识了他的从妹杨氏。杨氏的父亲是外地官员,她本人也年轻有姿色。白居易在杨汝士家初见她,彼此都有好感。第二次见面就爱上了,颇有自由恋爱的味道。白居易熟悉男女风流,有点按捺不住,杨氏却遵循妇道,婚前不和他亲热。凭他软磨硬泡,讲元稹崔莺莺的韵事、唐玄宗杨玉环的性事,她听得粉脸通红,却横竖不给他机会动手脚。从媒人正式提亲到完婚,隔了大半年。白居易碍于自己的道德形象,不便像以前那样,银两足时盘桓青楼。谏官不能授人以柄。唐朝虽然开放,但你老跑娱乐场所,别人会质疑你的银子从哪儿来。

——那么,换着吧。白居易三十七岁,情爱之躯派不上用场。而他多情多欲,异于普通男人。读他的诗集,发现他投向女性的目光总是很准确,很缠绵。关注女性命运他情不自禁。学杜甫看人间苦难,则被知识分子的责任意识所支撑。这话题后面详谈。

白居易令人联想曹雪芹。曹雪芹的笔下几十个女子,白居易的生活中,先后也有二十多个。家妓,未必都有肌肤之亲。他在女人们中间营造良好的民主氛围,就像贾宝玉。他尊重并欣赏女性,细腻地描绘女性。后世文人,屡屡提到他与家妓怎么样,艳羡之情溢于言表,有些人说得吞口水。这一层,文学史匆忙带过。这匆忙,却又带出匆忙想要遮掩的那些东西。

白居易早年随母亲漂泊,青年三度奔考场,品尝过湘灵秀色,然后生活在对秀色的无穷追忆中。三十几岁的多情男人,夜里独自上床。也许持续了好几年。写《长恨歌》,是一次能量大喷发。喷发后的火山又归于沉寂。长安多佳丽,这位雄心勃勃的左拾遗,大约只能在工作之余饱饱眼福而已。

隋朝的杨广,三十七岁前一直和萧妃睡在同一张床上。当上皇帝以后,情欲强劲喷发。杨广长期性压抑,是因为他瞅着龙椅,杀兄弑父才攀上权力的最高峰。白居易的压抑属正常,社会上不乏案例。他是大诗人,感受力非同一般,于是压抑更甚,为后来的大量蓄妓伏下身心基础。如此解读他的生命形态,不知是否成立?本文仅限于抛出一些问题……

文学史撇下的,我们捡起来,重新打量。

时下讲开放,我们躬逢其盛。完整地把握古代的杰出文人,尽可能去掉遮蔽,赢得敞开。

白居易一面做京官,一面和杨氏谈恋爱,希望早日进洞房。元稹常拿他开玩笑。这千载留名的风流高手,再三刺激白居易的情感和身体。终于结婚了,可以同床共枕了,杨氏虽不比杨妃,却是身边能摸到手的年轻老婆。两人缠绵不够,不消细说。玄宗得杨妃,从此不早朝,白居易却要上班。他身兼数职:写奏折的谏官,起草诏书的翰林学士,科举考官。忙了一天回家,喝酒,品尝佳肴,夜里和杨氏,又手忙脚乱忙开了夫妻事。真是白也忙黑也忙,日子紧张而舒畅。

白居易爱杨氏,不仅肉体厮摩,而且深入她的内心。这一深入,问题来了。年轻老婆,除了拥有丰富的身体,还有许多念头。在他看来,老婆的身体与念头是不大合拍的。谈恋爱度蜜月,犹如置身牛毛细雨和七月暴风雨,感觉自顾浸淫,无暇他顾。等夫妻步入常态,才倏然发现,老婆对他要求很高。

杨氏希望他当大官,一家子荣华富贵。她是受她父母的影响,父母又受其他长辈和亲戚的影响。白居易痛苦地发现,杨氏首先属于她那庞大的家族,其次才是他的老婆。她的每一个念头都根深蒂固。更为麻烦的是,老公跟老婆很难讲道理,因为杨氏从不读书。白居易写《赠内》,苦口婆心说:

> 生为同室亲,死为同穴尘。他人尚相勉,而况我与君?
> 黔娄固穷士,妻贤忘其贫。冀缺一农夫,妻敬俨如宾。
> 陶潜不营生,翟氏自爨薪。梁鸿不肯仕,孟光甘布裙。
> 君虽不读书,此事耳亦闻……君家有贻训,清白遗子孙。
> 我亦贞苦士,与君新结婚。庶保贫与素,偕老同欣欣。

白居易讲了四对古代的贤夫妻,皆能固穷。为什么对妻子讲这些呢?十之八九,杨氏对他的要求过分了。君子爱财取之有道,急于致富,难免乱来。而白居易的官场身份,只要他学会钻营拍马,摆谱弄权,富贵唾手可得。然而杨氏的眼睛不单长得好看,有风情,它还拥有另一大功能:替老公巡视升官发财的机会。白居易仿佛面对两双眼睛两副嘴唇。枕头风逐渐取代脂粉气,接吻的香唇变成嚼舌头。

激情朝着温情,却不料通道受阻。这首诗,是白居易于苦闷中另寻通道的产物。入夜,卸衣解带,也许他望着老婆心里想:杜甫的妻子也叫杨氏,可是人家……

结句向前看,希望与妻子白头偕老。却像一句客套话。两口子彬彬有礼,喻示将来不和谐。白居易异日蓄妓,亦有此间透出的消息?

精神不融洽,阴阳生间隙。

由此或可推测:白居易和杨氏,在某一年,终于走向貌合神离。他苦闷,杨氏何尝不苦闷呢?

而类似的夫妻格局,我们在今天,是早已见怪不怪、习以为常了。故事多得很。

四十四岁以前,白居易各方面感觉良好。他要干大事。家里堆满朝廷发的谏纸,因为他用得太快了,发谏纸的部门索性给他一步到位。另外他写诗。"文章合为时而著,诗歌合为事而作。"什么事呢?唐帝国的兴衰大事。他提倡新乐府运动,张籍、元稹、王建等人都来参加。这些人和他一样,既是诗人又是官员。他们在京城影响很大,政坛诗坛皆为风云人物。白居易看准了这一点,充分利用诗歌的传播功能。一纸诗笺,往往胜过几道奏折。用语言艺术去干预政治,是古代文人的一大传统。杜甫若有机会,也会这么做的。

新乐府五十首,总序倒像宣言:"篇无定句,句无定字;系于意,不系于文……总而言之,为君、为臣、为民、为物、为事而作,不为文而作也。"

中唐政治,处于微妙的转折点上,身在官场的诗人好比先知,有极好的政治敏锐性,深知帝国的危机,欲挽狂澜于既倒。然而社会表面风平浪静,官僚阶层的日子非常滋润。贪官污吏多如蝗虫。白居易的新乐府,从前朝写到当代,矛头指向包括皇帝在内的统治集团。而这是他的一贯立场:当年写《策林》,措词激烈,针对德宗皇帝毫不留情,让人为他捏一把汗。

说白居易是如何"为君"写诗之前,我们先来细看这位元和年间的君王。

宪宗李纯,在位十五年,是中唐诸帝中唯一的一个在位既久、又不变年号的。他是雄心勃勃的悲剧人物,在外受制于藩镇节度使,在内不得不倚重宦官,导致宦官专权。他是顾了这头顾不了那头,终于两头皆输。历史到了这样的时刻,并不取决于统治者的个人能耐,帝国整体呈颓势,明君和他的贤臣所能做的,仅仅是缓减下滑的速度。唐玄宗晚年耽于享乐,荒于朝务,安史之乱陡起,帝国大伤元气。皇权削弱的直接后果,是藩镇割据渐成气候。节度使掌军政大权,自蓄财力,自控军队,形同独立王国,抗衡中央政府。朝廷拿它没办法。施以重压,藩镇就造反。宪宗前的几个皇帝,为藩镇伤透了脑筋。这显然是垂老帝国的躯体上长出来的毒瘤,却又不敢动大手术。宪宗登台,摆出了强硬姿态,军事手段与"外交"策略并举,一度使朝廷占据了上风。但时间不长。宪宗绞尽脑汁尽了全力,各藩镇喘得一口气还是嚣张。

有个故事,颇能说明唐宪宗的历史处境。

元和四年,成德(今河北正定一带)节度使王士贞死了,他儿子王承宗想"继位",唆使一批将领上书朝廷,请求批准。这是其他藩镇常用的伎俩,要挟皇帝,索要人事权。朝廷迟迟不表态。宪宗一面观察动静,一面调动军队。其实双方都在行动。半年后,王承宗抛出"求和"的条件:让出藩镇所属的两个州。宪宗答应了。白居易起草诏书,强硬而又委婉,意在息事宁人。王承宗野心得逞,堂而皇之做了成德节度使。朝廷给他让出的州派去新刺史,他忽又变卦,扣下州官。宪宗大怒,召集四路大军征讨。可是让谁担任兵马统帅,宪宗又犯愁了:这四路大军分属四个节度使,如果某个节度使在讨伐叛镇的过程中做大,岂不是节外生枝、比一个王承宗更麻烦?

宪宗日思夜想,想出了他的高招:任命一个叫吐突承璀的心腹宦官为制将都统,相当于北伐军总司令。皇命一出,百官大哗:朝廷的军队居然交给完全不懂军事的异族太监。白居易上奏章反对,惹恼宪宗,差点被赶出京师。太监出征了,天子大军与王承宗的军队打了半年不分胜负。昭义(今属广西)节度使卢从义暗中倒戈……宪宗丢了面子且进退两难,三天吃不下饭,"跪泣宗庙"。已经显示了实力的王承宗趁机上书表示臣服。双方斗了两年,王承宗赢了,官复原职,地盘依旧。

更具讽刺意味的是:宪宗的心腹太监吐突承璀,在当了一回"总司令"之后,开始染指军界。元和十五年他发动政变,要扳倒宪宗,另立皇帝……

唐宪宗这个人,意志力强而处境万分复杂,他时常想到唐太宗李世民,竭力想做中兴之主。太宗广开言路,宪宗也尽量让他的大臣知无不言,言无不尽。这个历史瞬间让白居易给捕捉到了,要干一番伟业,既写奏章又写讽喻诗。不仅他,其他文人如韩愈、柳宗元,也想有所作为。韩愈时任监察御史,曾经参与颇具声势的"贞元变革";他在朝廷力主正气,不惜丢官帽为民请命。

韩愈发起的古文运动,同样是首先瞄准政治的。所谓原道,是要追溯道统的本源,为统治者树立终极性的儒家标准。白居易的目标要具体一些,五十首新乐府因事而发,写给皇帝和高官看。

我读新乐府的印象是:白居易想把他强烈的危机感,传达给养尊处优歌舞升平的统治阶层。

他自己对新乐府的高度评价,并不过分。

我们选几首来看看。摘句,不录全诗。

《海漫漫》：

> 海漫漫，直下无底旁无边。云涛烟浪最深处，人传中有三神山。山上多生不死药，服之羽化为天仙。秦皇汉武信此语，方士年年采药去……海漫漫，风浩浩，眼穿不见蓬莱岛……君看骊山顶上茂陵头，毕竟悲风吹蔓草。何况玄元圣祖五千言，不言药，不言仙，不言白日升青天！

白氏自序："戒求仙也。"秦皇汉武寻仙，唐朝帝王亦然。武则天，唐玄宗，几十年为寻找神仙而劳民伤财。宪宗也不例外，建庙宇行佛事，兴师动众。数字庞大的和尚道士都让政府给养起来，等于吃官俸。韩愈因谏迎佛骨，差点被宪宗处死。白居易在这样的背景下写诗，风险很高。他说话也彻底：骊山的秦始皇陵，茂陵汉武帝的坟墓，不是照样长满了荒草吗？何况老子《道德经》五千言，并不讲神仙！唐朝，老子地位奇高，却不是哲学意义上的，也不像西汉"文景之治"所取的黄老学说。老子变成神仙了，举国顶礼膜拜。博大精深的《道德经》被简化成神仙术，既不激活思想，又不引发宗教情怀。

此诗浅显易懂，一如白氏其他的新乐府。

> 上阳人，上阳人，红颜暗老白发新。绿衣监使守宫门，一闭上阳多少春！玄宗末岁初选入，入时十六今六十。忆昔吞悲别亲族，扶入车中不教哭。皆云入内便承恩，脸似芙蓉胸似玉。未容君王得见面，已被杨妃遥侧目。妒令潜配上阳宫，一生遂向空房宿……莺归燕去长悄然，春来秋往不记年。惟向深宫望明月，东西四五百回圆……

白氏自序："愍（怜悯）怨旷也。"上阳是宫殿名，在洛阳。入选皇宫的美女，无由见皇帝，则移居别处，上阳宫只是其中之一。皇帝占有天下美女，直接提出批评者寥寥。汉武帝后宫八千人，唐玄宗三千，却已是花中选花，实际数字要大得多。宫中美女愁，民间旷夫苦。白居易写宫怨,笔触细腻,希望能打动帝王。同时他写奏章:《请拣放后宫人状》,从不同的方向劝唐宪宗,将那些年龄大的、不大可能受宠幸的宫女放出去。宪宗听劝,长安洛阳各放了一部分,却是悄悄进行,分批遣散,因为这破了列祖列宗的规矩。白居易做了大好事,不能记功的。

诗中提到杨贵妃,讽意明显,和《长恨歌》有不同了。这是站在宫女的角度,哀怜她们的命运。两首诗表达的两种感情俱真实,并读可知人性的多元。自古蛾眉善妒,杨妃想保住她的位置,一如皇帝要守住龙椅。再者,动了情的女人,谁不想把情郎据为己有呢?

《新丰折臂翁》:"新丰老翁八十八,头鬓眉须皆似雪。玄孙扶向店前行,左臂凭肩右臂折……"

新丰属陕西,今之临潼县新丰镇。老翁年轻时,唐军向云南开边,几万人打过去,几千人逃回来。杜甫曾写《兵车行》质问战争的理由,白居易则针唐宪宗。当时藩镇割据旷日持久,宪宗烦躁,跃跃欲试想打仗,有时昏了头,在军人的裹挟下蛮干。此诗自序:"戒边功也。"老翁当年折臂,只为躲避抓壮丁。"是时翁年二十四,兵部牒中有名字。夜深不敢使人知,偷将大石槌折臂。张弓簸旗俱不堪,从兹始免征云南。骨碎筋伤非不苦,且图拣退归乡土。此臂折来六十年,一肢虽废一身全……"

簸旗:打旗摇旗。

老翁是农夫,折臂不用刀,夜深人静,左手拿石头猛砸右臂,砸得血肉模糊,骨断筋连,犹自不吭声。村里人家,还以为谁在舂米呢……

白居易这么写,借折臂翁说事儿,得罪很多新老军人。军营中不乏邀功之辈,他们不会着眼于全局。可是军人的声音大,将军煽动元帅,元帅鼓吹帝王。白居易和杜甫不同,杜甫大抵是民间诗人,他却是讲话有分量的朝廷显官,用官场标准衡量:得罪军人何苦呢?

由此可见,他写新乐府,需要多么大的政治勇气。

《卖炭翁》:卖炭翁,伐薪烧炭南山中。满面尘灰烟火色,两鬓苍苍十指黑。卖炭得钱何所营?身上衣裳口中食。可怜身上衣正单,心忧炭贱愿天寒。夜来城外一尺雪,晓驾炭车辗冰辙。牛困人饥日已高,市南门外泥中歇……

杜甫看穷人,从头看到脚。白居易得其真传,天寒地冻的,却离开温暖而漂亮的家,目光投向卖炭的脏老头。他看得深,看得细,也看得远。这是问题的关键所在,所谓慈悲心肠,一定要刨根问底。粗看,一掠而过,则为自欺欺人,动机不纯的卑鄙者还到处宣称:我们已经看过穷人了!

《卖炭翁》自序:"苦宫市也。"

中唐,朝廷有个规矩:宦官出宫购买东西,价格可以便宜一些。便宜到什么程度,朝廷却不讲,于是宦官得以弄权。中唐宦官气焰嚣张,一如其他封建朝代。而眼下的影视剧爱拿皇帝赚钱,让观众熟悉了各类太监,由于吹捧皇帝,太监也跟着沾光。这种寄生于皇权的张牙舞爪的怪物,倒给人留下几分亲切的印象。

且看白居易写太监:"翩翩两骑来者谁?黄衣使者白衫儿。手把文书口称敕,回车叱牛牵向北。一车炭,千余斤,宫使驱将惜不得。半匹红纱一丈绫,系向牛头充炭直。"

骑马来的两个人,穿戴一黄一白,黄的是太监,白的是市井泼皮,人称"白望"。据韩愈记载,长安东西两市,经常游荡的白望多达数百人,专门为太监张望商品。太监来了,手持皇家凭证,边走边呼叫:宫市喽,宫市喽……太监以百钱买下值千钱的货物,名为买,实为抢。货主不情愿,吵架以致斗殴,白望就一哄而上。

雪地里卖炭的老头,那山中烧来的千余斤炭,经历了多少艰辛?

沉重的黑炭换来薄薄的红纱,大冷天有啥用呢?韩愈说,红纱往往用宫中废弃的"败缯"染成。更有甚者,连货带牛弄走。农夫反抗,要拼命,遭白望群殴,打得鼻青脸肿,黄衣太监乐得前合后仰,脸都笑烂了。

白居易一口气写下几十首,连同张籍、王建等人的同名诗篇,在长安流传,官员百姓都在看,有人叫好,有人变脸色。白居易写信给朋友说:"不惧权豪怒!"事实上,这群人写新乐府,就是要惹一惹权豪。军人、太监、和尚道士,哪类人都不好惹,白居易却不信邪。京城几乎闹翻天了,扼腕的,切齿的,骂娘的,宪宗皇帝不表态,虽然他心里同样不舒服。白居易笔锋所指,除了他本人,还包括宗庙供着的先帝。话难听,主题鲜明,并富于艺术性和平民性,传播的速度比圣旨还快。宪宗想必是咽下了一口恶气。不过,这倒说明他有雅量。他私下对人发牢骚说:白居易不明白朕的苦衷!

什么苦衷呢?皇帝讨好王公贵族朝廷百官,也是不得已。权豪要奢华,皇帝还得带头——皇帝不带头行吗?

白居易却带头批评,笔锋直指贡品。

《道州民》:"道州民,多侏儒,长者不过三尺余。市作矮奴年进送,号为道州'任土贡'……"

道州在今之湖南境内,《旧唐书》说:"道州土地产民多矮,每年常配乡户,贡其男,号为矮奴。"男人身材矮,就成了土特产,年年送往朝廷,学猴戏,翻跟头,唱土歌,供皇帝和高官们娱乐。白居易激愤地写道:"任土贡,宁若斯?不闻使人生离别,老翁哭孙母哭儿!"

任土贡:根据地方特色上贡品。宁若斯:哪能这么搞。

白居易的目光,延伸至统治集团的生活方式,《红线毯》追问奢侈品的来源:"宣州太守知不知:一丈毯,千两丝。地不知寒人要暖,少夺人衣作地衣!"

宣州(今安徽宣城)红线毯,是当时的特殊贡品,名贵冠天下。宣州太守叫刘赞,变尽法子压榨缫丝工人,提高贡品产量,以取悦朝廷。却又压价,剥削,大搞"血汗工厂"。

白居易的吼声仿佛来自杜甫。

而刘赞,也会吼叫的。也许这家伙的吼声底气更足。

细读新乐府,我们应当发现,白居易是在什么样的境况中发出他的声音。

最后一首《采诗官》,直接向君王呐喊:

> 君耳惟闻堂上言,君眼不见门外事。贪吏害民无所忌,奸臣蔽君无所畏……君兮君兮愿听此:欲开壅蔽达人情,先向歌诗求讽刺!

《汉书·艺文志》说:"古有采诗之官,王者所以观风俗,自考正也。"

白居易写道:"言者无罪,闻者诫,下流上通上下泰。"

唐宪宗任他写,没治他的罪。

他高度兴奋,又写十首《秦中吟》,与新乐府同列"讽喻诗",居于他自己所排列的四类诗中的第一类。

朝野反响巨大。《与元九书》称:"闻《秦中吟》则权豪贵近者,相目而色变也。"目,用作动词。

我们在今天,向白居易致敬。

然而官场文坛的朋友,很多人劝他:你这么干对你有啥好处呀?你还要不要前程?老婆更不理解他,和他闹别扭,赌气,不吃饭,上床没动作。王建、张籍、元稹来访,杨氏作为主妇,却没个好脸色。

两口子几乎针尖对麦芒了。半夜里吵架,杨氏恶声发预言:"你要倒霉、要倒霉……"

元和七年(813年),白居易果真倒霉了。

忽然有一天,他接到圣旨,调任京兆户曹参军。宪宗不让他再干左拾遗,切断了他的言路。家里还堆着谏纸,一夜之间成废纸。官品倒是上调了,正七品,掌管京兆府的户籍、租税,也算肥缺,贪官庸官乐意干的,对白居易,却是沉重打击。他苦闷,出门受奚落,回家看老婆嘲弄的笑容。

这一年他母亲去世,朝廷却有传言,说他故意让母亲落井而亡。流言甚广,因为贪官庸官都乐于传播,并添油加醋。爱母越深,受伤害越重。渭上丁忧期间,活泼可爱的三岁的小女儿又被病魔夺走生命。他痛苦万状,舆论却找到新的攻击点,说他遭报应:他跟别人过不去,老天爷就跟他过不去……

丁忧结束回朝廷,任太子左善赞大夫,是个闲职,活动范围仅限于东宫,不得臧否朝廷得失。对御用文人来说,这也不错,官居六品,每日跟随太子,宴乐游冶,吟诗作赋。有身份,有才华,有名望,按部就班地做,不怕跌跟头,长享荣华富贵,并且封妻荫子。元稹是个例子,他在左拾遗及监察御史的任上吃了亏,两度贬出京师,于是学乖了,收敛锋芒,转与宦官合作愉快。元稹写的新乐府,和白居易相去甚远,立场模糊,看不起底层民众。比如他公开讲,宫女是贱货。

元稹这类作家,今日身影犹在。

模糊的公共立场的背后,个人私利是清晰的。比如某些巴结强势阶层的经济学家。

白居易不模糊,他立场清晰。人在东宫,却瞅着朝廷。

他四十多岁,是哪种人,已经生就了。换个词叫禀性难移。

元和十年(816年)的夏季,长安发生了一件怪事:宰相武元衡被人杀死在街上。谁杀的?出于什么样的杀人动机?杀手有没有官府背景?满城都在议论,朝廷的气氛骤然紧张,武元衡的政敌和盟友受瞩目。宰相死了,权力格局肯定会有变化,聪明的官员按捺着性情,静观其变。

官员的智力紧紧围绕着乌纱帽,历朝历代屡见不鲜。为什么?官场的诱惑实在太多。

一顶乌纱帽,比性命还重要。

我们对此,感慨良多。

在官场老油条看来,白居易对武元衡事件的反应愚不可及:白氏竟然很激动,在不同的场合大发议论。太子也不理解他,对他说:我看你读杜甫读得太多了。

白居易跟随太子,应该多读司马相如。戒掉《新乐府》、《秦中吟》,凑趣帮闲显示能耐,太子登基之日,便是他大红大紫之时。从机会成本看,不是比那个花大钱谋取相位的王锷划算得多吗?

白居易却要发议论,写奏章,认为宰相被暗杀在大街上是国耻,应当彻查杀手和躲在幕后的凶手。诗人的真性情,在这个环节上授人以柄。估计他做善赞大夫做得憋气,碰上突发事件,条件反射般地蹦起来了。官场那一套他不是不懂,是另有读书人的良知牵引他,不写奏折,似乎断不可能。史料说,他是第一个因武元衡被刺案而上书皇帝的。左拾遗、御史大夫未开口,他倒抢先发言了。官员们互相询问:这个白居易想干什么?想借死人出风头?

于是,针对白居易的奏折,有几个人同时向皇帝进言,说他"越职言事"。朝廷对他一片嘘声:围攻他的机会终于来了。他写了那么多新乐府,好像看谁都不顺眼。讽喻诗在全国流传,让官员露出丑态,让皇帝失掉颜面,各地士子传播百姓争看,这个白居易,想破坏秩序搅乱天下吗?

白居易一封奏折递上去,招来无数攻击。积怨的暴发来势凶猛,他显然始料未及。只知以前得罪人,但得罪到什么程度,得罪面又有多大,他并不清楚。所谓伸张正义,不会考虑太多的,写讽喻诗,不会去充分掂量对个人前程将产生多大的负面影响。

　　白居易是那个年代的有良知的知识分子,志在"兼济天下"。

　　有良知并能发出声音的知识分子,对全社会的健康向上干系重大。所谓有良知,说得简单一点,就是讲公道,能跳出自己的利益圈。拿这个标准去衡量白居易,他完全合格,并且,堪称楷模。

　　然而宪宗降罪于他,贬为江州司马。

　　这一年他四十四岁。亲者痛仇者快。家里乱成一锅粥。杨氏整天绷着脸。老公生事惹祸,她跟着倒霉。娘家人埋怨她,她埋怨白居易。江州是个什么地儿呀？三千里之遥,又穷山恶水。长安多舒服。她家住长安南面的永昌坊,皇宫近在咫尺,曲江波光粼粼。贵妇们中间她已经有了一个交往圈子,可是眨眼间一切都没了,孩子们也跟着受苦,远离熟悉的环境……

　　官场中的议论更难听。白居易长吁短叹。

　　他掂量朝廷黑暗的程度。他的政治理想离朝廷现状有多遥远。小人活蹦乱跳,扰乱圣上的视听。他快老了,面有皱纹鬓生白发,三十年抱负从此付东流……

　　白居易的悲观情绪,有时来得突兀,去得缓慢。这几年诸事不顺,他有点撑不住了。他的性格像杜甫,但缺了杜甫的坚硬。他悲天悯人如同三百年后的苏东坡,却没有东坡的百折不回。有些东西是与生俱来的,遗传,恋母(参见他二十八岁写的《生离别》),早年流离如漂泊。笑对人生坎坷,其实一般人很难做到的。不必责怪白居易的消沉,何况他并非一沉到底。他身上还有一种基因:文化的基因,时机一到还会显形。

　　这年十月他写下著名的《与元九书》,洋洋数千言。转向明显,他认真打量自己的诗歌艺术。写《长恨歌》之后,算来已近十年,其间大量写作是用语言去干预生活。诗分四类,他恰好看重这一类,并引以为骄傲,贬官不后悔。文章声情并茂,看得出情绪的高强度挤压与释放。

　　深入的关切方能赢得胸怀,古今皆然。

皇帝诏令一下,白居易全家卷铺盖。

也许他自己并不明白,他的艺术已随着他的沮丧悄然转型。

江州治所浔阳,即今之江西九江。司马为刺史的副职,由于是贬官,基本上有职无权。官居从五品下阶,俸禄丰厚。赴贬所他一路写诗。司马官舍在浔阳城西,面临大江。官舍想必不错,他却写《司马宅》云:

> 雨径绿芜合,霜园红叶多。萧条司马宅,门巷无人过。唯对大江水,秋风朝夕波。

长安的门庭若市,衬托着眼前的萧条。

他着手编辑自己的诗集,写诗束寄元稹和李绅:"世间富贵应无分,身后文章合有名。莫怪气粗言语大,新排十五诗卷成。"李绅这个人,当时名头响,文坛传言,白居易写诗多受他的启发。气粗言语大,是指白氏在《与元九书》中对自己作品的评价。他是不避自夸的,确认的好东西,何必谦虚?善于发现自己的长处,并不意味着,看别人专看短处。严格意义上的实事求是,乃是对人对己取同一种目光。李白几十年高视阔步,杜甫对古往今来的诗文心中有数,他们都不谦虚。谦虚的美德源自孔夫子,所谓谦谦君子,待人接物不倨傲。其实孔子本人,内心是非常骄傲的。他清楚骄傲与谦虚的边界,而后世的儒生们大都模糊,生怕失掉美德,不分青红皂白,一味的谦虚。

就源头性的理解而言,骄傲与谦虚不是一对冤家。不懂得骄傲,也不知谦虚为何物。反之亦然。

白居易自编集子传世,则是汲取李杜的教训。李白随写随扔的习惯,让多少人为之叹息。杜甫经战乱颠沛至死,作品散佚大半。白居易条件好,怎能让作品失传?

浔阳有陶渊明故居,白居易写《访陶公旧宅》,自序说:"经柴桑,过栗里,思其人,访其宅,不能默默。"

诗中写道:

……我生君之后,相去五百年。每读五柳传,目想心拳拳……不慕樽有酒,不慕琴无弦。慕君遗荣利,老死此丘园!……每逢陶姓人,使我心依然。

白居易在渭村丁忧时,曾写和陶诗十六首。此间居江州,陶渊明又来照面了。不过他做着州官,和渊明不同的。一如他看人间苦难,不及杜甫的深入与持久。他是性情温和的男人,有政治理想,有底层关切,于两者亦具备战斗性,不乏韧性。而所有这些,乃是中国杰出文人的共同的、也是核心的特征。所谓传统文化,文脉更兼血脉,历代文人是传承与开拓的主力军。中国历史,很难想象他们的缺席将导致什么样的局面。

白居易的战斗精神,在江州是不大派得上用场了。他隐匿于山水之间,调整心理落差,慢慢等待机会。他写诗,又写又编,这挺好的。官场文坛两栖,一边失意了,另一边却呈喷发之势。酒、琴、诗,三者环绕着乐天派的中年男人。

但是缺了一样东西。

缺什么呢?

缺了一个大写的汉字:情。

身边的杨氏仿佛变成了一架数落机器,言语数落,表情数落,连走路的姿势都在传达她的数落。她本不读书,认得的字又忘去大半,当年的贵族小姐,眼下的村妇——她连村妇都不如,乡村妇女有许多优点呢。白居易也懒得跟她提什么杜甫的杨氏、渊明的翟氏了。说了没用,说够了。然而人家老婆同样说够了,烦了。两口子都想教育对方,观点相反,各不相让。于是,话不投机半句多。天长日久,那半句也没了踪影。

如何是好?写诗吧。

有一首诗,题目就叫《感情》:

中庭晒服玩,忽见故乡履。昔赠我者谁?东邻婵娟子。因思赠时语:"特用结终始。永愿为履綦,双行复双止!"自吾谪江郡,漂荡三千里。为感长情人,提携同到此。今朝一惆怅,反复看未已。人只履犹双,何曾得相似?可嗟复可惜,锦表绣为里。况经梅雨来,色暗花草死。

从西北走到江南,三千里带着一双绣花鞋。谁送的?婵娟子,一位漂亮姑娘。白居易保存这双鞋,少则十几年,多则二十几年。杨氏数落他,他走一边去了,原来是去看他宝贵的、贴心贴肺的绣花鞋。反复看未已:不知看了多少遍。是谁让他惆怅?多半是老婆。诗题"感情",感作动词用。

婵娟子漂亮而泼辣,送鞋,赠语,指出鞋子要成双,鞋和鞋带要永远纠缠。鞋是爱情信物,也喻男女性物。潘光旦先生翻译英国蔼理士《性心理学》,注释中大量涉及中国传统性物。白居易这首诗,脑子里有没有性物,我们不知道。诗写出来,诗就不属于他了。萨特讲,写作是个召唤,召唤创造性的阅读。写与读合起来,方为写作的完整的含义。白居易把婵娟姑娘赠送的鞋,十年二十年带在身边,这说明很多问题的。他试鞋,把脚伸进去,走几步又赶紧脱掉,放入什么盒子里去,摸摸滑手的布料,想象她玉一般的肌肤……

又是缺啥想啥。

老婆在眼前晃动。志不同道不合言不顺的,不是黄脸婆,胜似黄脸婆。

白居易往外跑,反正理由多:开会,迎客送客,盘桓州县……早出门晚归家,归家跟跟跄跄纳头便睡。不是梦见婵娟子,就是梦见杨玉环。

秋天来了。浔阳山清水秀,秋天更像秋天。草木多,水域广,方有落叶纷纷下,秋声不绝于耳。我们的陷入苦闷的诗人,这一天接一天的如何排遣?

《琵琶行》赢得了一个契机。天才作品不期而至。

浔阳江头夜送客,枫叶荻花秋瑟瑟。主人下马客在船,举杯欲饮无管弦。醉不成欢惨将别,别时茫茫江浸月。忽闻水上琵琶声,主人忘归客不发。寻声暗问弹者谁?琵琶声停欲语迟。移船相近邀相见,添酒回灯重开宴;千呼万唤始出来,犹抱琵琶半遮面……

全是好句子,真想一引到底,包括它的序言。

行:乐府歌词的一体,与"歌"相类似。唐代诗人常连称为"歌行"。

喝酒无管弦,于是醉不成欢。还说"惨将别",显然为歌女的出场作铺垫。长江流过浔阳的这一段称浔阳江。枫叶、荻花、江月、主与客,马和船,均被秋瑟瑟三个字所笼罩。"夫秋之为气也……"秋气弥漫于何处?当然在方寸之间。诗人者,盖于四季之风物体察细腻者也。

琵琶女的出场,韵味儿十足,与秋瑟瑟完全合拍。为何忸怩,迟迟不出?因为她年龄大了,红颜付与秋风。她一腔幽怨。"春花秋月何时了?往事知多少?"汉武帝的李夫人,生病躺在床上,武帝探望她,她用被子蒙住脸,死活不松手。这位倾城倾国的佳丽后来对人哀叹说:"以色事人者,色衰而爱弛!"

而白居易既能感受秋天,又能体会色衰女子的情态。

> 转轴拨弦三两声,未成曲调先有情。
> 弦弦掩抑声声思,似诉平生不得志。
> 低眉信手续续弹,说尽心中无限事。
> 轻拢慢捻抹复挑,初为《霓裳》后《六幺》。
> 大弦嘈嘈如急雨,小弦切切如私语。
> 嘈嘈切切错杂弹,大珠小珠落玉盘……

元和十年的《与元九书》,表明白居易并不擅长琴事。他学琴,留意管弦,正与《琵琶行》的写作同期,所以用了不少专业术语。这是他到江州的第二个秋天。转轴,俗称定弦。拢、捻是指法,即扣弦与揉弦。抹是顺手下拨,挑是反手回拨。琵琶弹奏的两首曲子皆有"散序",轻轻的,柔柔的,如月色溶入江水。低眉信手句是说,琵琶女的生命中只剩下琵琶了,琵琶挽留过去的时光,叹息黯淡的当下与未来。她哀怨,只因她始终活在对照之中、生命的灿烂与凋谢的反差之中,她不认命才不得志。什么志呢?显然是嫁个好丈夫,爱她疼她欣赏她,有时间陪她,使她原本不凡的生命得以洋溢。三两声,信手弹,琴技炉火纯青,却反衬情路堵塞,琴与情,背道而浑成。"冰泉冷涩弦凝绝,凝绝不通声暂歇。别有幽愁暗恨生,此时无声胜有声。"沉默,显现了情路堵塞,并作短暂的、也是永恒的停留。她的人性情态,就是如此这般,只有过去,不复有未来。萨特有名言:"人是人的未来。"而精神病人、自杀者的一个显著特征,就是失掉未来。

突然,琵琶声起,"银瓶乍破水浆迸,铁骑突出刀枪鸣。曲终收拨当心划,四弦一声如裂帛!东船西舫悄无言,惟见江心秋月白。"什么东西在震撼人?是她的命运。

她站起身了,"整顿衣裳起敛容",在陌生的知音面前,她尽情表达,又不失礼数。也许她三十多岁,往后还有若干年,知音再难邂逅。对她来说,这是多么难得的一次邂逅。

陌生与邂逅,乃是男女间的经典情态之一,其瞬间的交流有如原子裂变。没有后文。白居易有妇,琵琶女有夫,然而此情此景,二人终生不忘。花是去年红,月向梦中白……

我们听她讲命运:

> 自言本是京城女,家在虾蟆陵下住。
> 十三学得琵琶成,名属教坊第一部。
> 曲罢常叫善才服,妆成每被秋娘妒。
> 五陵年少争缠头,一曲红绡不知数。
> 钿头云篦击节碎,血色罗裙翻酒污。
> 今年欢笑复明年,秋月春风等闲度。
> ……门前冷落车马稀,老大嫁作商人妇。
> 商人重利轻别离,前月浮梁买茶去……

教坊:政府中掌歌舞音乐的部门。第一部:最优秀的歌舞队。善才:乐师。秋娘:色艺俱佳的娼女。五陵年少:长安北郊有五陵,聚集着豪门大族,纨绔子弟如云。缠头:钱帛类赠品,俗称缠头彩。钿头云篦句:珍贵的饰品用以打节拍,碎了也就碎了,无所谓。浮梁:当时全国最大的茶叶集散地。

这些句子,透出多少烟花女子隐忍的辛酸。

我们听白居易发感慨:

我闻琵琶已叹息，又闻此语重唧唧。同是天涯沦落人，相逢何必曾相识！

一个是失意的官员，一个是沦落的娼女，身份悬殊，地位迥异，但白居易眼中却没有这些。他看到命运捉弄人，琵琶女色衰守空船，他年纪也大了，待在浔阳这地方，辜负平生抱负。相逢何必曾相识！一句话说尽各自境遇以及白氏对琵琶女的尊重。我估计，两人一见面，便有异样的好感。娼女从"千呼万唤始出来"，到"嘈嘈切切错杂弹"，表明她弹琵琶，继而向陌生男人倾诉，是经历了一个曲折的过程。她自重，也赢得白居易的高度尊重。

轮到白居易向琵琶女倾诉了：

我从去年辞帝京，谪居卧病浔阳城。
浔阳地僻无音乐，终岁不闻丝竹声……
今夜闻君琵琶语，如听仙乐耳暂明。
莫辞更坐弹一曲，为君翻作琵琶行。
感我此言良久立，却坐促弦弦转急。
凄凄不似向前声，满座重闻皆掩泣。
座中泣下谁最多？江州司马青衫湿。

白氏一席话，令娼女大为感动。她见过的官员不计其数，谁对她这样？互为知音，提到命运的层面了。良久立，良久是多久？五分钟还是十分钟？心中无限事，涌向喉头与指尖。这"涌向"……何其不易，她五脏六腑的积郁得以翻江倒海。枫叶荻花秋瑟瑟，亭亭玉立琵琶女。良久立，立于白氏的杰出诗篇，也立在我们的心头。我是觉得她太美了，愿她美到八十岁，美到入棺，美到冉冉升至白云端。

《琵琶行》六百多个字，把两个人的命运和盘托出，交互黯淡，又相映生辉，暗淡与辉煌，同时照亮浔阳江头的秋天。佳句比比皆是，仿佛随手一划，就传向千万年。

多谢白居易，多谢琵琶女！

这首长诗，再一次显示白居易对女子命运的深度关切。他能看到细微之处。而在细看的背后,总有什么东西在支撑。犹如陶潜爱丘山,李白找神仙,杜甫死死盯住人间苦难,各有强大而持久的支撑点。

川端康成写《伊豆舞女》,一个短篇小说,却打动了全世界的读者。电影版的《伊豆舞女》,山口百惠饰舞女,展示了千丝万缕的美丽忧伤。舞女踏歌,裸体,奔跑,一低头的温柔……凭借清爽的山风和点滴细雨,诠释了什么叫情窦初开。

艺术不是别的,艺术就是深入。巨大的关切伴随细微的进入,将生存的所有环节纳入眼帘。

从《长恨歌》到《琵琶行》,刚好过了十年。三十五岁情爱大喷发;四十五岁,跃上另一座相同高度的艺术之巅。

白居易居江州四年,奔五十的人了。州司马一职颇为奇怪,不仅闲,而且自由。州府其他官员,包括刺史在内,朝廷的制度有各种约束,比如刺史大人擅离辖区,要挨打,打得皮开肉绽。据《唐律·职制》:"刺史私出界,杖一百;在官应值不值,应宿不宿,各笞二十;通昼夜者,笞三十。"杖用木棍打,笞用鞭子抽。白天该上班不上班,夜里该睡觉不睡觉,都有鞭子伺候。刺史尚且如此,刺史以下的列曹(功曹,户曹,仓曹,兵曹,士曹)可想而知。上级经常派人下来检查,上级是镇节度使或观察使。当时藩镇割据很厉害,朝廷必须对地方长官严加管束。白居易几次目睹了刺史趴在地上挨棍子,真替领导难过,又为自己窃喜。《江州司马厅记》说:"惟司马绰绰,可以纵容于山水诗酒之间……苟有志于吏隐者,舍此官何求焉?官足以庇身,食足以给家。州民康,非司马功;郡政坏,非司马罪。言无责,事无忧……"

绰绰:悠闲貌。

文章写于元和十三年。白居易发明了一个词:吏隐。由于这个发明,不少学者批评他,说他开始了"独善期"。其实他也没办法,不是不想兼济天下。他能干什么呢?领了工资去接济穷人?当时好像没有这种财产观念。不干事却拿高工资,"月俸六七万",他也问心有愧,《江州司马厅记》,意含申辩,为处境找理由。儒家的"用世",有完整的进退体系,白居易徜徉其间,承先启后。他的指导思想很明确,说明他的生存思路清晰。文人的进与退,有个体差异。范仲淹"先天下之忧而忧,后天下之乐而乐",苏轼贬惠州,无职无权,却千方百计为百姓做事。白居易和他们比,少了一点韧性。他的形象靠近欧阳修,性情偏于阴柔。他写诗,盯紧了一个情字,所谓"根情,苗言,华声,实义……上自圣贤,下至愚骏,微及豚鱼,幽及鬼神,群分而气同,形异而情一。"他认为情是根本,情贯穿一切,包括动植物和鬼神。沿着这条路往下思索,白居易不仅"居易",而且乐天易,动情易。他的泪腺比较发达,能哭。他发现了情,情为他敞开了一个广阔天地,却"既敞开又遮蔽"。他没有杜甫的浑阔意境,万千气象。

上述两个方面(进与退,用情与超越),也许能接近白居易的个体特征。

眼下他是从五品官,比他父亲当年的官阶高出几级了。他为家族争了这么大的光,忍不住要欣慰,要优哉游哉。人是积了念想,就要想方设法逐一兑现的。不必责怪他在江州写下大量的闲适诗。七八年前渭村居丧,闲适已露端倪,《得袁相书》云:"谷苗深处一农夫,面黑头斑手把锄。何意使人犹识我,就田来送相公书。"当时他拮据,下地干农活,却忽然得到宰相送来的一封书信,意外之喜溢于言表。

杜甫在成都盖草堂,"窗含西岭千秋雪"。白居易在江州也建草堂,推门望见庐山香炉峰。白氏又有东坡,启发了贬黄州时的苏轼。白氏《草堂记》说:

> 是居也,前有平地,轮广十丈;中有平台……南有方池……环池多山竹野卉,池中生白莲、白鱼。又南抵石涧,夹涧有古松老杉,大仅十人围,高不知几百尺……

白氏草堂,比杜甫草堂好多了。

《南湖春早》:"风回云断雨初晴,返照湖边暖复明。乱点碎红山杏发,平铺新绿水萍生。翅低白雁飞仍重,舌涩黄鹂语未成……"这首七律写江南雨后早春,能混淆杜甫草堂诗作。审美传承,可见一斑。

闲而自适不容易,但白居易轻描淡写地做到了。古代文人,闲适的能力令人惊讶。而现代人普遍面临无聊的威胁,有些人闲得丑态百出。古人活得认真,不同层面的生活都有大致完整的"生活之意蕴层":信仰、道德、情趣、风俗。这个意蕴层环环相扣,非常重要。胡塞尔现象学意义上的"生活世界",大约与此相关吧?

今人陷入欲望怪圈,年复一年"闲不适",但愿是阶段性的,是前进道路上的挫折。回头学习古人,前路方能畅通。如同欧洲人,不断地学习古希腊。要进步,后退是必要的,甚至是必须的。我们的生活,同样需要"回行之思"。

白居易在江州,扎扎实实地过了几年闲适日子。有钱,有朋友,有自由。全国这么多州司马,没几个能像他,他是闲而自适的领头雁。长安洛阳扬州,盛传他的新诗、草堂和优哉游哉。传到近现代,却引来学者们不厌其烦的批评。

这几年,他和妻子杨氏,总的说来关系不错,写文章提到她,教训的口吻消失了。

接下来,将是担任三个州的刺史,为民干实事,蓄妓享艳福,将同时出现在他的生活之中。

元和十三年底,白居易离开江州。刚来时牢骚满腹,看山山穷,看水水恶,现在要走了,却又依依不舍。近四年他游遍周遭,寸寸贴近山和水的肌肤,写下大量诗篇。人与人相处,日久生情,人与山水亦复如是。带走诗篇,撇下草堂。草堂同样是他的作品呢,千百个日夜,与之共朝夕。当初精心营造它,本打算住个十年八年,可是诏令一下,人就上路。这叫宦游,仕途如旅途。白居易并未托朋友在京城活动。乐天知命,一切随缘。江州他频繁游寺庙,和僧人道士交朋友。文人有失意,一般都这样,寺庙是他们的精神避难所。

忠州远在蜀地山区,白居易赴任所,沿途写诗。《题岳阳楼》:

"岳阳城下水漫漫,独上危楼凭曲栏。春岸绿时连梦泽,夕波红处近长安……"

他想念长安。《过昭君村》则对王昭君寄予深情:

灵珠产无种,彩云出无根。亦如彼姝子,生此遐陋村……竟埋岱北骨,不返巴东魂。妍姿化已久,但有村名存。

古人认为龙、凤、蛇、贝皆产珠,故诗中说"产无种"。又《述异记》载:"越俗以珠为上宝,生女谓之珠娘,生男谓之珠儿。"北代指塞外。王昭君葬于今之呼和浩特市南。她生于湖北秭归县,古属巴东郡。杜甫过昭君村时,也曾惊讶当地女人长得不好看,却出了一位绝代佳人。白居易想了长安又想佳人,神往昭君艳质,而过不了多久,他的长安、佳人梦,将双双落到实处。

到忠州(今四川忠县)做刺史,时间虽不长,但白居易"整顿地方行政,宽刑均税,奖励生产",均税是说,享有特权的官僚地主阶层和普通百姓一样要纳税。中唐以后,大地主兼并土地成风,往往勾结官府,逃租避税,巧立名目,把赋税转嫁给中下阶层。白居易要动一动这个利益格局。这是他第一次做地方行政长官,正好试试政治理想和政治勇气。仅一年,忠州变样了,吏风带动民风,犯罪率减少,粮食产量上升。豪强忍气吞声,表面还得恭维他的政绩。百姓巴望他留下,却明知留不住的。

忠州任期未满,朝廷调他回京。他踌躇满志,又一再迁升,升至中书舍人,在皇帝身边起草诏令。然而朝廷已是今非昔比,宪宗死,穆宗立。这穆宗比宪宗又差了一截,遇事毫无主见。于是党争又见激烈,藩镇再起叛乱。唐朝的政治格局,这是一出老戏了。白居易针对军政大事屡上奏折,没用,皇帝的耳边声音太多。他五十多岁了,一向情绪化,老来更甚。长安再好他也待不下去了,请求外放做地方官。皇帝准奏。

长庆二年(822年),白居易出任杭州刺史。

做一把手,他和在忠州一样政绩斐然。修西湖水利,浚杭州六井,充分利用朝廷给的权力,为人民做好事,不怕得罪既得利益集团。这些事,史料记载明确,并非后人溢美之词。大文人干地方官,几乎全都出色。政坛显然需要理想主义者,以免一味讲现实的官僚成气候,整体滑向市侩主义。

杭州多美,女子多漂亮。为政之余他除了写诗、喝酒、访僧问道,也把目光投向莺啼燕舞的歌舞伎。著名的樊素、小蛮,就是此间收入他的后花园的。关于他和女人,后面再细谈。这不是一个可以轻易带过的小问题。

白居易为杭州留下一首诗和一首词,俱称绝唱,不在苏东坡咏西湖的名篇之下。今日西湖有苏堤与白堤,携同他们的好诗词,传向千万年。

江南好,风景旧曾谙。日出江花红胜火,春来江水绿如蓝……

这首词人人能背的,我们且看七律《钱塘湖春行》:

孤山寺北贾亭西,水面初平云脚低。几处早莺争暖树,谁家燕子啄春泥?乱花渐欲迷人眼,浅草才能没马蹄。最爱湖东行不足,绿杨阴里白沙堤。

云脚:雨前雨后云雾低,远望如匹练垂湖,称云脚。

诗人造词,有云脚也有日脚。杜甫《羌村三首》有云:"峥嵘赤云西,日脚下平地。"

好诗尽显好心情,钱塘秀色来笔端。早莺、燕子、乱花、浅草……真是美得不像话。身在柔媚无以复加的山水之间,不爱美女才怪呢。花色女色谁更好?不知也。

《代卖薪女赠诸妓》,刺史兼诗人的白居易,将蓬头垢面的卖柴女孩儿和穿红戴绿的官妓们一并收入眼帘:"乱蓬为鬓布为巾,晓踏寒山自负薪。一种钱塘江畔女,著红骑马是何人?"

一种:一样。明朝《尧山堂外纪》载:"唐时杭妓,承应宴会,皆得骑马相从。"官妓有不少规矩,骑马相随是其中一种,便于招妓的官员们忽东忽西。贫家女、烟花女,都是白刺史治下的女子,垢面与红颜形成对比。白居易代卖薪女写诗赠予诸妓,他是什么意思呢?希望卖薪女卸下柴禾骑上马?怜香惜玉能这样吗?

不管怎么说,一个唐朝男人产生这种念头,再正常不过了。

杭州一年半,白居易又要走了。

回朝廷的路途中,升官诏书已至。其间穆宗已死掉,敬宗坐龙椅。这小皇帝年仅十六岁,贪玩,乖张,朝政付与一帮宦官。白居易走到洛阳停下了,不愿到长安。

次年三月,改任苏州刺史。勤政为民如故,并且拖着病体。吴地是他早年流浪的地方,触景多有感触,进而感伤,似乎水土不服。一病再病,他努力工作。实在撑不住了,请求离任。北上的那一天,全城市民送他,刘禹锡写诗说:"苏州十万户,尽作婴儿啼。"

这诗句显然有夸张,十万户,几十万人了,尽作婴儿啼是何等场面?民众爱戴白居易却是不掺假。

黑压压的小民哭成一大片,哭声透出皇权下的老百姓的无尽辛酸。

北上途中,惊闻噩耗:小皇帝被宦官刺杀。而民间盛传宪宗皇帝也是死在太监手里。白居易边走边哭,哭皇帝,更哭多灾多难的大唐。贞元、元和几十年,多少人为重振大唐雄风而殚精竭虑,而冒死进谏,而拼杀叛军,而忘我工作呀。

泪尽北望,白居易对政治空前的失望。

帝国大厦将倾,凭几个仁人志士,力量太小了吧。太监大手可遮天。

文宗李昂上台,下大决心着手对付太监,也搞暗杀,密令宰相精心策划。然而策划不周,宰相反被太监们置于死地。另一边,高官之间争斗激烈,姓牛的斗姓李的,闹得乌烟瘴气。有些人已经斗了大半辈子,犹自斗志旺盛,一说政敌眼就亮,胜过乌眼鸡。

结党搞斗争,有瘾的。尤其在皇权衰减的时候。

元稹同样是党争好手,白居易劝他,他听不进去。

白居易不搞党争,官倒越做越大,后来做到太子少傅,从二品了。俸禄极为丰厚,却经常闲着。他写诗自嘲,有时想到田里的农夫,但照样过他锦衣玉食的日子,乐于宴乐,疲于应酬,习惯了上流社会的生活方式。内心冲突大大减少,艺术生命趋于终结。他不自知,编诗集格外起劲,享受巨大的文坛声誉。不过,文坛向来有传说,他和韩愈是互不买账的:张籍撮合他两人见面,终于未能成功。写诗唱和,但就是不见面,有一回韩愈主动邀约,白居易不去。

此间他自号醉吟先生,学陶潜写《醉吟先生传》,朝堂文坛广为流传。大权臣如裴度、牛僧孺等,以醉吟先生称呼他。

五十七岁他再得一子,取名崔儿,爱如掌上明珠。崔儿长到三岁,生病,一命归西,就像十几年前的另一个刚满三岁的女儿。这老父亲哭天抢地:"书报微之晦叔知,欲题崔字泪先垂。世间此恨偏教我,天下何人不哭儿……文章十秩官三品,身后传谁庇荫谁?"

元稹字微之。晦叔是另一个人。

白居易从此无子嗣。这么大的家业传给谁呢?身边早已美色如云,他和她们玩玩罢了,并未弄成二房三房。与杨氏不能相知,却把生儿育女的权利赋予她。

同年,元稹也死了,五十几岁。白居易得消息当场晕倒。他受元稹家人委托撰写了墓志铭,元家厚赠财物,他不收。刘禹锡出面劝他,他才收下这数字庞大的润笔费,转赠他常去的香山寺。他是香山寺的居士,人称白香山。

他长居洛阳。远离长安的是是非非。

六十八岁他得了中风病,几个月下不了床。送掉心爱的坐骑,因为他骑不上去了。遣散诸妓,她们的青春活泼与他的病歪老朽实在是反差太大。樊素不愿走,小蛮也要留下,白居易唤她们到病榻前,做思想工作,言辞恳切,几番抹泪。她们都是杭州人,跟他十余年了。双方达成妥协:两个多情越女在洛阳白氏府第又住了几个月。

白居易强撑病体,看樊素、小蛮唱歌跳舞。他写诗说:

两枝杨柳小楼中,袅袅多年伴醉翁。明日放归归去后,世间应不要春风。

这首小诗是很多学者诟病他的根据。

眼下有个流行语,管这叫"老牛吃嫩草"。

而在古代,老牛与嫩草是常见的画图。

白居易遣散诸妓是明智的,他没有胡搅蛮缠。他对家妓好,有一年在长安,一个姑娘走丢了,他满城贴告示寻找。女孩子们离开时各得厚赠,欢天喜地又依依不舍,一步一回头。

七十岁,他以刑部尚书致仕,退休金是失职的一半,相当于四品官的俸禄,随意花销也花不完。他不守财,致力于慈善事业,比如出巨资开凿洛阳龙门八节滩,以利漕运。那地方滩险流急,又是商船必经之地,常有船翻人亡。

晚年幸福。常和另外八个从高位上退下来的老头雅集,画工作图,称《九老图》。白居易七十四,年龄最小。据记载,其中有个一百三十六岁的,尚能混迹于一群舞伎中走几步。

会昌六年(846年)白居易卒,虚岁七十六,葬龙门山。洛阳人及四方游客常祭奠,墓前经年泪不干。有人专程从遥远的忠州赶来……

三年后杨氏还活着,请李商隐写了墓志铭。

据说这是白居易的遗嘱。李商隐才高,贫穷,性子倔。写墓志能心安理得享受一笔生活费。文坛大师去世,仍惦记后来人。杨氏卒年不详。

白居易今存诗二千八百首,文赋亦多。他写诗,同时注重理论。这在杜甫诗中已露出的苗头,白居易发扬光大。而诗与朝政搅在一块儿,讽时弊,谏君王,他又做了杜甫想做而做不到的事。他显然有全面继承杜甫的志向,就讽喻而言他走得更远。新乐府秦中吟,由于他的才气而未能写成口号诗,有些诗非常感人。感人是说:需透过他精当的句子,抵达他的内心。他对人世间的苦难忧心忡忡,有时感同身受。如此情怀,在历朝历代的意义不言而喻。他赞美李杜说:"天意君须会,人间要好诗。"这话对他本人同样适用。

就整体气象而言,他不及杜甫的博大与雄浑。我从杜诗转到白诗,落差感是明显的,虽然这感觉尚需进一步的验证。也许他写诗的志向过于明朗;也许他主题先行有利有弊。更有一层:他看苦难,看人间不平,究竟和杜甫不一样的。而浸淫官场日久,他的视力下降了,视阈收缩,视线模糊。

白居易把士大夫的艺术拉向平民,是他意在讽喻的逻辑结果。要尽可能地扩大影响面,不这么干是不行的。他十分成功,《与元九书》不无自豪地说:"自长安抵江西三四千里,凡乡校、佛寺、逆旅、行舟之中,往往有题仆诗者;士庶、僧徒、孀妇、处女之口,每每有咏仆诗者。"

由此可见当时的文化繁荣,普通人对汉字、对汉语艺术有很好的感受力。自费刻印诗集者屡见不鲜。

白居易掀起的新乐府运动,有一些效用他自己也是始料不及。以诗干政,这在今天看来是太浪漫了,浪漫却有结果。他标新立异,不乏标新立异的条件和理由。文坛与政坛是近邻。学而优则仕,读书人有话语权,有自信心。惹权豪劝皇上的前提是能惹能劝。

有良知有远见的知识分子层出不穷,越过唐末乱世,直接影响了北宋。

正是由于伟大的新乐府运动,使白居易成为中国古代知识分子的杰出先驱。

艺术层面:唐朝臻于成熟的市民社会,对各类艺术推波助澜。高雅与通俗,并无严格的分界。犹如城市与乡村不存在二元分割。白居易常听说书,看伶人演戏、观赏音乐舞蹈、叩访山川寺庙,趣味是多方面的。到民间汲取养料,已是一种高度自觉的行为。中唐文人多如此。一大批艺术巨匠应运而生,堪比十九世纪的俄罗斯。帝国呈颓势,文化蒸蒸日上。维系帝国的那些东西随时面临着大崩盘,而文化源远流长。

白居易的诗还流传到国外,日本、印度、朝鲜,他的诗集能卖钱的。日本不止一位天皇对他的诗爱不释手。

末了,说说他和女人的关系。

白居易对妇女们是否读他的诗很关注。事实上,他为各类女人写诗,注视她们的命运,赢得这个庞大的读者群理所当然。他赞美杨玉环又责备杨妃,价值判断清晰,不像时下某些专家自己搞混乱。对女性,他的民主思想一如曹雪芹。他把新作给老妪看,而不是给老头看,这说明什么问题呢?

他是温和的、容易伤感的男人,早年流离失所,小手牵着母亲的衣襟。几年流浪,十年寒窗,对他的一生有重大影响。研究他就要贴近他的生命的特殊形态。单凭理性分析是远远不够的。顺便提一句:理性本身有很多问题,它貌似指向终极而其实不然,它越界的地方太多……这个以后有机会再探讨。

白居易身上,有两股力量给人印象很深的:求官,用情。两者生发无穷的东西,包括他的艺术。

他钟情于女人,则与他三十七岁还打着光棍有关,和他不算和谐的夫妻生活有关。古人讳言家中事,他却写诗批评老婆。中年以后他做着高官,他融入高官的生活方式。唐宋得高位的文人大都这样,岂止一个白居易。王安石不近家妓,官场传为笑谈。苏东坡这样的人也在杭州寻觅佳丽胚子。柳永更不用说了。中晚唐诗人,杜牧十年一觉扬州梦,赢得青楼薄幸名;李贺、李商隐,传世之作多与男女情事相连;元稹一生艳遇不断,三十几岁还跑到成都,和半老徐娘薛涛搞了一场轰轰烈烈的恋爱。

唐代官妓素质高,妓者伎也,白居易在杭州,曾请来朝廷退休的乐工善才,专门教妓女们跳"霓裳羽衣舞"。他还写信对朋友津津乐道:"诸妓见仆来,指而相顾曰:此《秦中吟》、《长恨歌》主耳。"唐时官妓都懂诗,白居易所讲的诸妓,不仅读《长恨歌》,也喜爱《秦中吟》,为什么?因为她们来自下层,对白居易描写下层既有感触,更有感激。

陈寅恪老先生写巨著《柳如是传》,为一代名妓呕心沥血,他饱含着什么样的激情呢?

荷马史诗写海伦之美,并未指责她引发血腥的特洛伊战争。

歌德八十岁、萨特七十岁尚迷恋少女;海明威宣称能与好莱坞的任何一位美女同朝夕;凡·高、达利、毕加索,个个都是此道高手……我们好像没听到,西方人对他们谤议沸腾。

对人性的理解,近现代西方人显然是走在前边了。

关于白居易,到此为止吧。我们把目光转向另一个温和的、善良的、易感的、才华奇高却死得很惨的男人:李煜。

2007 年 3 月 29 日

李　煜
（南唐 937—978）

李煜生于七夕死于七夕，他和美丽的女英共同丰富了今天的情人节。他失掉南唐故国，赢得顶级艺术。他用汉语为人类的"基础情绪"永久赋形。他是活向审美和爱情的，他是中国的美神和爱神。他以自己的奇形怪状的惨死证明了：刀枪与毒药杀不死文化。

李煜

1

冷眼看历史,有多少人想当皇帝?而围绕着那把宽不过三尺的龙椅,又有多少次战乱,血流千里尸堆万丈?可是有一个人,打心眼里不想做君主,这个人就是李煜。

李煜想做什么呢?他想做个通常意义上的优秀男人,爱生活,爱艺术,写诗填词画画。他相貌出众,举止温和,目光细腻,他所到之处,像春风一般带给人们阵阵暖意。不幸的是,这样的男人却生在帝王家,阴差阳错地当上了一国之主。他置身于唐朝以后的五代十国,他的国家叫南唐。他对艺术太内行了,对杀人放火则比较外行,虽然他也领导着十几万军队。周边诸国摩拳擦掌,他好像听不见。他沉浸于艺术,沉醉于爱情,心里除了诗情画意,就是柔情蜜意。刀光剑影和他的日常生活格格不入。但是北方的敌人,突破长江天险打过来了,铁骑横扫金陵,他做了俘虏,被带到汴京,带到宋朝开国皇帝赵匡胤的跟前。过了两年多屈辱的生活,他被一个叫赵光义的人赐死,服下一种很奇怪的毒药:牵机药。体形标准的美男子,死得奇形怪状。死期也是生日,他刚满四十二岁。

四十年来家国,三千里地山河。凤阁龙楼连霄汉,玉树琼枝作烟萝,几曾识干戈?

读他的身世,再看他的诗篇,很多人都有想流泪的感觉。我写此文亦踌躇,心里涌动着酸楚。

> 林花谢了春红,太匆匆!无奈朝来寒雨晚来风。胭脂泪,留人醉,几时重?自是人生长恨水长东!

我很小就读他的词。听说现在的中学生都普遍喜欢他,这真好。人总是要死的,皇帝也要死,并且大多数皇帝很难寿终正寝。然而艺术不朽,从五代十国到今天,谁能统计有多少男人女人捧读过李煜?古人说,他一字一珠。

珠宝有价,文字无价。

中国文学,尤其是诗词,经过魏晋唐七百年的洗礼,到李煜的时代已经非常发达了。一首好词问世,市井纷纷流传。赵光义这个人也不是不识字,他为何毒杀李煜?他的哪一根神经出了问题?不管他是好皇帝还是坏皇帝,他杀李煜是犯罪。人间至尊也没啥了不起,上帝会惩罚他,罚他永远背诵检讨书;跪在美神诗神脚下,叩不完的响头,叩破脑壳却欲死不能!

> 春花秋月何时了?往事知多少。小楼昨夜又东风,故国不堪回首月明中……

我们且忍下酸楚,回首那些和李煜有关联的南唐往事吧。

李煜的父亲李璟,人称南唐中主,李煜则称后主。南唐"三千里地山河",包括今之江苏、江西、湖南、安徽等,辽阔而富饶,山水如画。又因唐末黄巢起义后,北方陷入战乱,富商及文人墨客纷纷南逃,南唐各大城市空前繁荣,市井生活花样百出。文化的力量是显而易见的,军队却不行,军官们一有机会就要享乐。

李璟不好军事,好词赋,李煜既得他的遗传基因,又受他的影响。父子两人统治南唐三十多年,国土一年比一年小,拿出去讨好强邻的东西一年比一年多。而南唐立国之初,综合国力是强大的,开国皇帝李

昇,志在扫荡诸国,重振李唐王朝的雄风。儿子孙子却不成器,生命力朝着相反的方向。这也没办法。所谓不成器,要看他成什么器。宋朝已有《南唐二主词》流行,其后的选本更是多如牛毛。李煜的词家喻户晓。他失去家国,赢得艺术。如果他因嗜血而晓畅军事,大搞铁血统治以强化战争机器,跟野性十足的赵匡胤拼个你死我活,长江两岸、金陵城下,会多出千万具尸体,而少了足以传向千万年的顶尖级的艺术。

两相权衡,孰轻孰重?

封建时代,谁来统一天下,通常不是一个是非问题。我们在今天看历史,只不过希望统一的过程中少一点血腥气。

几千年封建史,血腥味儿太浓了。

艺术旨在淡化杀性,将生命的潜能引向别处。引向花前月下其乐融融,总比引向尸横遍野好吧?

以此观李煜,他可爱,可亲,可敬。

王国维先生称李煜"不失赤子之心",这话值得深思。

李煜再活二十年,还会写多少佳作?无数的读者都曾掠过这样的念头。而这类计算方式,总比统计战乱后留下的死亡数字更富有积极意义吧?现代学者对李煜的评价,多有值得商榷之处。但本文撇开不谈,一门心思对准李煜。也许把李煜搞清楚,已经是一种有效的讨论或回答。

李煜生于公元937年的七夕。这个晚上,牛郎织女相会于鹊桥,桥上可能还有唐玄宗和杨玉环。时至今日,则由于美丽的传说而将农历七月七说成为中国的情人节。

李煜生于七夕,死于七夕,不知道是怎么一回事。

还有更巧的,后面细谈。

李煜字重光,据说生下来一只眼睛有两个瞳孔。治水的大禹,西楚霸王项羽,史书上也这么记载。李煜兄弟十人,他排行第六,长得最英俊:广额,丰颊,骈齿,重瞳。皇家子孙,长得难看的几率原本不高。李煜工书画,通音乐,对文字语言天生敏感,又"生于深宫之中,长于妇人之手",他的气质容貌是不难想见的。"文献太子恶其有奇表",每每打击他,恨不得杀死他。太子叫弘冀,李煜的亲哥哥。历代皇宫里,兄弟残杀、父子交兵是常态。太子待在东宫,一般都比较紧张。弘冀先后防着两个人:掌握兵权的叔父景遂和生有奇表的弟弟李煜。他找机会毒死叔父,入主东宫,然后把矛头转向受父亲宠爱的弟弟。李煜很苦闷。骨肉相残,显然不符合他的天性。他通过各种方式向弘冀表白,无意争夺太子的位置,但没用,弘冀不相信他,认为他伪装。

史称"李煜为人仁惠,有慧性",弘冀迫害他,处心积虑要弄死他,从他十几岁到二十多岁,持续了好多年。这些年,对李煜的性格及意志走向有决定性的影响。他对皇权毫无兴趣,沉迷艺术既是避祸,更是让仁慧的天性得以伸张。有些皇室成员,是专为艺术和爱情而生,李煜不折不扣是这种人。

针对历史的所谓宏大叙事,为满足自身需要,则往往对人物的特殊性含混带过。现在的中小学生,上历史课容易打瞌睡,跟这种叙事的泛滥有关。历史如此生动,拿到课堂上就干瘪乏味:老师干巴巴地讲,学生昏沉沉地听。

弘冀暴病身亡,李煜的另一个哥哥又当了和尚,他不想做太子却住进了东宫。时年二十三,两年后父亲李璟去世,他当上一国之君。每年要做的大事,是向强大的邻国北宋纳贡,以求苟安。宋太祖赵匡胤,当初是北周的一员大将,后来发动陈桥兵变,上演黄袍加身的鬼把戏,取代北周,立国北宋。

皇帝穿黄袍。李煜为国主十五年,一直穿紫袍,自降等级。朝廷的机构也改了名称,比如中书门下省(最高行政机构)改为左右内史府,翰林院改为文馆等。送往北宋的金帛年年递增。南唐实际上成了附庸国,李煜的想法,是在附庸的地位上稳固下来。反正打不过屡战屡胜的邻国,硬拼死得更快。

南唐除了苟延残喘,似乎也没有别的办法。残喘到哪一天,谁也不知道。李煜是抱着侥幸心理的。国内也搞备战,却只能悄悄搞,不敢大张旗鼓。十几万军队,又凭借长江天险,也许能苟安几十年。他还相信佛祖会保佑他,万一打起来了,在众多和尚的吁请下,佛祖显灵,强敌自溃。

赵匡胤忙着灭南汉,几度打得难解难分。李煜坐山观虎斗,侥幸心理有增无减。他过了十年安稳日子,掉头向艺术,饱尝人间罕见的爱情。北宋吃掉南汉,大军屯于汉阳,隔江虎视南唐,他慌了,进一步自降等级,称江南国主。

过四年,十万宋军以不可思议的超常战术突破长江,围金陵,攻了一年才攻破,俘李煜,带到汴京(今开封市),封为"违命侯"。他每日以泪洗面,血泪化为辞章,进入汉语表达的巅峰状态。

本文瞄准李煜的艺术,对他的江山忽略不计。而忽略的理由已如前述。

2

李煜的书法,小字学柳公权,大字学王羲之。他写大字不用毛笔,"卷帛书之,皆能如意,世谓之撮襟书"。南唐末年,北宋初年,金陵、扬州和南昌都流行撮襟书,大号毛笔几乎卖不出去。女书法家特别多,她们为国主的姿仪和才华所倾倒。李煜有时突然出现在街头,引起一阵欢呼。市民认得他,不少人家有他的画像。秦淮河边的歌女,以能唱他的新词为荣耀。

李煜用的笔、砚、纸,驰名江南。

他画竹很内行,一挥而就。

他走路富于节奏感,身姿优美。身高在一米七五左右,体格匀称。外臣内侍都不怕他,宫女们则习惯了他阳光般的笑容。他统治国家却不杀人,经常释放监狱里的犯人。薄赋税,少徭役,一般不扰民。奇怪的是,在这个温和的君主治下,百官并未激烈斗争,百姓也能安居乐业。来自江北的军事重压,可能由于旷日持久,朝野都习以为常了。

从二十五岁到三十五岁,做了南唐国主的李煜,照样风流儒雅。说他治国无方、只知贪图享乐是不恰当的。他的毛病是不愿意研究军事,对这件头等大事意志薄弱。既迷于纸笔又醉心杀伐者,毕竟罕见。南唐到李煜手上已经是第三代了,到处是亭台楼阁温柔富贵,音乐、舞蹈、美食、精致的宫中器皿,动人的街头时尚……生活朝着这个方向已有几十年。李煜又是物质与精神的双重贵族,血液里流淌着难以改变的东西。要他居安思危,念念不忘军事,显然是难为他了,不符合他慢慢积聚起来的丰富的内心世界。他也思危,不过思得有限罢了。像他这样的男人,怎么可能和北方的沙场老将赵匡胤拼个高低?

李煜的生活中,先后有两个非常出色的贵族少女,美貌、才情、品德,堪比三国时的江东二乔。她们是两姐妹,姐姐叫娥皇,妹妹叫女英,和尧帝的两个女儿、也即舜帝的两个妃子名字相同。她们姓周,史称大周后小周后,娥皇、女英是她们的乳名。熟悉湘妃传说的人,会感到起这样的乳名有点不可思议。

舜帝巡视南方累死了,二妃相拥投入湘江……

大周后小周后,将面临什么样的命运?

还是先讲她们的欢乐时光吧。

《十国春秋》说:"昭惠国后周氏,小字娥皇,十九岁归皇宫。通书史,善歌舞,尤工琵琶。尝为寿元宗前,元宗叹其工,以烧槽琵琶赐之,盖元宗宝惜之器也。"

元宗即李璟,他过生日时,娥皇以司徒女儿的身份进宫祝寿,演奏琵琶。元宗赐给她宫中宝物烧槽琵琶,可见她的演奏是如何出色。

娥皇盛妆入宫,引起皇宫的轰动。她的发型、穿戴被宫女们竞相仿效。她的美貌是早有传说的,她又通书史,善歌舞,弹琵琶胜过宫廷乐师。这一年她十八岁,妹妹女英年龄还小。她对李煜的大名也是耳闻已久,入宫演奏,发挥出色,指间隐隐约约送出一颗春心。李璟叹服,一咬牙,把宫中宝器烧槽琵琶也送出去了。李煜呢,更是颠倒魂魄,恨不得离座与她共舞。不过他很含蓄,有良好的教养。婚姻大事父母作主,以他皇子的身份,娶大臣的女儿不难吧?

一年后,娥皇嫁给李煜。婚礼极为隆重,太子冀不高兴。

李煜坠入情网,一坠十年。爱情始终鲜活如初,一对优秀儿女,美男艳妇,携带各自的艺术细胞投入对方,将阴阳调畅推向顶峰,灵与肉完美融合。

今人以不谈爱情为时尚,"闪婚"、"闪恋"流行都市。其实这也挺好,把爱情暂时存放起来,等潮水般的"情躁"退去之后,再来重新打量爱情,重新赢得它的美。

宫中美少女多,李煜享有特权的。可他几乎把皇室的特权忘了,年复一年,跟娥皇情深意笃。史料记载明确,并非后人虚构。单凭这一点,李煜的人格就能得高分。他天性善良,又能欣赏优美的女性。所谓爱情,这是关键处。互相激活,各自实现,从肌肤的所有细节到内心的无限憧憬。

　　李煜的难能可贵,在于他是皇子、太子、君主,机会多得不像机会。他对女性的态度,如同贾宝玉对林妹妹讲的一句名言:任凭弱水三千,我自取一瓢饮。

　　由此我们才懂得,为什么娥皇病重时,对李煜充满了感激。

　　我们还是先来领略她的欢畅吧。李煜早期词作《一斛珠》:

　　　　晚妆初过,沈檀轻注些儿个。向人微露丁香颗。一曲清歌,暂引樱桃破……绣床斜凭娇无那。烂嚼红绒,笑向檀郎唾。

　　沈檀:香料。些儿个:金陵方言,一点点的意思。丁香:又名鸡舌香,古代常用作女子香舌的代称。檀郎:情郎。

　　娇无那三个字,说尽娥皇风流。

　　此诗停在肉体欲望的边缘上,诗意弥漫,"停"出男欢女爱的无限风光。而类似的情景,寻常巷陌,不管雕窗下还是柴门内,男女欢腾、追逐、俏骂、扑打,谁家没有呢? 它让我们感动,因为这恰好是人的生活,比两只鸟或两条鱼强多了。

　　艺术,是将生存的所有环节、全部韵味儿纳入眼底。

　　《一斛珠》真是一斛珠,后世爱此小词者,数以亿万计,不敢举例的。再看后主《浣溪沙》:

　　　　红日已高三丈透,金炉次第添香兽,红锦地衣随步皱。
　　　　佳人舞点金钗溜,酒恶时拈花蕊嗅,别殿遥闻箫鼓奏。

　　彻夜欢歌曼舞,舞得地毯打皱,炉中香兽完了再添。把香料做成兽状,小猫小狗小狮子之类,始于晋,盛于唐。舞点:佳人踏着鼓点。有曼舞更有劲舞,佳人头上金钗,不是掉地,而是溜出去。一个溜字,又传神了。这李煜也不知怎么搞的,神来之笔,有些人奋斗终生得不到,他倒好,随手一划,佳句来了,犹如佳人——

晚妆初了明肌雪,春殿嫔娥鱼贯列。笙箫吹断水云闲,重按霓裳歌遍彻。

临风谁更飘香屑?醉拍阑干情味切。归时休放烛花红,待踏马蹄清夜月。

据《南唐书》,唐明皇与杨玉环合作的《霓裳羽衣曲》,经安史之乱,流失了。李煜有祖传残谱,和乐工曹生再三推敲,"粗得其声,而未尽善也"。娥皇参与进来,才取得突破,"后辄变易讹谬,颇去哇淫……清越可听"。

大周后变哇淫为清越,表明了她的艺术修养。而我们一说宫廷乐,容易联想到靡靡之音,其实未必。宫中的女孩子,一般说来是比较单纯的,她其实没有多少可以让她去复杂的空间。娥皇出自贵族,内美外美,都是光芒四射。我们在银幕上看到的茜茜公主,和她一比会逊色。她和妹妹女英,估计都属于激情类型,却以激情带出柔情似水。佳人难得,不是长得漂亮会舞几下就叫佳人。今天一些都市美女张牙舞爪,充分利用"脸蛋资本",见了大官巨贾屁股就剧烈摇晃,当然离佳人更遥远。

汉语中这类词语,一个比一个矜持,拒绝很多人的。

娥皇醉拍阑干,该是何等情状?真有点飒爽英姿的味道。古诗词中的红颜女子,好像没人拍过阑干。这动作更像男人的专利,像辛弃疾,"把阑干拍遍";岳飞则是"怒发冲冠,凭栏处潇潇雨歇。抬望眼,仰天长啸,壮怀激烈"……此间娥皇已做了妈妈,可是宫中的少女们还是比她不上,毕竟宫女多寒门,哪有她的诸般修养?

舞了一晚上,该回寝宫歇了吧?娥皇李煜却又骑马踏月,凌晨三四点,双双入园林。

也许今天的青年男女会惊叹:不能这么美的呀,美到极致很危险的……

公元964年10月,二十九岁的娥皇病死了。

她春天染疾,自己不当回事儿,不吃药,入夏病转沉重。李煜劝药,她撒娇,总是推开他的药碗。于是女英进宫,由妹妹来伺候姐姐。眼看病情有起色了,却又飞来横祸:四岁的儿子仲宣不幸夭亡。娥皇闻讯,血泪交流。李煜原是瞒着她,终于未能瞒住。"仲宣殁,后主恐重伤昭惠后心,常默坐饮泣,因为诗以写志,吟咏数四,左右为之泣下。"

娥皇病入膏肓,自知不起,拉着李煜的手说:"婢子多幸,托质君门,窃冒华宠十载矣。女子之荣,莫过于此!"

娥皇西去,险些带走了她的檀郎:李煜长达大半年形销骨立,拄着一根拐杖,看人目光呆滞。到初夏才写诗哀悼:

秦楼不见吹箫女,空余上苑风光。粉英金蕊自低昂。东风恼我,才发一襟香。

琼窗梦回留残日,当年得恨何长,碧阑干外映垂杨。暂时相见,如梦懒思量。

诗中透出春夏之交的慵懒情状。由于怀念太多,反而懒思量。向梦中寻她的身影,梦又短暂。诗人大病初愈,写诗带着病体特征,与"金钗溜"、"鱼贯列"、"醉拍阑干"形成反差。

娥皇一去不复返。她生前引领的歌舞队,很长时间闲着。别殿不闻笙歌奏……李煜夜夜独自上床,视佳丽为无物。

好在有个人,分担着他的忧伤。她是娥皇的妹妹,年仅十五岁的女英。

3

李煜有一首非常著名的小词《菩萨蛮》,写他和女英的偷情生活。这首词不仅写得出色,而且富有意义。专家学者们,一面欣赏它,一面又指出它"思想性不高",似乎生怕它毒害青少年。学者善于自弄尴尬,自设困境,动不动就要抬出所谓思想性,其根源是:他们其实不太懂得思想是什么东西。这类大词他们张口就来,习惯了。

我们先看作品:

花明月暗飞轻雾,今宵好向郎边去。刬袜步香阶,手提金缕鞋。

画堂南畔见,一晌偎人颤。奴为出来难,教君恣意怜!

四十几个字,环境、人物、情态全出来了,令人惊叹汉语的表达能力。高度浓缩,却一点不呆板。曹雪芹有诗句:跳脱秋生腕底香。李煜挥笔填词,酷似雪芹意境。他大约写初秋,八九月天气。女孩子在薄雾中穿行,鞋袜都拿在手上。也许她在家里常这样,赤脚走动。宫中都是石板路。穿鞋有鞋底摩擦路面的声音,穿袜却不至于,看来她是过于激动、过分紧张了。海明威写《丧钟为谁而鸣》,漂亮的西班牙女子玛丽亚踏雪钻进罗伯特的睡袋,也是脱光了鞋袜,不过她坦诚:这是为了节省时间。南唐小女子急匆匆穿花破雾,扑向情郎,浑身打颤,却压着嗓门喊出心声:奴为出来难,教君恣意怜!

礼教下的女子,喊出这一声不容易。热烈而又娇滴滴。

恣意怜,怎么个恣意法?

娥皇卧病,女英进宫伺候,两姐妹初见面,姐姐很敏感的。娥皇大女英十五岁。女英是既美又泼辣,几乎全凭感觉行事。卧床的美少妇,嫉妒活泼的美少女,陆游写的《南唐书》有记载。但娥皇的醋意没有升级。女英幽会李煜也是有节制,她"出来难",并非有人看守着,是她冲破自己艰难:她身处爱情和亲情形成的张力之间,她火焰般的身体是个受力点。而李煜随意写诗,让我们充分感受到这种张力。

寻觅差异,瞄准张力,是思想和艺术的共同特征。

所以德里达说:至关重要的,是培养对差异的高度敏感。

女英和李煜,一见面就互相爱上了,就像十年前,娥皇为李璟祝寿表演琵琶绝技的那一幕。

《十国春秋》描述女英:"警敏有才思,神采端静。"

警觉,机敏;端庄,娴静。这漂亮女孩儿,将异质性的东西集于一体,其日常状态,不难想见。曹雪芹的大观园,看来收不尽天下女子情态,女英走进去,卓然特立。

李煜这首小词,向我们推出封建大背景下的爱情女子,他只诉诸艺术,却向我们呈现了思想。女英活泼可爱,这形象多么民间,而思想不在别处,就在她小鹿般的身形、她扑扑跳动的芳心。生命是如此美好,我们能感觉到,甚至触摸到,莫非这还嫌不够?思想是个指手画脚的外来者吗?

用理性去捕捉生命,西方哲人早已宣布失败了。正是在这个层面上,思想与科学分道扬镳。

古典诗词写偷情,李煜的《菩萨蛮》推第一。缺了它,诗词大观园就缺了艳丽夺目、清新逼人的稀有品种。面对它,有多少男女拍案叫绝?有多少腐儒瞠目结舌?又有多少衣冠禽兽装模作样横加指责?

它在道德的隙缝中,或者说,道德的模糊地带。它也是文化、道德的催生之物,没有文化的挤压,哪来身体的战栗?西方作家如茨威格、劳伦斯,写这个的多了,例子一大堆。

如果孔老夫子在天堂读到它,可能会说:此诗无伤大雅,符合《诗经》的传统,好色而不淫!

在今天的语境之下,道德这种东西,尚需仔细辨认。

而所谓思想,恰好在这些地方发力。

李煜另有一首《菩萨蛮》,同样写他和女英的偷情生活。

蓬莱院闭天台女,画堂昼寝人无语。抛枕翠云光,绣衣闻异香。

潜来珠琐动,惊觉银屏梦。脸漫笑盈盈,相看无限情。

女英受到姐姐的管束了,大白天睡觉,"情思睡昏昏"(《西厢记》台词)。她横着睡,竖着躺,云发散乱,毫无意义地闪闪发光。李煜不在场,她变化着的身姿无处不召唤,包括微敞的酥胸间透出的缕缕异香。异香是说,体香、衣香与特殊的情爱嗅觉混为一团。词的上阕带出下阕:他来了。

大周后娥皇死后一年,十六岁的女英做了南唐国后,史称小周后。爱情和艺术得以延续,宫中的歌舞队送走了闲暇时光,笙歌又奏响了。小周后领舞领唱,除了弹琵琶不如姐姐,其他技艺均能后来居上。她占据年龄的优势。性情可能更激烈。她还擅长书画,对李煜收集的晋唐墨宝有良好的鉴赏眼光。史书记载,她和李煜更为默契,两情相悦,到了无以复加的程度。可惜没有生育。她把母爱倾泻到姐姐留下的次子身上。

小周后享受着爱情生活,对一个女人来说,这是生命中最为宝贵的。可是李煜要分心,掉头去看北方的强敌。悲剧悄悄伏下了。小周后的命运,比她姐姐更惨。

两年后,南汉灭亡,赵匡胤腾出手来对付南唐,十万大军进驻汉阳。杰出的军事家把他的战争机器对准了顶级艺术家。李煜求和,派弟弟从善去汴京,带着他的亲笔信和大量贡品。赵匡胤扣留从善,赐给从善府第美女。

李煜气坏了,宣布不再进贡。

李煜很爱这个弟弟,担心他有不测。兄弟七八个,从善是唯一懂军事的,赵匡胤扣留他意图明显。对方诡计多端,李煜哪是对手。陆游记载说:"后主手疏求从善归国,太祖不许。而后主愈悲思,每凭高北望,泣下沾襟,左右不敢仰视。由是岁时游宴,多罢不讲。"

深谙艺术的人,情感自然丰富,无论爱情还是亲情。打天下却是大忌,御强敌同样是大忌。国家处于危难,需要铁石心肠,"泰山崩于前而色不变"。李煜当着臣下的面泪流沾襟,几乎是个危险的信号。左右不敢仰视,既是受感动,又有几分惶恐:一国之君都这样,他们的未来凶多吉少。

李煜停止游宴,却转向佛事。金陵城内的和尚成群结队,一群长老围绕着国主,竭力让他相信:一旦到了紧要关头,佛祖或菩萨自会在空中现身。

菩萨心肠的男人,出于不得已,往往会相信佛法无边。

国内也积极备战,大小军事交给几个将军。李煜在澄心堂日夕徘徊,等候消息。澄心堂是他常住的地方,皇城诸宫称第一。有人考证,赵氏王朝在汴京的宫殿和它一比像普通豪宅。

赵匡胤发布命令,要李煜赴汴京朝拜,李煜不理睬。他慷慨激昂地对人说:"他日王师见讨,孤当亲督士卒,背城一战,以存社稷。如其不获,乃聚宝自焚,终不做他国之鬼!"

上面两段引文,颇能说明李煜的风格,一是所谓妇人之仁,二是不见得能落到实处的豪言壮语。后世爱他诗词的人,不禁感慨他误作人主,这里是个很好的注脚。

这样一个热爱生活的男人,要他在短时间内志如铁心如钢,目露凶光,去摧毁包括生命在内的很多有价值的东西,显然是非常不切合实际的。学者不问青红皂白,把现成的历史观念往他头上套,仅仅表明"思想的粗心"而已。李煜的生存向度一目了然。不可能让他四十岁来个大转弯,变成另一个男人。比如变成赵匡胤或赵光义。

李煜太单纯了。要阴谋搞手段,实在外行。而无论外交还是军事,这些都是必修课。帝王之术他学不进去。如果能学,悟性高,他就不是我们今天在《绝妙好词》中看到的李煜了。他唯一的长处是对百姓施仁政,却对养兵不利。

北宋大军压境,他不复夜夜笙歌,娱乐活动减少到最低限度。说他一味偷安,置社稷安危于不顾,醉生梦死,恐怕有些偏颇。

也许由于李后主的文字过于出色,传达宫廷生活,远胜历代帝王,才引起学者们的一再批评。但李清照、王国维等,论李煜最多,却从未有过这类批评。我估计,许多民间读者用常识去判断,倒比某些专家更准确。

专家钻牛角尖,古往今来知多少?

成群结队的专家,又要引导成千上万的读者……

公元975年初,北宋军队于采石矶巧渡长江,强攻金陵城。攻了大半年攻不进去。城内军民几十万人殊死抵抗,连赵氏兄弟都感到吃惊:李煜的手下还真能打。但破城是迟早的事,这是一场军力悬殊的"不对称的战争"。区区江南小国,即使男女老少齐上阵,怎敌北宋十万虎狼之师?

打到十一月,满城诵经之声,大和尚宣称是动用佛力的时候了,李煜对他寄予莫大希望。然而城破在即,敌军"四面矢石交下",大和尚却跑回寺庙躲起来了。李煜大怒,"遂鸩杀之"。

金陵盛传:国主将聚宝自焚。

"死国"成了悲怆的流行语,江南温柔之乡,亦不乏钢铁儿女。将军,文官,都有死国的勇士,有些人不想看见野兽般的敌军蜂拥而来烧杀抢掠,先行自杀,死也从容。

女性殉难者更多。

风流倜傥的江南国主,是金陵无数女子的梦中情人,朝廷命妇,普

通民女,望宫阙而垂泪者何止万千。无论是花容月貌的,还是相貌平平的,都在含泪问苍天:

为什么人间要有杀戮?

日子过得好好的。南唐立国仅四十年……

大街小巷尽哭声。

紧挨皇宫的一座净德庵却异常的安静。八十多个尼姑,平均年龄二十七岁。住持名叫李进晖,三十岁,润州人。李进晖原是大户人家的闺女,才貌俱佳,却不知为何剃尽秀发,到净德庵做了尼姑。其他尼姑多为昔日宫女,不愿回老家的。李进晖十年诵经,十年与李煜相会于梦中。她写得一手好字,也学柳公权,自创刚中带柔的风格。后主每有新词,她必书写几十遍,挂满她的房间。青灯古佛旁,一双美丽的眼睛闪着幽光。李煜是佛门俗家弟子,号莲峰居士,他到过净德庵,称赞过李进晖的书法和诗词。那一天,李进晖幸福得彻夜不眠。

眼下是十一月二十六日,寒冷的冬夜。李进晖率尼众念佛经,等澄心堂方向燃起火光,然后集体自焚。不想死的任便。

大多数尼姑留下了,静悄悄聚拢,望着她们的住持。一片青衣,几十双黑眼睛。

凤凰涅槃,死而后生……

宫中却有个黄妃,负责焚毁南唐三代君主收集的万卷图书、数百件墨宝。墨宝中书法珍品尤多,钟繇、王羲之、颜真卿、李邕、杜甫、柳公权、欧阳询……李煜下令全烧掉。文化的结晶无力自保,不如还给上苍。赵匡胤赵光义,既然他们只懂得刀枪的力量,那就让他们永不停顿地厮杀下去吧。嗜血之辈,拿墨宝何用?

黄妃和这些珍宝相处二十多年了。据说她是先帝李璟的妃子,因爱文史,通书画,李煜叫她掌管经典。

她抚摸它们,泪如雨下。

李煜学父亲,读书喜欢在书页上写几句批语。南唐二主,亲手御批的典籍多达千卷。

黄氏命宫女同时从几个方向点火。火苗卷着墨浪腾空而起。几乎同时,百丈外的净德庵,几万斤柴禾也点燃了。李进晖居中合十,念佛主又念国主,度过了她一生中最美的瞬间。

几个时辰后,宋军打进金陵城。

李煜并没有聚宝自焚,宋军大将曹彬派人送信安抚他。再说他一死,小周后也活不成,她才十八岁。兄弟四人,文武百官,终于选择了活下去。

李煜"肉袒而降"。正月里押送汴京,随行近千人,一律白衣白帽,百余艘雕凤琢龙的南唐官船,跟随着上千只剑戟林立的北宋战舰。李煜伫立船头,回望宫阙绵延的石头城,不改艺术本性,又写诗了。

> 江南江北旧家乡,三十年来梦一场。吴苑宫闱今冷落,广陵台殿已荒凉。云笼远岫愁千片,雨打归舟泪万行。兄弟四人三百口,不堪闲坐细思量。

虽然愁千片、泪如行,但此诗倒给人留下气定神闲的印象。李煜初失国,又面对侵略者,难免要撑着。白衣白帽的侮辱,他不能流露到诗句中。

到汴京,"日夕以泪洗面"。也洗尽脂粉气,写下不朽的诗章。

4

> 四十年来家国,三千里地山河。凤阁龙楼连霄汉,玉树琼枝作烟萝,几曾识干戈?
> 一旦归为臣虏,沈腰潘鬓消磨。最是仓皇辞庙日,教坊犹奏别离歌,垂泪对宫娥。

据《景定建康志》:"南唐宫中旧有百尺楼、绮霞阁。"沈腰指消瘦。潘鬓:西晋美男子潘安的鬓发。以李煜的艺术家气质,他的英俊只会比潘安更胜一筹。

苏轼曾责备李煜,不该垂泪对宫娥,而应当谢罪于他的国民。东坡此言,让人觉得他是站在赵宋的立场上讲话。北宋文人,大都类似东坡,虽词风大盛,却慎言南唐二主词。到南宋朝廷偏安,为臣民者尝到异族侵略的耻辱,语气就变了。陆游、李清照对李煜评价很高。

赵匡胤对李煜还算好,在汴京城为李煜建豪华居所,日常供给丰厚。这位宋朝的开国皇帝也写诗,有两个描绘月亮的得意句子:"未离海底千山暗,才到中天万国明。"他召李煜切磋诗艺,小心翼翼地询问对方,李煜说:陛下气势非凡。赵匡胤高兴得连拍脑袋,随口吟出李煜的佳句。原来他戎马之余,总爱打听南唐国主有没有什么新作。他是真爱好,不像他的弟弟装文雅。他立国之后有个重大的战略举措:抑制武人。中晚唐藩镇割据,五代十国频繁交兵,一切祸乱的根源皆是武将拥兵自重。所以他要搞"杯酒释兵权",对将军们搞突然袭击,拿掉他们对部队的指挥权,令其告老还乡。这一手他学刘邦。所谓帝王术,这是行之有效的狠招,必要时砍下将军的脑袋。然后重文臣。北宋文人名臣如云,和宋太祖赵匡胤定下的基本国策有很大关系。

而开国之初,文化的繁荣尚处于草创阶段。赵匡胤请李煜喝酒,安排歌舞音乐,李煜看得直打瞌睡。一个盹儿的工夫,他已经和大周后舞了几回,猛一睁眼,恍如置身金陵的下等歌舞厅,不禁摇头。赵匡胤懂他的意思,仰面一笑,挥退乐工舞伎。

赵匡胤视察他的住所,见了小周后和一个叫窅娘的优秀舞女。窅娘双目深陷如异邦女子,面容清丽举止安静,又透出江南气息。她不用起舞,单是走路的身姿就让赵匡胤睁大眼睛了。她高挑而纤细,曲线分明,一双怪可爱的玲珑小脚。她居然用足尖跳舞,轻盈如传说中的仙女。李煜随口介绍说,窅娘善作金莲舞:在金子铸成的莲花瓣上跳舞,那莲花台有六米高……赵匡胤点头,并未往下问。对著名的小周后他也是彬彬有礼,虽然对方明摆着的美貌,不经意透出的风韵,着实让他吃了一惊。他那后宫哪有这等女人。嫔妃们服饰别扭,胭脂都抹不匀……女英下跪称他陛下,俏脸却隐隐带着矜持,长睫毛的黑眼睛闪过一丝不屑。

赵匡胤一代雄主,却没有打小周后的主意。轮到他弟弟赵光义掌权,鬼主意层出不穷。这是后话。

刘备的儿子刘禅投降曹魏,有吃有玩儿,乐不思蜀。李煜却要思念故国。刘禅有奶便是娘,李煜正相反。每次给赵匡胤下跪,他都老大不情愿。记忆太深刻。血液中的高贵欲淡不能。为南唐旧国,他也曾操碎了心。明知打不过北方人,他殊死抵抗长达一年之久。他确实想过殉国,只是未能下定决心。紧要关头他杀过忠臣,现在追悔莫及。千言万语归结为两个字:恨与愁。

> 别来春半,触目愁肠断。砌下落梅如雪乱,拂了一身还满。
> 雁来音讯无凭,路遥归梦难成。离恨恰如春草,更行更远还生。

好个"拂了一身还满"!愁如落花与飞雪,不仅挥之不去,而且越挥越多。李白说:抽刀断水水更流,举杯消愁愁更愁。诗人的感慨完全一致,却各呈韵味儿,携带着他们异乎寻常的个体特征。李煜置身大雪中的庭院,浑身落梅拂了还满,写实,稍带夸张。今天滥用夸张的电影镜头相形见绌。而宋人"落红万点愁如海"之类,因其强说愁,难免给人吟风弄月之感。

用生命写诗,效果不同的。再看《相见欢》:

> 无言独上西楼,月如钩。寂寞梧桐深院锁清秋。剪不断,理还乱,是离愁,别是一般滋味在心头。

到处都是愁,愁乱:春天的乱梅,秋天的乱麻。拂不去也剪不断。诗人走到哪儿,愁跟他到哪儿。它比影子更具体,它和他同体而又相异……

用语言为情绪赋形,李煜足以雄视百代。他失掉江山,赢得艺术王国,他同样是国王,古人讲过这层意思。他留下三十多首词,惠及千万年以兆亿计的中国人,相比之下,三千里江山似乎不算什么。

邓丽君唱这首《相见欢》,唱出了幽怨与缠绵。女性的演绎容易走上这条路,未尝不可。但上述两首词,我是看到了一个刚性的李煜。他拂乱梅剪乱麻,既尴尬又潇洒。尴尬是说,他处于无可奈何、动静失措的状态中。直如处处遭遇荒诞的卡夫卡,怎么都不行。

设身处地想李煜,有助于理解他的作品。

离恨恰如春草,更行更远还生……

旧恨挥之不去,新恨不请自来。美神诗神也是有些残忍的,为了留给人间几首好诗,把灾难赐予李煜,犹如当年将无边的苦难扔给杜甫。

赵匡胤病逝,赵光义凭借太后留下"金柜遗诏"登上皇位,史称宋太宗。他和哥哥一样,原是北周将领。他也是先帝统一大业的卓有成效的继承者。

不过这个男人,按儒家的标准衡量,品德败坏,嗜血,喜欢抢东西,不懂生活艺术又要装模作样。他善于搞阴谋像他哥哥,却没有哥哥阴谋成功之后的雅量。他是个嫉妒狂,小时候在这方面有丰富的积累。

赵光义以前讨过两个老婆,后一个比前一个更难看,这使他在行军打仗的时候也耿耿于怀,对下属军官的随军妻子非礼,双方动刀,差点闹出人命。每攻下一座城他必定先泡妞,并吹嘘自己是学习汉高祖。赵匡胤教训过他很多次,他写检讨,屡写屡犯:哥哥前脚走,他后脚疾步如飞找妞去了。上床全是粗话,稍不满意大耳光就扇过去。他还要女孩子谢恩,因为她的小脸蛋儿细脖子并未从中间分开。

皇兄对李煜客气,赵光义很不以为然。

他看过窅娘的"芭蕾舞",痴迷那双小精灵般的秀足;近距离瞻仰过小周后的绝世容颜,心里扑通扑通,脏话涌到嘴边。可是皇兄一再抑制他的邪念,提醒他不要乱来,尤其对小周后女英。

皇帝驾崩,天下数他官最大,可以乱来了:命窅娘进宫作舞蹈老师;封女英为郑国夫人,试图赢得佳人芳心。

女英没动静,李煜替她上表谢恩。

赵光义想:好瓜不可强扭⋯⋯他撇下女英,先弄窅娘,按计划要用尖牙齿爱抚她的嫩足,再逐一扩展到全身。

窅娘入宫,脸上没笑容。勉强跳舞,四肢僵硬。一对深目黯淡无光。南唐宫中她跳了八年舞,和大周后小周后情如姐妹。

娥皇去世,她哭得死去活来。排练金莲舞的那一年,娥皇作她的艺术顾问,每日形影不离。她是绍兴人,曾于苏州学艺,慕李煜大名到了金陵,入选教坊,很快脱颖而出。她跳舞的天分让大小周后叹为观止。暗恋李煜则是自然而然的事情,不暗恋才怪呢:堂堂国主,对谁都和蔼可亲,言语行动体贴人。李煜一来她就激动不已,为他跳舞,激情穿透了四肢,异邦女子似的美目顾盼生情。由此她把舞蹈上升到理论层面:

舞与情,须臾不可分。而由于努力她跳得如此出色,李煜心中,同样有她魔幻般的身影呢。他曾写道:

眼色暗相勾,秋波欲横流……

宵娘一直认为这是李煜单为她流露的心声。她和他,也曾眉目传情呢。而国主召她侍寝,再正常不过了。御榻之上为他翩翩起舞……可是出现了特殊情况:大周后病了,小周后入宫。炽热的恋情只好收起来,转移到她的艺术中。后来国势日危,她跳舞的机会少了,却坚持练习,保持水准。七月七日是国主的生日,澄心堂中富丽堂皇的庆典,她在莲池旁的金莲舞是重头节目。国破,她毅然随李煜到汴京。史料记载:"宵娘白衣纱帽随行,后主宛转劝留,不听。"

李煜说过,看到宵娘,就会想起大周后。女英特别感激她,两人同床夜语,谈娥皇谈不完的。

现在宵娘被弄到赵光义的御座前,娇媚的江南女子,面对一脸横肉的汉子。如果她不暗淡不枯萎,她就不是一朵鲜花。

为活命她跳舞,足尖点了几回地,赵光义的宫女们就大呼小叫了。一夜之间,宫中流行以帛缠脚,赵光义发布诏令:小脚女人好!于是大脚宫女被赶出宫去。民间受影响,缠足之风从大户人家传到小户人家,从城里传到穷乡僻壤。

有学者以为李煜是缠足的始作俑者,其实不然。

宵娘当年缠足,只为跳舞。

她拒绝跳金莲舞。赵光义问她理由,她说,没有金莲台,她是没法跳的。找不到感觉。

赵光义笑道:这个好办。

宵娘想:你用纯金铸莲花瓣,再以青铜柱支撑,造型要恰到好处,工艺可是十分讲究,北方的工匠有这能耐吗?

赵光义找她睡觉,她搪塞说,等跳了金莲舞,她才能伺候周详。这时有个李妃,身段酷似宵娘,缠足也有长进,自学"芭蕾",迷住皇上。她暂时做了宵娘的替身。次年生下一子,却莫名其妙死了。也许死于皇上疯狂的性攻击。

皇上的疯狂源自窅娘。

公元977年7月初的一天,皇宫忽然摆出了高六米的金莲台,矗立在新修的莲池旁。池中荷花从江南移植过来,亭亭开出一小片。窅娘正准备要挑剔一番的,走近一看却吃惊不小:这不是澄心堂的金莲台吗?

赵光义的笑声从身后传来:窅娘啊,你说朕的本事大不大?

窅娘一时呆了。

看来她不能不跳了。她选择了时间:牛郎织女相会的七夕跳金莲舞,跳完之后她就、她就……

赵光义会心一笑,准奏。

七夕到了,皇宫内外灯火通明。穿一身江南碧纱的窅娘果然在高高的金莲上起舞,如梦如幻,喝彩声四起。可是奇怪,她始终背朝御座,向东舞,敛衽再拜。赵光义下令:窅娘转过身来!窅娘却根本听不见。东面是后主住的地方呢,她默念:国主四十一岁大寿,窅娘为您跳金莲舞!

她又想念大周后了。"佳人舞点金钗溜,满地红衣随步皱……"

她纵身一跃,跳入那片清丽的荷花。

赵光义哇哇大叫。

窅娘死了。可怜李妃做替身,她受宠的方式,就是受赵光义无休止的疯狂折腾。

5

李煜并不知道这桩惨剧。窅娘去了宋宫,他再添一层忧伤。想念故国,追思娥皇,夜夜梦回金陵。有时和女英梦到一块儿去了,夫妇两人,半夜三更相拥而泣。女英自从到汴京,性格有些变化,少女的清纯染上忧虑,快人快语少了,别有一种沉静的光景。她不得不长大,想事情,为李煜分忧。她有了皱眉头的习惯,而侍女们说,她皱眉的韵味儿不减欢笑。她转为苦笑:若是在南唐,李煜会发现她脸上的每一个细节。

"刬袜步香阶,手提金缕鞋……"

想到这词句,她就悄悄抹眼泪。

宵娘走了,她有预感的。她记得赵光义投向她的眼神。那个男人,先封她什么夫人,不久又拨款三百万给李煜。她明白对方的用心。

她时常走神。李煜在院子里徘徊。

好诗真如春花,却伴随着淅淅沥沥的春雨。

帘外雨潺潺,春意阑珊,罗衾不耐五更寒。梦里不知身是客,一晌贪欢。

独自莫凭栏,无限江山,别时容易见时难。流水落花春去也,天上人间。

李煜此间填词,只写不唱。女英和李姓家人拿去传阅。传看已经哭成一团了,再去伴以丝竹,场面不堪设想。这首《浪淘沙》,女英读到一半就急忙跑开了。

她哭了一整夜,红颜憔悴。

当代词学大家唐圭璋说:"此词殆后主绝笔。"

绝笔倒不是说《浪淘沙·帘外雨潺潺》是李煜写的最后一首词。

"归为臣虏"以后写的诗词,均可视为绝笔。

清明节祭亡妻娥皇,李煜写《更漏子》,令人联想苏东坡悼念王弗的"十年生死两茫茫"。

金雀钗,红粉面,花里暂时相见。知我意,感君怜,此情须问天。

香作穗,蜡成泪,还似两人心意。珊枕腻,锦衾寒,觉来更漏残。

燃香生成穗状烟雾,称香穗。珊枕腻:珊瑚做成的旧枕头,因残留着娥皇的肌肤痕迹而滑腻。李煜从金陵到汴京带了不少旧物,赵匡胤是默许的。

感情丰富的人,一般都比较恋旧。

赵光义在他的北苑大兴土木,模仿江南园林,弄了很多亭台楼阁,假山真水,传旨叫李煜去观赏。李煜老实,针对园林布局提了几条意见,其中一条说,新东西新得扎眼,反而破坏了北苑原有的粗犷风貌。

赵光义斜睨他,嘲笑说:你懂园林艺术,却失掉大好河山。

李煜默然。

赵光义剽悍,李煜清瘦,两个男人步入北苑的空旷处。夏末秋初,北雁南飞。李煜目送南飞雁,忘了身边的赵光义。

皇帝察觉了,鼻腔里哼了一声,李煜居然没听见。

诗人恍如在梦中。

> 闲梦远,南国正清秋。千里江山寒色远,芦花深处泊孤舟。笛在月明楼。

赵光义身上有股子拧劲儿,类似大街上的泼皮。战场上打败了对手,他就处处想当赢家。短短一个月之内他三次召见李煜,参观他的藏书楼,他的古玩玉器。其实都是抢来的。换个好听的词叫战利品。李煜也无心辨认哪些是南唐宫中的东西。赵光义指指点点炫耀着,一脸得意。对他来说,抢的就是买的。李煜和他细论书籍,版本,纸张,内容,流派,他哼哼哈哈,左支右绌。李煜不禁想:这人怎么这样呢?大老粗就大老粗嘛,何必附庸风雅!

赵光义问以国事,李煜搪塞他。

崇文观三层藏书楼,两人凭栏远望,一个向北,一个向南。赵光义担心北方的契丹人呢。李煜则默念他的新词《子夜歌》:

> 人生愁恨何能免?销魂独我情何限。故国梦重归,觉来双泪垂。
> 高楼谁与上?长记秋晴望。往事已成空,还如一梦中。

他深陷在词语中,又把身边的皇帝忘了。

赵光义每次召见李煜都发现自己不痛快,好像没处显摆。他初登皇帝位,显摆劲头高,尤其对李煜这种男人。可他处处显得没文化,连太监们都在偷偷笑他。李煜的新词旧作,宫女们悄悄传唱。几个文官竟对李煜所有的作品倒背如流。最可气的是,他把窅娘弄进宫,没能欣赏她的金莲舞,倒拿热脸去贴她的冷屁股。窅娘向莲池纵身一跃,他印象太深了。后来才知道,七月七是李煜的生日。

赵光义记下了这个日子。

李煜入宫,按规矩要在他的万岁宫御座前跪拜两次,叩谢圣恩。他还特意拉李煜到寝宫展示龙床,比画它的宽度,拍打它的结实。他露出黑黄的牙床笑起来,对李煜说,他的最爱,是用坚利的犬齿去对付玉一般的肌肤。李煜很困惑,赵光义拍拍他肩膀说:

"你知道吗?你输在你的文雅,我赢在我的野蛮。"

赵光义坐龙床,意味深长地笑了。床上的锦衾、纱帐、珊瑚枕他也不缺,可他的笑容里包含了一位千娇百媚的佳人。这是他在心理上击败李煜的秘密武器。

李煜看不懂他的笑容,出宫,打马自回。

小周后问起召见的情形,李煜简单讲了几句。

窗外秋色渐浓。女英脸上,仿佛有心事。

> 往事只堪哀,对景难排。秋风庭院藓侵阶,一行珠帘闲不卷,终日谁来?
>
> 金锁已沉埋,壮气蒿莱。晚凉天净月华开。想得玉楼瑶殿影,空照秦淮。

这是写于秋天的另一首《浪淘沙》,秋风萧瑟人事凋零,李煜的这类文字堪称绝响。四十年帝王家的生活,他又深谙爱情与艺术,一朝跌进深渊,反复咀嚼往事。他正好活在巨大的落差之中,他一直在跌落,并时时唤起对跌落的"惊奇"。文字艺术对李煜的照面方式,也许是这样。此间佳作如云,随手举例,都是汉语诗词的巅峰之作。值得注意的,是他对春天和秋天特别敏感。

金锁指防卫工事,吴人曾以大木竖于江中,阻断敌军船路,大木之间系锁链。李煜的手下在采石矶一带布防,可能采用了这种工事,却不料宋军搭浮桥过江。壮气:王气。古代近代,不少人都认为金陵有王气。

宋军打过长江,王气北移……

胜者为王,有时却像山大王,认为抢东西是好习惯。他有个逻辑:江山都弄到手了,还有什么不能弄的?

李煜身边的好东西,赵光义都想抢过去。

抢人:窅娘之后……

这皇帝会想:李重光李重光,你那贵族派头,你的文化优越感,全他妈的拉倒吧!老子不识字又咋的?老子能打赢!弄走了你的舞蹈家你不敢吭气吧?下一个轮到你的漂亮老婆,哦,那十八九岁貌如天仙的娇滴滴,"南唐二乔"中的小乔,小周后,小女英,矜持才有味儿呐,傲慢才刺激!可惜"大乔"死得早,不然的话,哼,老子左拥右抱。我是谁?我是朕呀。朕是谁?朕是想干啥就干啥、想吃啥就吃啥的一种东西,朕是食物链的顶端!李煜李煜你遇上天敌了,天敌名叫赵光义。弄死你的舞娘,抢走你的娇娘,看你还神气不神气……

从史料看,赵光义嫉妒李煜是可信的。计较出身的卑贱以及文化的自卑感导致他的强盗心理恶性膨胀。

据《江南录》,赵光义召女英"例随命妇入宫,一入辄数日"。他具体干了什么,史书省略了。只说女英"出必大泣,骂后主,声闻于外。后主多宛转避之"。

估计宫中有一场恶斗:赵光义强奸小周后。也许得逞了,也许总是功亏一篑:他那点动物本能提前释放了。女英反抗太激烈。面对仇人、强盗、兽性十足之辈,她的反抗近乎歇斯底里。

云一涡,玉一梭,淡淡衫儿薄薄罗。轻颦双黛螺。

秋风多,雨相和,帘外芭蕉三两窠。夜长人奈何。

这首《长相思》,是李煜当年为女英写的。娥皇尚在病中,两人幽会,不得常相见,只能常相思。云指她的头发,梭指她的玉钗。淡淡衫儿是她的服饰,南唐有驰名天下的绢帛"天水碧",大小周后都非常喜欢。轻颦双黛螺:女英轻皱双眉。古代妇女画眉毛,称黛螺,此处用为名词。

赵光义张开血盆大口,美少女也会还以颜色,用锋利的指甲,用床边的剪刀。

女英骂李煜,骂他不能保护自己的女人。我们今天听上去却感到辛酸。李煜怎么去保护?血性男儿但求速死,李煜不属于这种类型。他投降,甘为亡国奴,说明他的生命意识是摆在第一位的。女英"大泣"又大骂,不怕让外面的人听到,看来她是豁出去了,与其受凌辱,不如一死!可她又不能死,因为李煜还活着。

多少泪,沾襟复横颐。心事莫将和泪说……

老婆痛骂,李煜"多宛转避之",这情形表明两点:痛骂不止一次;李煜知错,宛转避开她。其实李煜的痛苦哪里在女英之下,他不宣泄,更不反手打老婆,咬碎牙和血吞,充分显示了他的高贵。

女英骂完了,体谅到李煜的内心,终于"悔愧交加"。夫妇重归于好,疯狂的缠绵不消细说。

恩爱夫妻同枕同梦:

多少恨,昨夜梦魂中。还似旧时游上苑,车如流水马如龙,花月正春风。

李煜笔下的"恨"字,多么有力量。

恨声传到"赐第"外了,有记载说,他的诗词"为时传诵。当年之繁盛,今日之孤凄,欣戚之怀,相形而益见"。

汴京城里,李煜的词像秋风一样刮遍了每一个角落。士大夫中更是屡禁不止,赵光义十分恼火。他也恨声不绝:妈妈的,什么破文字,比老子的圣旨还传得快!有个晚上他微服巡视娱乐场所,走了好几处,处处听见歌女们绘声绘色唱李煜。

如果赵光义是现代人,他会惊呼:这是文化侵略!

他动了杀机。他等待时机。

李煜若不是生于七夕,可能在头一年的秋天就死了。女英抗暴,他写诗流传。据野史讲,当时官员们的饭桌上悄悄流行荤笑话,说圣躬幸女英异常吃力,拿不下又舍不得。

赵光义有犬齿,小周后有指甲……

这男人出于多方考虑,文化的,欲念的,政治的,他早就判了李煜的死刑。在他眼里,艺术毫无分量,生活的韵味儿、人性的价值不值一提。——中国封建皇帝,大多数是这类货色。相比之下,李煜凸显了人性的价值,审美的价值,生活的价值。一般历史和文学史,李煜的身影都不乏放大的空间。

概而言之:他高贵。

高贵的男人,即将高贵地死去。

李煜的绝笔是《虞美人》,前面曾引用过上片。陆游《避暑漫抄》:"李煜归朝后,郁郁不乐,见于词语。在赐第,七夕命故伎作乐,闻于外。又传小楼昨夜又东风,并坐之,遂被祸。"

宋人王銍《默记》也说:"太宗闻之,大怒……遂被祸。"

而当时的真相是这样:

七月七到了,李煜和往常一样过生日。兄弟四人连同眷属,几百口呢,赐第也算豪华,他毕竟是赵匡胤封的"违命侯"。赵光义上台之后,又封他什么公。"故伎"六七个,清一色的江南女子,歌舞俱佳。她们是他的铁杆儿队伍,从几十个自愿随他迁汴京的妓女中挑选出来的。当时北宋大将曹彬限制登船的人数,不然的话,跟他走的人会更多。江边为他送行的金陵百姓多达万人,许多人呼喊他,江水为之滞涩。女英感动得泪水长流,她白衣纱帽俏立船头,挥动纤手、摇晃酥臂,虽然时在冬季,依然楚楚动人。——她是南唐举国崇拜的偶像呢。李煜则口占一首《渡中江望石城泣下》:"江南江北旧家乡,三十年来梦一场……"

过生日有新词,歌女们在排练。因新词出色,她们十分投入,排着练着,仿佛回到江南了。女英却皱着眉头,"黛螺"弯曲。她有一种不祥的预感,几天前就有了,尔后主的新词令她更为不安。那个男人心狠手辣,她记得他的狞笑、他的满口结实的黄牙。他扑她好多次,龙床都快被他给掀翻了,扑掉了她的衣裳,可她玉体冰凉。她用指甲保护了自己,也动用雪白整齐的牙齿:她能咬下他的一块肉!江南柔媚女子,情有多深,反抗强暴的力量就有多大。可她事后闪过一个念头:赵光义那狗东西,为了占有她,会对李煜下毒手。

笙歌阵阵,女英心事重重,众目之下还得露出笑脸,于是有了一种奇怪的表情。不过她太美了,无论什么表情,都会叫人注目,流连她的五官布局,忽略她的焦虑。她照铜镜,自己也吃惊:今天这是怎么啦?芙蓉如面柳如眉……她急匆匆来回穿梭,似乎毫无目的;又忽然伫立门前,绞着一双纤纤玉手。

晚上,祝寿进入高潮,觥筹交错。

女英的预感被一帮不速之客所证实。他们是宫里的太监和武士。太监宣布圣旨:赐李煜牵机药。

女英的感受,我们也不用去描述了。

七夕又名乞巧节,凡间的女子向织女求织布的技巧。如此美丽动人的节日,却有人发明牵机药,赐给皇帝不喜欢的女人和男人。民间不多见,宫中常用。服下此药,浑身抽搐,弯曲变形,双足与头部相抵、分开,作牵机状,机械重复一直到死。《默记》云:"牵机药者,服之前却数十回,头足相就如牵机状也。"

赵光义杀人,想象力丰富。

时间,地点,毒药的名称与功能……

女英昏死过去了,醒过来,丈夫的尸身已被弄走。这样也好,记忆中的李煜,永远是她的檀郎。

这"永远"也不过两三天,女英不吃不喝自毁红颜,一命呜呼,随丈夫去了。听起来像传说,像神话,却是有据可查的历史真实。她刚满二十岁,生日和李煜只差几天。

李煜女英的死,丰富了今天的情人节。

我们来诵读这首《虞美人》:

春花秋月何时了?往事知多少?小楼昨夜又东风,故国不堪回首月明中。

雕阑玉砌应犹在,只是朱颜改。问君能有几多愁,恰似一江春水向东流。

6

李煜输在文化修养,也赢在文化修养,他的不幸,是文化碰上了刀枪。古希腊为西方文明奠定了基础,但希腊人打不过罗马人。悠久的中华文明也难敌八国联军,文化欲自保,不懂刀枪看来不行。

李煜输在一时赢在永远,包括美丽的娥皇,可爱可敬的女英,他们的形象,有足够的理由矗立在中国人的心中。日本交响乐指挥家小泽征一,在听过小提琴协奏曲《梁山伯与祝英台》之后,激动万分地说:"这神圣的曲子,必须跪着听!"

神圣意味着:艺术和人类其他被推向极致的真善之物分享着至高无上。可惜中国封建史太漫长,人们只知向皇权下跪。

小泽征一的激动,国人当深思。

而我们捧读李煜的词,焚香沐浴不为过。

李煜不仅是优美的,优雅的,他的文字同样是圣物。

哀,愁,恨,这些人类的"基础情绪",李煜为它们逐一赋形,为汉语表达树立了永久性的典范。为什么今天有这么多人喜欢他?答案是明摆着的。

李煜不是昏君暴君,更不是荒淫之君。据陆游记载,他死后,金陵百姓恸哭于街巷。古人说他"误作人主",这个评价恰如其分。坐龙椅他实在勉强。从小就不喜欢。弥漫在龙椅四周的血腥气,和他的温柔性格、艺术修养实在是格格不入。他的生存向度,应该说是一目了然的。祖父懂刀枪,父亲擅辞赋,他本人在女人们中间长大,眉清目秀,与江南山水相映生辉。爱情又来得那么激烈而细腻,该有的全有,他分明像唐末宋初的怡红公子。现代某些学人,非要他埋头军事,醉心杀伐,这些人脑子有毛病,需要看医生。

如果我们瞄准人性和个体特征,那么,有一些历史及文学观念就要被打上问号。

李清照说:"五代干戈,四海瓜分豆剖,斯文道熄。独江南李氏君臣尚文雅。"

这位中国第一女诗人,看问题很清晰:一边是干戈,另一边是文雅。干戈穿膛破腹,文雅却是朝着温馨的日常生活。

我读历史,有个印象十分深刻:改朝换代之初,一般来说是军事斗志昂扬。而随着立国日久,生活会回归常态。比如唐宋称盛世,各有百余年,呈现了繁荣的生活景观。人们忙着过日子,忙着幸福生活花样翻新,而不是忙着摩拳擦掌要跟谁打仗。生活有它自身的逻辑。文化则有文化的力量。战争旨在掠夺和摧毁,而文化积聚生活的意蕴。野蛮能打败文明,但绝不意味着:野蛮在价值的层面上占具优势。历史学者,显然不能把胜者为王败者寇作为他们的宏大叙事的潜台词。

我近日偶然看写李煜的电视剧《问君能有几多愁》,剧中安排三角恋,把娥皇篡改为赵匡胤的初恋情人。这类下三烂的"创作意图"本不值一提,但其倾向性值得注意。编导们不知文化为何物,却以他们胡编乱造的本事惊人地消耗着我们的文化资源。

针对中国传统文化的虚无主义,需高度警惕。警惕把文化变成低俗消遣,变成无聊的无限堆积。

而有趣的是,在堂堂正正的传统文化有望复苏的当下,警惕性的提高不会是白忙。文化的敌手,毕竟不复是刀枪。

词这种文学形式,始于唐,盛于宋,亦称曲子词或长短句。它是宫廷之声与市井俚曲的混合物,杂以胡夷小调,经文人改造而成。词调的名称叫词牌,如《清平乐》、《菩萨蛮》、《忆秦娥》等,唐朝多达两百多种。小令如《十六字令》,长调如《声声慢》,一百多个字,像一首长诗。词是很有意思的东西,它融合了汉胡,打通了雅俗,涵盖了社会各阶层的审美趣味。唐宋之所谓开放,其间可见端倪。它诉诸日常情状,对应唐诗的雄浑意境。大诗人并不排斥它,李白、白居易皆有小词传世,和他们自己的诗歌伟业形成对照。尤其是李白,诗如奇峰突兀,词如清溪细流。到五代十国,西蜀孟昶、花蕊夫人等善词,各有佳作,形成所谓"花间派",视晚唐温庭筠、韦庄为宗师。南唐则先有李璟、冯延巳,后有李煜。

温、韦、冯均有相当造诣,李煜承先启后,卓然而为一代大家。

或以为李煜写南唐小朝廷乃是个人呻吟,此言谬矣。无穷无尽的追忆,使他笔下的愁与恨摆脱了时空界限,传向任何一个有生活意蕴的地方,流布千万年。艺术就是深入,而深度决定广度。现当代文学,面面俱到的、浅尝辄止的、温吞水似的作品我们见得够多了。文学不吸引人,文人显然负有责任。

李煜生在帝王家,写帝王的生活是他的权利,历史上几百个封建帝王,没人比他写得更好,差一大截呢。他的作品又清新自然,非常的民间,显现了杰出艺术家的超越能力:因深入人性而抵达市井。这里没什么弯来拐去的学术奥妙,一切都在阳光下,在秋雨中。

古代学者、《词史》的作者刘毓盘说:"后主于富贵时能作富贵语,愁苦时,能作愁苦语。无一字不真,无一字不俊。"

谭献说:"后主之词,足当太白诗篇,高奇无匹。"

李煜早期的词有脂粉气,犹如贾宝玉品尝女孩子唇上的胭脂。脂粉散发着清香。他揣摩闺中女儿情态,举《捣练子》为例:

深院静,小庭空,断续寒砧断续风。无奈夜长人不寐,数声和月到帘栊。

砧:捣衣石。时在金陵的秋天。

李煜到汴京,四季都变了,而秋天首当其冲。谭献称李煜词足当太白诗,主要指李煜的后期作品。愁与恨,隐隐透出男儿刚强,没有一丝怨天尤人的腔调。娥皇女英的刚烈,想必渗入了他的肌体。

王国维的传世经典《人间词话》,历数唐宋词人,涉及李煜最多,他的评价也最具代表性:"词至李后主而眼界始大,遂变伶工之词而为士大夫之词。词人者,不失其赤子之心也,故生于深宫之中,长于妇人之手,是后主为人君所短处,亦为词人所长处……后主之词,真所谓以血书者也。"

很多话,古人近人已经讲过了,我们今天不过是在重复、略加阐释而已。重复却意味着:获得了重复的契机。

2007 年 5 月 5 日

主要参考文献

1. 《存在与时间》 马丁·海德格尔著 陈嘉映、王庆节译 北京三联书店 2000年版
2. 《中国文学史》 游国恩等主编 人民文学出版社 1980年版
3. 《中国历代文学作品选》 朱东润主编 上海古籍出版社 1980年版
4. 《中国历代诗歌选》 林庚、冯沅君主编 人民文学出版社 1964年版
5. 《论语今读》 李泽厚著 北京三联书店 2004年版
6. 《史记今注》 夏松凉、李敏主编 南京大学出版社 1994年版
7. 《资治通鉴选》 郑天挺主编 中华书局 1965年版
8. 《楚辞源》 马茂元选注 人民文学出版社 1958年版
9. 《古诗源》 沈德潜选 中华书局 1963年版
10. 《唐诗三百首详析》 喻守真编注 中华书局 1957年版
11. 《唐诗三百首》 蘅塘退士编 陈婉俊补注 中华书局 1959年版
12. 《唐宋名家词选》 龙榆生编选 上海古籍出版社 1980年版
13. 《宋词三百首笺注》 唐圭璋笺注 上海古籍出版社 1979年版
14. 《全宋词》 唐圭璋编 中华书局 1965年版
15. 《宋文选》 四川大学中文系古典文学教研室选注 人民文学出版社 1980年版
16. 《宋人轶事汇编》 丁传靖辑 中华书局 1980年版
17. 《古文观止》 吴楚材、吴调侯选 中华书局 1959年版
18. 《王国维文学美学论著集》 北岳文艺出版社 1987年版
19. 《鲁迅全集》 人民文学出版社 1981年版
20. 《单向度的人 发达工业社会意识形态研究》 赫伯特·马尔库塞著 刘继译 上海译文出版社 2006年版
21. 《演讲与论文集》 马丁·海德格尔著 孙周兴译 北京三联书店 2005年版
22. 《欧洲文学史》 杨周翰等主编 人民文学出版社 1980年版
23. 《西方哲学史》 伯兰特·罗素著 商务印书馆 1982年版

图书在版编目（CIP）数据

品中国文人.1/刘小川著.-上海：上海文艺出版社.2008.5
(2025.4 重印)
ISBN 978-7-5321-3331-4
Ⅰ.①品… Ⅱ.①刘… Ⅲ.①文化-名人-人物研究-中国-古代
Ⅳ.①K825.4
中国版本图书馆 CIP 数据核字（2008）第 060390 号

策划、指导、责编 魏心宏
特约审读 海风、唐让之
编辑协助 谢锦、韩樱、于晨、吕晨
版式、封面设计 周志武

品中国文人 1
刘小川 著
上海文艺出版社出版、发行
上海市闵行区号景路 159 弄 A 座 2 楼
新华书店经销 上海中华印刷有限公司印刷
开本 650×958 1/16 印张 20.5 插页 2 字数 279,000
2008 年 5 月第 1 版 2025 年 4 月第 40 次印刷
印数：396,111-406,120 册
ISBN 978-7-5321-3331-4/K·264 定价：38.00 元

告读者 如发现本书有质量问题请与印刷厂质量科联系
T：021-69213456